그녀의
창업을
응원해

#언니들의 #스타트업 #분투기

그녀의 창업을 응원해

정민정 지음

스마트북스

저자 / **정민정**
서울경제신문 바이오IT부 기자

안토니오 그람시는 『옥중수고』를 통해 "위기는 바로 오래된 것은 죽어가고 있으나 새로운 것은 아직 탄생하지 못한 시기"라고 규정했습니다. 21세기 오늘을 사는 우리에게도 숱한 위기가 닥쳐왔고, 지금도 소리 없이 위기가 다가오고 있습니다.

경제지 기자로서 우리는 어떻게 위기를 극복할 수 있는지, 우리가 나아가야 할 방향은 무엇인지 항상 고민합니다. 이런 가운데 세상과의 소통에 주저하지 않으며, 세상을 이롭게 하는 가치에 삶의 중심을 두는 2030 여성들의 창업에 주목하게 됐습니다. 이들의 도전이 성공의 열매를 거둘지, 실패의 쓴맛을 보고 방향을 틀지 지금은 알 수 없지만, 도전 그 자체가 갖고 있는 빛나는 가치를 세상에 널리 알리고 싶습니다.

오래된 것이 죽어가고 있는 이때, 아직은 탄생하지 않았지만 미래 세대가 누릴 '새로운 것'은 바로 오늘, 우리의 도전에서 비롯된다고 믿기 때문입니다.

초판 인쇄 2017년 5월 26일
초판 발행 2017년 6월 2일

지은이 정민정
펴낸이 유해룡
펴낸곳 (주)스마트북스
출판등록 2010년 3월 5일 | 제313-2011-44호
주소 서울시 마포구 성미산로 84 (성산동) 월드PGA빌딩 4층
편집전화 02)337-7800 | 영업전화 02)337-7810 | 팩스 02)337-7811 | 홈페이지 www.smartbooks21.com

ISBN 979-11-85541-54-9 13320

원고 투고 : smartbooks1@naver.com

copyright ⓒ 정민정, 2017
이 책은 저작권법에 따라 보호받는 저작물이므로 무단 전재와 무단 복제를 금합니다.
Published by SmartBooks, Inc. Printed in Korea

추천의 글

창업! 도전의 항해를 시작하라

이영 테르텐 대표, 전 한국여성벤처협회 회장

벤처 생태계에도 우군이 있다. 서울경제신문 정민정 기자는 여성 벤처인들에게는 우군이다. 20년 가까운 시간 동안 가장 가까이에서 대한민국의 여성 창업가들과 함께해온 기자다. 그래서 그녀의 글에는 우리들의 이야기가 있다.

대한민국의 경제를 견인해왔던 패스트 팔로워(fast follower)의 시대는 가고 새로운 미래를 견인할 이노베이티브 크리에이터(innovative creator) 시대가 열리고 있다. 벤처 및 창업의 중요성이 점점 커지고 있다. 또한 인공지능을 탑재한 기계 문명 시대를 알리는 4차 산업혁명 시대가 도래하면서 감성의 중요성이 강조되고 있다. 즉 여성의 시대가 열리고 있는 것이다.

이러한 때이기에 대한민국의 미래를 위해 '역량 있는 여성들의 벤처 창업이야말로 국가 경쟁력을 확보할 수 있는 해답'이라고 해도 과언은 아닐 것이다.

벤처 창업의 길은 어렵고 험난하다. 자기 운명의 칼자루를 자기가 쥐고 휘두르는 대가는 지불해야 하기 때문이다. 그래서 더욱 가치가 있다.

어렵지만 개인과 국가를 위해 의미 있는 여정, 벤처 창업! 선배들의 노하우와 경험 그리고 눈물의 시행착오를 접할 수 있는 『그녀의 창업을 응원해』가 창업을 생각하는 모든 분들에게 도전의 바다에서 환한 등대가 되어 줄 것이다.

추천의 글

또순이의 창업을 응원해

김광현 은행권청년창업재단 상임이사, 디캠프센터장

창업지원센터에서 일하다보니 여성 창업자들을 많이 만난다. 초기 스타트업을 지원하는 곳이라서 그런지 20대가 많고, 기혼자보다는 미혼자가 많다. 공통점은 또순이라는 점이다. 야무지고 그야말로 '멘탈이 갑'이다. 웬만한 일로는 흔들리지 않는다. 불확실한 앞날을 생각하면 불안할 텐데도 늘 씩씩하다. 고민이 없는 것은 아니다. 밤늦게 사무실에 혼자 남아 골똘히 생각에 잠겨 있는 여성 창업자도 목격할 때가 많다.

스타트업 데뷔 무대인 디데이(디캠프 데모데이)에서 여성 창업자끼리 우승을 다툰 적도 있다. 2015년 10월에는 박효연 헬프미 대표와 김성미 쇼베 대표가 겨뤘고, 2016년 10월에는 강미숙 에벤에셀 대표와 서숙연 해빛 대표가 겨뤘다. 2015년 2월에는 임신 7개월째인 이효진 에잇퍼센트 대표가 디데이에서 우승했다. 이효진 대표는 디캠프에 입주해 멋진 모습을 보여줬고, 디캠프는 디엔젤 직접투자 프로그램을 에잇퍼센트에 처음 적용했다.

여성 창업자들과 일대일로 만났을 땐 물어보고 싶은 게 많다. 왜 창업을 했는지, 집에서 반대하진 않았는지, 육아 문제로 힘들진 않은지 등등. 서울경제신문이 연재한 '그녀의 창업을 응원해' 시리즈는 이런 궁금증을 말끔히 해소해주는 멋진 기획 기사다. 간헐적으로 읽었던 이 기사를 책으로 만나게 되어 기쁘다. 이 책이 창업에 대한 편견, 여성 기업가에 대한 편견을 깨는 계기가 될 것으로 기대한다.

추천의 글

20인 여성 기업가들의 진솔한 창업 이야기

이진우 MBC라디오 〈이진우의 손에 잡히는 경제〉 진행자

추천사를 써달라고 하는 책치고 읽을 만한 책이 없다는 게 평소 나의 생각이다. 그 생각에는 변함이 없지만, 이 책은 좀 예외다. 20명의 여성 스타트업 창업자들을 꼼꼼하게 골라내어 실제로 만나 그들의 마음을 열고, 그들이 사업을 시작하고 일궈낸 과정의 숨은 이야기와 힘든 사연들을 풀어내고, 그걸 이 정도의 깊이와 구성으로 써내는 건 결코 쉬운 일이 아니기 때문이다. 그건 내가 기자 일을 해봐서 잘 안다.

이 책에 담긴 내용은 공장에서 기계로 찍어낸 듯한 또는 어디선가 들어본 흔한 창업 스토리가 아닌, 진짜 살아 있는 이야기이다. 시간과 공이 아주 많이 들어간 수제품 같아서 비슷한 책이 세상에 또 나오기도 쉽지 않을 것이다. 세상에는 저자가 그 책을 읽어준 독자들에게 고마워해야 하는 책도 있고 독자가 그 책을 써준 저자에게 감사해야 하는 책도 있는데, 이 책은 단연 후자다. 정말이다.

저자의 글

그녀의 창업을, 그녀의 도전을,
그녀의 삶을 응원합니다

지난 2007년 페이스북은 사용자의 인터넷 활동을 수집해 공유하는 신규 광고 시스템의 사생활 침해 논란으로 큰 어려움에 빠졌습니다. 당시 마크 저커버그는 위기를 극복하기 위해 최고운영책임자(COO)를 영입했습니다. 그가 바로 페이스북의 2인자 셰릴 샌드버그입니다.

그녀는 하버드대 경제학과를 수석 졸업하고 미국 재무장관 비서실장을 거쳐 구글에서 부사장으로 6년간 일했던 전형적인 엘리트 여성입니다. '세계에서 가장 영향력 있는 여성 리더'라는 수식어가 따라다니는 그녀는 성공한 여성에 머무르지 않고 여성 문제에 깊은 관심을 기울이면서, 더 나아가 우리들 모두의 문제에 주목합니다.

2010년 '왜 여성 리더는 소수인가'를 주제로 테드(TED) 강연을 하면서 여성 문제에 목소리를 내기 시작했고, 2013년에는 여성 리더십에 관한 책 『린인(Lean In)』을 낸 후 동명의 재단을 설립해 운영하고 있습니다. 샌드버그는 성공하고자 하는 여성들에게 '자꾸 뒤로 물러서지(Lean Back)' 말고 '적극적으로 달려들라(Lean In)'고 조언합니다. "기회는 적극적으로 달려드는 사람이 쥐게 마련"이라며 "자신에게 완벽하게 들어맞는 기회를 노릴 것이 아니라 스스로 기회를 잡고, 그 기회를 자신에게 맞춰야 한다"고 당부하고 있습니다.

샌드버그가 주문하는 '적극적으로 달려들라(Lean In)'는 과연 어떤 것일까요. 어떤 장애에도 굴하지 않고 적극적으로 달려들 수 있는 에너지는 어디에서 나오는 것일까요.

저는 스타트업계의 여성 최고경영자(CEO)들을 취재하면서 샌드버그가 말한 '린인'의 DNA를 만날 수 있었습니다. 기회가 왔을 때 누구보다 빨리 달려들고, 나에게 맞는 기회가 아님에도 그것에 맞추기 위해 자신을 둘러싼 모든 것을 새롭게 구성하는 과감한 용기와 배짱 그리고 강한 추진력을 볼 수 있었습니다.

저와 10년 가까이 나이 차가 나는 20~30대 젊은 여성 CEO들을 만나면서 폭넓게 배웠고, 많이 느꼈으며, 깊이 반성했습니다. 조심스럽게 그들의 삶 속으로 들어가 '창업'이라는 쉽지 않은 도전에 나설 수 있었던 '특별한 어떤 것'을 만날 수 있었습니다.

가장 인상 깊었던 것은 CEO 상당수가 '공공의 가치'를 위해 창업에 나섰다는 점입니다. 김슬아 더파머스 대표는 건강한 먹거리에 건강한 유통 채널을 접목해 생산 농가가 안정적으로 농업에 전념할 수 있는 플랫폼을 만들겠다는 게 창업 목표였습니다. 박혜린 이노마드 대표는 인도 여행길에 우연히 만난 산간 마을 소년이 전기의 혜택을 전혀 못 받고 살아왔고, 이런 사람이 지구상에 20억 명이나 된다는 사실에 가슴 아파하며 '언제, 어디서나' 만들어 쓸 수 있는 휴대용 발전기를 목표로 창업에 나섰습니다. 박효연 헬프미 대표는 가난하고 힘없는 서민들에게 높은 문턱을 두고 있는 법률 서비스 시장의 구조적 불균형을 조금이라도 해소하기 위해 회사를 세웠습니다. 박한아 익선다다 대표는 낡고 오래돼 사람의 발길까지 뜸해진 익선동 한옥마을에 활기를 불어넣고 싶어서, 정수현 앤스페이스 대표는 공간을 유통하는 플랫폼을 통해 공간이 필요한 사람이나 빈 공간으로 고민하는 사람들이 모두 윈윈할 수 있는 세상을 만들겠다는 포부를 안고 창업에 나섰습니다.

약 10년 전 제가 여성 CEO들을 만나 인터뷰를 했을 때만 해도 자신의 전문 영역을 사업적으로 성공시키고 싶어서, 새로운 기술을 개발하기 위해서, 가족의 생계를 책임지기 위해서, 어려운 개인사 가운데 삶의 탈출구로 창업을 선택한 경우가 많았습니다. 당시 제가 30대 때 만난 선배 여성들이니, 지금은 50대 중후반의 연령대라고 할 수 있겠습니다.

제가 40세를 넘겨 만난 2030세대 CEO들은 전(前) 세대에겐 다소 부족한 '자아실현'에 대한 열망이 강했습니다. 그리고 이들의 '자아 실현'은 개인의 성취로 끝나는 게 아니라 나를 통해, 나의 재능을 통해 세상에 이바지하고자 하는 연대 의식을 담고 있었습니다.

인터뷰를 통해 맞닥뜨린 젊은이 특유의 재기 발랄함도 무척이나 즐거운 경험이었습니다. 자신이 좋아하는 길거리 패션을 사업화하기 위해 대학생 때부터 창업을 고민했던 윤자영 스타일쉐어 대표, 세계 각국의 문화가 담겨 있는 음식을 통해 세상과 소통하고자 한다는 박현린 인디고네프 대표, 실리콘밸리를 동경하다가 스마트워치용 일정관리 애플리케이션으로 실리콘밸리의 주목을 받고 있는 심소영 두닷두 대표는 유쾌하면서도 긍정적인 에너지가 매력이었습니다.

하지만 창업이라는 게 말처럼 쉬운 건 아닙니다. 이들 모두가 창업에 나서며 크고 작은 위기를 겪었고, 그러한 위기는 지금도 현재 진행형입니다. 그럼에도 자신이 살아오면서 다진 근성과 오기를 자양분 삼아 한 발, 한 발 나아가고 있습니다. 정미현 데코뷰 대표는 중소기업에 들어가 월급 70만원을 받으며 밑바닥부터 하나씩 밟아나가 결국 매출 330억 원을 내다보는 중소기업을 키워냈습니다. 김남희 오리지널웨이브 대표는 홍대 미대 출신이라는 타이틀에도 불구하고 미국 뉴욕 5번가 네일숍에서 무릎을 꿇고 발톱을 손질하면서 '오늘이 아닌 내일'을 준비해야 했습니다. 임재연 아크로밧 대표는 '아름다우면서도 편안한 수제화' 브랜드를 만들기 위해 찜질방을 전전하면서 하루하루를 버텨냈고, 결국 꿈을 이뤄냈습니다.

CEO 한 분이 인터뷰 말미에 이런 말을 해주셨습니다. 겨울비가 내리던 어느 날, 그녀에게서 들었던 이 말은 한참 동안 제 가슴에 남아 깊은 울림을 주었습니다.

"인디언들이 기우제를 올리면 100퍼센트 비가 온다고 합니다. 그 이유가 뭔지 아세요? 비가 올 때까지 기우제를 지내기 때문이에요. 사업도 그렇게 간절하게, 끝까지 그리고 될 때까지 해야 합니다."

인디언이 기우제를 올리듯 간절한 마음으로 해야 하는 것은 사업만이 아닐 것입니다. 직장인에게는 하루하루 맞닥뜨리는 일상의 업무일 수도 있고, 학생에게는 불확실한 미래를 위해 투자하는 오늘일 수 있을 것입니다. 어제는 친구이자 동지였지만 오늘은 잃어버린 인연을 되찾고 싶어하는 이들에게도, 도저히 불가능할 것 같지만 반드시 성취하고 싶은 꿈을 안고 있는 이들에게도 인디언의 간절함이 필요할 것입니다. 회사를 이끌어가는 CEO에게는 자신을 믿고 따르는 직원들, 그의 가족들을 책임지고 끝까지 가야 한다는 절박함과 간절함이 바로 인디언의 그것일 겁니다.

우리나라 벤처기업은 2000년 8,798개에서 현재 3만3,000여 개로 세 배 넘게 늘었습니다. 하지만 전체 벤처기업 중에서 여성벤처기업 비중은 8%에 그치고 있습니다. 그만큼 여성이 창업 현장에 들어간다는 자체가 힘들고, 전쟁과도 같은 창업 현장에서 살아남는 것은 더더욱 힘들다고 볼 수 있습니다. 하지만 당차게 세상을 향해 뚜벅뚜벅 나아가는 이들 20명의 여성 CEO들을 만나면서 어쩌면 우리가 '넘사벽(넘을 수 없는 장벽)'으로 여겨온 '마의 8%'를 뚫을 수 있을 거라는 기대를 품어봅니다.

그녀의 어머니가, 그녀의 언니가, 그녀의 선배와 친구들이 가지 못했던 길을 개척함으로써 그녀의 딸이 살아갈 세상을 보다 나은 세상으로 만들어낼 수 있을 것으로 믿습니다.

진심으로 그녀의 창업을, 그녀의 도전을, 그녀의 삶을 응원합니다.

마지막으로 대한민국의 모든 '그녀'들이 맘껏 도전하고, 성취하며, 때론 실패하면서도 오뚝이처럼 일어나 세상의 변화를 일구어나가길 인디언의 간절함으로 소망합니다.

2017년 5월
정민정

추천의 글　창업! 도전의 항해를 시작하라　이영 테르텐 대표, 전 한국여성벤처협회 회장

　　　　　또순이의 창업을 응원해　김광현 은행권청년창업재단 상임이사, 디캠프센터장

　　　　　20인 여성 기업가들의 진솔한 창업 이야기　이진우 MBC라디오 〈이진우의 손에 잡히는 경제〉 진행자

저자의 글　그녀의 창업을, 그녀의 도전을, 그녀의 삶을 응원합니다

좋아하는 일을 해보려고요

김슬아 더파머스 대표
한국의 홀푸드를 꿈꾸다 22

내 인생의 『7막 7장』 | UN이 아닌 골드만삭스로 | 시작은 좋아하는 먹거리에서 | 한국의 '홀푸드'를 꿈꾸다
(그녀의 스타트업) 창업, 왜 할까? 어떻게 할까?

김남희 오리지널웨이브 대표
예술가의 감성으로 브랜드를 디자인하다 36
풍요롭고 행복한 어린 시절 | 화가의 꿈 | 뉴욕 5번가 네일숍 | 스튜디오 유닛의 미술작품 경매 | 브랜드 컨설팅에 눈을 뜨다 | 오리지널리티를 확보하라
`그녀의 스타트업` 간절하게, 끝까지 그리고 될 때까지

심소영 두닷두 대표
실리콘밸리가 먼저 알아본 일정관리 앱 52
소녀, 수학의 매력에 빠지다 | 인생의 터닝 포인트가 된 미국 여행 | 실리콘밸리에서 운명을 바꾸다 | 실리콘밸리로 날아간 스마트워치용 일정관리 앱
`그녀의 스타트업` 20대의 열정과 40대의 연륜

임재연 아크로밧 대표
노점에서 걸그룹 '잇템' 수제화까지 64
빈티지 패션에 눈뜨다 | 편집숍 '재동씨'의 자가 복제 | 걸그룹 잇템 수제화, 아크로밧 | 아크로밧, 세계로 날개를 펼치다
`그녀의 스타트업` 스타트업에 꼭 필요한 3가지

박혜린 이노미드 대표
전기 없는 곳에서는 휴대용 발전기를! 78
아버지의 개발자 DNA | 인도에서 만난 인생의 터닝 포인트 | 신재생에너지에 관심을 갖다 | 에너지 유목민을 꿈꾸다 | 미국 캠핑장에서 시장을 만나다 | 전기 없는 곳에서는 휴대용 발전기를!
`그녀의 스타트업` 스스로 간절히 원해서 가는 길

이제 시작, 기대해도 좋아요

정수현 앤스페이스 대표
공간과 사람을 연결하는 사회 변혁의 꿈 100
엑스재팬 덕후, 그녀 | 세상 속으로 한 걸음 내딛다 | 물리적 공간의 중요성에 주목하다 | 공간과 사람을 연결하는 앤스페이스
`그녀의 스타트업` 창업을 성공의 길로 이끄는 진정성의 힘

박효연 헬프미 대표
법률 서비스 시장의 변화를 선도하라 116
나의 가장 친한 친구는 '책' | 법관을 목표로 공부에 매진하다 | 방황을 마치고 사법시험을 보다 | 연봉 2억 잘나가는 변호사 | 율촌을 나와 창업에 뛰어들다
`그녀의 스타트업` 자신이 전문성을 갖고 있는 분야에서 시작하라

박현린 인디고네프 대표
요리에 문화를 담아 세계로 나아가다 130
에펠탑의 매력에 풍덩~ | 괴짜들의 집합소 서울대 철학과 | 파리지앵이 되고 싶어서 | 답답한 삶 속 샘물 같은 에어비앤비 | 글로벌 문화를 요리로 연결하다
`그녀의 스타트업` 창업은 기회다

김화경 로켓뷰 대표
오늘도 진행 중 좌충우돌 IT 창업기 144
유복한 어린 시절, 행복했던 기억 | 아버지의 창업과 잇따른 실패 | 낭만 가득 대학 생활 | 소프트웨어 회사에서 사회생활을 시작하다 | 우연히 선택한 스웨덴 유학 | 삼성과 인연을 맺다 | 우리의 창업은 현재 진행 중
`그녀의 스타트업` 마음이 잘 맞는 창업 파트너가 있나요?

서숙연 해빛 대표
아이와 부모 모두 행복한 교육 서비스 164

퀴리 부인과 신사임당을 좋아했던 소녀 | 사교육 도움 없이 대학에 진학하다 | 인턴 프로그램 '썬스타' | 인사 관리 컨설턴트의 길 | 스타트업 세계로 들어오다 | 교육 콘텐츠, 운명처럼 다가오다 | 엄마와 아이들을 위한 콘텐츠 세상 '해빛'

[그녀의 스타트업] 실패해도 후회하지 않을 확신이 있을 때 창업하라

Part 3
나의 절박함을 성공 포인트로!

정미현 데코뷰 대표
월급 70만원 디자이너의 리빙 산업 정복기 184

아버지의 고집스러운 성격을 꼭 빼닮다 | 일당백으로 일하다 | 세상에 데코뷰를 내놓다 | 다음 목표는 블루밍빌레를 넘어서는 것!

[그녀의 스타트업] 어제의 내가 오늘의 나를 만든다

윤자영 스타일쉐어 대표
'SNS와 길거리 패션의 만남'을 사업으로 198

엄마의 그늘을 벗어나고 싶던 소녀 | 천국 같은 시간 속에서 아이팟을 만나다 | IT 세상 속 '혁신'에 주목하다 | 길거리 패션에서 찾은 창업의 길 | SNS+1020+길거리 패션=스타일쉐어

[그녀의 스타트업] 페인 포인트에 대한 나만의 답이 있는가?

김미희 튜터링 대표
영어회화 모바일 앱으로 소비자를 만나다 214

단칸방에서 맞은 인생의 터닝 포인트 | 갤럭시 시리즈의 흥행 신화를 쓰다 | 페인 포인트를 창업의 밑천으로! | 튜터링, 소비자의 니즈를 읽다

[그녀의 스타트업] 확신과 준비 없이 절대 창업하지 마라

허문숙 아바마트 대표
아버지의 공장에 뷰티 놀이터를 만들다 228

독일에서 맺은 부부의 연 | 아버지의 화장용 브러시 공장 | 화장을 즐기고, 패션 감각을 키우고 | 뷰티 놀이터 아바마트, 세상에 나오다 | 화장품 시장에 도전장을 내밀다

`그녀의 스타트업` 창업자에게는 긍정의 에너지가 꼭 필요해

원한별 자몽인터내셔널 대표
이메일 한 통과 영국 백만장자의 슈퍼잼 240

대자연 속에서 성장하다 | 웹 기획부터 제품 디자인까지, 만능맨이 되다 | 스스로 꿈꾼다, 자몽인터내셔널 | 도허티의 슈퍼잼과 인연을 맺다 | 10대 슈퍼푸드 타이거너츠를 만나다

`그녀의 스타트업` 좋아하는 것부터 천천히 시작하세요

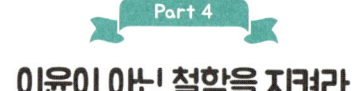

Part 4
이윤이 아닌 철학을 지켜라

박한아 익선다다 대표
낡은 것과 새것이 교차하는 익선동 르네상스 256

자연이 선물한 '근자감' | 꿈을 찾아 서울로! 호주로! | 게스트하우스에서 찾은 창업의 길 | 묘한 매력의 익선동 | 낙원장 프로젝트

`그녀의 스타트업` 현재를 즐기고 과정에 충실하라

김보용 재이 대표
해외 셀럽이 즐겨 찾는 역직구 쇼핑몰 272

끼 많은 옥션 파워셀러 | 영국의 패션 비즈니스는 어떻게 이루어질까 | 현장에서 창업의 자양분을 쌓다 | 카드 빚 500만원으로 창업에 뛰어들다 | 해외 셀럽이 사랑하는 브랜드로 우뚝 서다

`그녀의 스타트업` 창업은 철저한 현실이다

이도연 TWW 대표
시간을 기적으로 만드는 천연 화장품 284

자연에서 난 가장 좋은 것을 딸에게 | 클래식을 벗 삼아 음악가를 꿈꾸다 | 부모의 이혼, 음악의 힘으로 버티다 | 탈모로 고생하는 딸과 어머니의 천연 샴푸 | 비누가의 탄생과 사업가의 길 | 시간으로 기적을 만드는 회사

`그녀의 스타트업` 빛과 그늘은 늘 함께 있다

최영 펀비즈 대표
퇴직금 400만원으로 시작한 천기저귀 사업 300

어머니에게서 배운 도전 정신 | 대륙의 무한한 가능성을 엿보다 | 중국 시장에 열정을 쏟다 | 블루오션인 천기저귀 시장에 뛰어들다 | 재봉틀을 돌리며 회사를 장악하다 | 저출산·고령화 시대를 겨냥하다

`그녀의 스타트업` 내 힘으로 변화를 일구고 싶을 때 창업하라

강혜정 떼오로 대표
거절의 벽을 넘어 대박 쇼핑몰 만들기 314

선택에 따르는 책임의 중요성 | 새벽잠을 포기하고 주얼리를 만들다 | '금처럼 빛나는' 떼오로를 만나다 | 거절, 거절, 그래도 한 번 더 시도하라 | 자신을 돌아보고 반성하는 사장의 길

`그녀의 스타트업` 내실을 기하며 천천히 나아가라

좋아하는 일을
해보려고요。

01
Part

김슬아 더파머스 대표

한국의 홀푸드를
꿈꾸다。

"먹거리도 비주얼이 중요하죠." 요즘 강남 주부들 사이에서 입소문을 타고 있는 모바일 그로서리 브랜드 마켓컬리의 대표, 서른다섯 젊은 주부 김슬아의 말이다.

그녀는 원래 UN에서 인류 사회의 발전을 위해 일하기를 꿈꿨다. 일찍부터 해외 유학을 고집했지만 서울 유학도 허락하지 않는 부모님을 성적표로 설득했다. 열일곱에 떠난 미국 유학 생활, 다리를 다쳐도 누구 하나 의지할 사람이 없어서 홀로 버텼다. 덕분에 자립심만큼은 제대로 배웠다. 대학 졸업 후 글로벌 기업에서 익힌 조직 관리 노하우와 빈틈없는 업무 방식은 창업에 중요한 자양분이 됐다.

UN 대신 먹거리 유통을 선택한 그녀는 한국의 홀푸드(미국의 대표적인 유기농 마켓 체인)를 꿈꾸며 오늘도 전진 중이다.

"사업의 성패를 가르는 것은 사람인데, 그때는 마치 누가 사업을 하라고 등을 떠미는 것처럼 사업에 필요한 사람이 모이고 돈을 투자하겠다는 사람도 나타난 거예요."

　김슬아(35) 대표는 그렇게 운명처럼 더파머스를 창업했다. 더파머스의 온라인 쇼핑몰 마켓컬리는 2015년 5월 16개 품목, 월 매출 200만원으로 시작해 2016년 12월 현재 2,000여 개 품목, 월 매출 20억원으로 놀랄 만한 성장을 보여주며 '강남 엄마들의 필수 앱'이라는 별칭을 얻었다.

내 인생의 『7막 7장』

　김슬아 대표는 어릴 적부터 하고 싶은 게 무척 많았다. 딸이 자유분방하게 자라길 원했던 어머니는 공부하라는 말보단 빨리 잠자리에 들라는 말을 많이 했고, 수학 학원이 아닌 피아노 학원을 보냈다.

　"어머니가 딸 9명을 둔 집안의 장녀였어요. 그 많은 딸들 중에 첫째였기 때문인지 부모님 속 한번 안 썩이고 열심히 공부한 '착하고 자랑스러운 딸'이었던 것 같아요. 그래서 어머니는 저희들을 키울 때 공부보다는 하고 싶은 거 많이 하라 하시고 사교육도 일절 시키지 않으셨어요."

그녀가 어렸을 적에 다닌 학원은 태권도, 피아노, 첼로, 테니스 등 주로 예체능 분야였다. 이렇듯 자유로운 분위기에서 성장한 그녀는 때때로 어머니의 방목형 교육이 야속하기도 했다. 친구들처럼 영어 과외도 받고 싶고 수학 학원도 다니고 싶었던 것이다. 그녀가 며칠을 조른 후에야 어머니는 마지못해 과외 선생님을 알아봐주었다.

김슬아 대표가 UN에서 일하고 싶다는 꿈을 품게 된 것은 당시 청소년들 사이에서 큰 반향을 일으켰던 홍정욱의 『7막 7장』을 읽고 나서다. 하버드대학교를 최우수 학생으로 졸업한 홍정욱의 미국 유학 생활을 접한 수많은 청소년들이 글로벌 무대 진출의 꿈을 키웠다.

"초등학교 5학년 때 『7막 7장』을 읽고 난 후, 미국에 유학 가서 공부하고 나중에 UN에서 일해야겠다고 생각했어요. 아버지한테 계속 부탁했지만, 어린 여자애가 혼자 유학 가는 게 말이 되느냐고 완강히 거절하셨어요. 그래도 끈질기게 조르니까 아버지는 성적으로 증명하라고 말씀하셨지요."

그녀는 공부에 매진했다. 뭐 하나에 꽂히면 다른 데는 눈길조차 주지 않는 그녀가 공부에 매달리니 곧 좋은 성적이 나왔다. 중학교 수석 졸업에 이어 민족사관고등학교를 문과 수석으로 입학했다. 그리고 고등학교에 들어가자마자 1학기 중간고사, 기말고사, 수능 모의고사에서 고득점을 얻었다. 결국 그녀는 소원하던 대로 미국행 비행기에 올랐고, 2000년 코네티컷 주 하트포드에 자리한 루미스 채피에 10학년으로 진학했다. 루미스 채피는 미국 보딩스쿨의 아이비리그라 불리는 명문이다.

"한국에서 온 친구들은 대부분 이름만 대면 알 만한 재벌가 출신으로 어릴 적부터 영어를 접해서 원어민 수준으로 언어를 구사했어요. 미국이나 중동 친구들은 전용기가 있을 정도로 부유했지요. 제 눈에는 너무도 낯설고 새로운 세상이었어요. 고민도 많았고, 수업을 따라가느라 밤잠 줄이며 바둥거렸던 제 인생 최초의 사춘기였던 셈이지요."

보호자 없이 생활하다보니 고생도 적지 않았다. 어느 겨울날 눈길에 넘어져 다리가 부러졌는데, 병원에 데려다줄 사람이 없어서 우여곡절 끝에 학교 선생님의 도움을 받았다. 그녀는 무지했고, 그 덕에 고생이 고생인 줄 모르고 그 시간을 보냈다. 때때로 한국에 있는 가족과 친구가 몹시 보고 싶었지만, 누구나 혼자서 제 길을 가는 거라고 스스로를 다독이며 학창 생활을 이어갔다.

UN이 아닌 골드만삭스로

국제기구에서 일하기를 꿈꿨던 그녀는 정치학을 전공으로 선택했고 웰슬리 칼리지에서 합격 통지서를 받았다. 힐러리 클린턴이 나온 학교로도 유명한 웰슬리는 150년 전통의 명문 여자 사립대학이다.

"제 인생을 돌아보면 웰슬리를 간 것이 '신의 한 수' 같아요. 울산에서는 자신이 맡은 일을 잘하고자 하는 욕심이 있는 아가씨한테 '애살있다'고 하는데, 웰슬리가 저를 그런 어른으로 키운 것 같아요. 일반적으로 여대는 현모양처를 키운다고들 생각하지만, 웰슬리는 독립적이고 강한 여성을 키워내려고 해요. '섬김 받으려 하지 말고 섬겨라'는 모토를 학생들에게 주입시키면서 시대를 바꾸는 여성이 되라고 요구했습니다. 그런 학풍이 제게도 크게 영향을 미쳤던 것 같아요. 어쩌면 웰슬리를 나왔기 때문에 이렇게 사업까지 하게 된 것 아닐까 싶어요."

분주한 대학 생활 중에도 그녀는 다양한 경험을 했다. 특히 친구들과 정보기술사업을 했던 일이 기억에 남는다. 미국에서 닷컴 열풍이 불었을 때였다. 강의를 같이 듣던 2명의 친구로부터 사업을 함께 해보자는 제안을 받고 합류했던 것이다. 그녀와 두 친구는 작은 컨테이너 사무실을 빌려 사업에 나섰다. 그녀가 맡은 역할은 개발을 제외한 운영 전반이었다. 그러다 3학년 때 그녀는 보스턴컨설팅그룹(BCG)에서 인턴을 하게 되었는데, 창업 경험은 인턴을 할 때 큰 도움이 됐다. 창업 과정에서 바둥거리며 경험했던 일들이 대기업의 신사업 프로젝트에 그대로 적용된다는 사실이 새삼 놀라웠다.

대학 졸업 후 김슬아 대표는 골드만삭스에 입사했다.

"선배들한테 물어보니, 석사나 박사 학위가 없으면 UN에 말단 직원으로 들어가야 하는데 말단으로 일해서는 실제로 할 수 있는 일이 거의 없다고 했어요. 한편 BCG에서 인턴으로 일할 때 사업상의 문제를 해결하는 방식이 너무 재미있어서 그와 같은 일을 더 해보고 싶었어요. 이왕 비즈니스 세계에서 일할 거면 더 좋은 회사, 더 많은 일을 경험할 수 있는 곳에 가고 싶었습니다. 제게는 골드만삭스만 한 곳이 없었죠."

골드만삭스에 들어간 후 그녀는 혹독한 훈련 기간을 거쳤다. 매주 한 번씩 실무시험을 봤고 성적이 좋지 않으면 상시로부터 경고를 받았다. 정치학 전공자였던 그녀는 자신의 부족한 점을 보완하기 위해 동기들보다 몇 배는 더 노력해야 했다.

"일을 대하는 자세, 일을 처리하는 방식을 배우는 데 있어 골드만삭스나 맥킨지만 한 곳은 없는 것 같아요. '일을 끝냈다'라고 말할 때 그 '끝'이 우리가 보통 생각하는 '끝'과는 기준점이 달라요. 보통은 100 중에 80만 해도 대충 끝낸 것으로 보지만, 여기서는 100을 완벽하게 마무리한 후에 혹여 부족할 수 있는 상황을 대비해 10 혹은 20만큼 더 해야 끝냈다고 하는 거예요."

그녀는 골드만삭스에서 채권을 담당했는데, 역설적이게도 글로벌 금융위기의 덕을 톡톡히 봤다. 하이일드 채권을 주로 담당했던 만큼 수수료가 높았고 성과급도 매년 큰 폭으로 상승했던 것이다. 게다가 금융위기로 경쟁 은행들이 시장에서 사라지는 바람에 골드만삭스는 오히려 몸집을 더 크게 불릴 수 있었다. 골드만삭스 3년차가 됐을 때 그녀의 연봉은 3억원에 달했고, 업무 능력도 인정받아 어소시에이트로 승진을 앞두고 있었다. 하지만 승진 발표 날 그녀는 사표를 냈다.

"일부러 그런 건 아닌데, 묘하게도 승진이 공식 발표된 날 사표를 냈어요. 대차대조표를 통해 돈의 흐름을 읽고 대출을 해주는 업무는 별로 어려울 게 없었어요. 다만 숫자만 갖고 일하는 게 종종 답답했어요."

사업에 따라 부침도 있게 마련인데, 이런 부분을 무시하고 당장 눈에 보이는 수치로 그 사업과 사업가를 판단해야 하는 것에 대해 거부감이 들었다. 그녀는 자신이 더 성장할 수 있는 곳으로 이동하고 싶었다. BCG에서 경험했던 컨설팅 업무를 하고 싶었다.

그래서 맥킨지로 옮겼다. 그때 그녀의 나이가 스물일곱 살이었다. 홍콩에 있는 아시아오피스에서 일하면서 또 한 번 새로운 세계를 경험했다. 홍콩이라는 지역적 특성 덕분에 미슐랭 스타급 레스토랑을 자주 찾아다녔고, 다양한 와인과 세계 각국의 음식을 접할 수 있었다.

"어릴 적부터 유달리 먹는 것에 집착했어요. 제 스스로 돈을 벌기 시작하면서는 먹고 싶은 것, 맛있다고 소문난 곳을 찾아다녔어요. 어렸

2007년 골드만삭스에 입사했을 때 훈련 기간을 함께했던 동기들과 김슬아 대표(왼쪽 두 번째).

을 적에 외할머니가 토란을 듬뿍 넣은 육개장을 자주 해주셨는데 지금도 그 음식을 가장 좋아해요. 젓갈 등 발효 음식을 좋아하시는 아버지 덕인지, 선천적으로 후각도 발달했어요. 그래서인지 치즈 냄새를 좋아해요. 웬만한 것은 다 먹어봤을 정도로 치즈를 좋아해요."

시작은 좋아하는 먹거리에서

맥킨지에서 김슬아 대표는 평생의 반려자인 정승빈 씨를 만났다. 그 역시 그녀 못지않은 미식가였던 덕에 함께 레스토랑을 순례하면서 연애했다. 결혼 후에 그는 업무 스트레스와 잦은 야근으로 편두통과 아토피를 앓는 그녀를 위해 해독주스를 만들어주었는데, 그 홈메이드 주스가 입소문이 나면서 주스 배달 아이템으로 창업에 나섰다. 한국에서 베인앤드컴퍼니(Bain & Company)를 다니다가 사표를 던지고, 남대문 인근에 오피스텔을 얻어 광화문 일대 직장인을 대상으로 주스 배달을 시작한 것이다.

남편이 사업을 키워나가는 것을 지켜보면서 그녀도 진지하게 창업을 고민했다. 자신이 좋아하는 아이템인 먹거리로 사업을 시작해야겠다고 마음먹었다. 창업이 그녀의 운명이었는지, 다행히 사업 파트너들이 속속 생겨나면서 사업을 구체화할 수 있었다. 베인앤드컴퍼니에서 함께 일하며 의기투합했던 박길남 이사가 함께하기로 했고, 남편이 주스 배달업을 하면서 인연을 맺은 이성일 팀장이 물류를 맡기로 했다. 이성일 팀장은 10여 년 전에 물류 회사를 창업한 경험을 바탕으로 마켓컬리의 특화 서비스인 '샛별 배송'을 책임지고 있다.

2015년 1월 1일 '더파머스'라는 법인을 설립했고, 온라인 쇼핑몰인 마켓컬리는 그로부터 다섯 달 후인 5월 21일 서비스를 시작했다. 마켓컬리는 친환경 식재료, 해외 식료품, 유명 레스토랑 음식 등 자체적으로 선별한 상품을 판매한다. 차별화 지점은 오후 11시까지만 주문하면 다음 날 오전 7시 전에 상품이 내 집 앞에 도착하는 샛별 배송 서비스다.

특별히 식재료 분실을 막기 위해 고객이 직접 비밀번호를 설정하는 '샛별 박스'라는 이름의 가정용 무인 택배함을 활용하고 있다. 현관문이나 벽면 등 고객이 원하는 곳에 간편하게 부착해 사용할 수 있다. 이 서비스는 택배 기사와 직접 만날 필요가 없어 주부는 물론 혼자 사는 싱글족들의 선호를 받고 있다.

김슬아 대표는 첫 제품으로 상추 등 엽채류를 선택했다. 하루만 지나도 시들해져서 배송이 까다로운 상품이라는 부담은 있지만, 오히려 마켓컬리만의 경쟁력을 제대로 보여줄 수 있는 기회라고 판단했다.

"주문 당일에 딴 상추를 이튿날 아침 7시에 받을 수 있다는 게 저희의 경쟁력이에요. 농부가 방금 딴 상추로 아침 식사를 하는 것처럼 식재료를 최단 시간에 밭에서 밥상으로 이동시키는 거지요."

서비스 시작 첫 달은 매출이 200만원에 불과했다. 엽채류 등 16개 품목만 갖춰진 상태였기 때문이다. 그러나 서비스 시작 전부터 공을 들인 '본앤브레드' 한우를 론칭하면서 매출에 탄력이 붙기 시작했다. 본앤브레드는 마장동에서 40여 년간 한우 유통업을 한 아버지의 뒤를 이은 정상원 대표가 한우를 상품화해 연 매출 100억원을 올리는 곳이다.

"3번 정도 찾아갔는데 갈 때마다 문전박대를 당했어요. 하지만 정성을 다해 저희 사업의 취지를 설명했어요. 그런 노력에 감동한 정상원 대표가 결국 저희에게 제품을 공급하기로 결정한 거죠."

'커피리브레', '오월의 종' 등 그야말로 핫한 브랜드를 하나둘 론칭하면서 마켓컬리는 입소문이 났고, 언젠가부터 '강남 엄마들의 필수 앱'이라는 별칭이 따라붙었다.

맞벌이 부부나 전문직 여성 고객들의 요청이 쇄도해 반찬 코너도 론칭했다. 대부분의 반찬 제조업체가 위생적인 설비나 자격증이 없어서 적당한 업체를 찾는 데 꽤나 애를 먹었다. 그러다 눈에 띈 곳이 바로 한살림 등 유기농 식자재업체에 반찬을 납품하던 공장이었다. 그 공장은 무항생제 콩으로 직접 만든 간장만 쓸 만큼 재료를 까다롭게 선정했다. 여기에 더해 요리연구가 우정욱 셰프를 섭외하여 그만의 요리 비법과 손맛을 고스란히 담은 스페셜 메뉴도 잇따라 선보이고 있다.

김슬아 대표의 가장 큰 지향점은 공급업체와 함께 성장하는 것이다.

사업 구상 초기에 한국의 식자재 유통 시장을 살펴보면서 많은 생각을 했다. 또 대기업 계열 유통업체들이 엄청난 판매 수수료를 챙기는 동안 생산 농가들은 마땅한 가격도 보장받지 못한 채 재고 부담까지 떠안는 현실이 너무 안타까웠다. 그래서 그녀는 처음부터 100퍼센트 직매입을 선택했다. 생산자한테 선주문을 통해 생산량을 확정해주고 재고 부담은 마켓컬리가 전적으로 떠안은 것이다.

"모든 위험은 우리가 떠안기로 하고 생산자 분들께는 제품 생산에만 집중해달라고 부탁했어요. 소비자들이 안전한 친환경·유기농 농산물을 적절한 가격에 사 드실 수 있게 하기 위해서죠. 생활수준이 높아지면 자연스럽게 내 몸과 내 아이의 몸에 좋은 것을 찾기 마련입니다. 우리의 삶에서 가장 기본이 되는 것은 먹거리니까요."

하지만 기존 판매처인 백화점 등 유통 대기업과의 경쟁은 만만치 않았다. 그녀는 비주얼로 승부하기로 마음먹었다. 그래서 회사에 스튜디오를 마련하고 푸드스타일리스트와 전문 사진작가를 섭외해 먹음직스러워 보이게 사진을 찍었다. 마켓컬리의 상징 색깔은 식자재와 두루 어

마켓컬리의 '샛별 배송'을 상징하는 컬리 트럭.

울리면서 고급스러운 이미지를 가진 보라색으로 정했다. 또한 정확한 소비 예측과 재고 관리를 위해 데이터애널리스트팀을 두어 빅데이터를 분석했다. 마켓컬리 경쟁력의 한 축은 유통, 또 다른 한 축은 정보기술, 나머지 한 축은 물류가 담당하고 있는 것이다.

한국의 '홀푸드'를 꿈꾸다

마켓컬리의 2016년 말 월 매출은 20억원을 웃돈다. 출시 20개월 만에 1,000배 성장한 것이다. 제품 품목도 2,000여 개로 늘었고 2016년 총 매출은 200억원에 달한다. 올해는 3배 성장을 목표로 하고 있다.

만 2년도 되지 않아 회사가 크게 성장하면서 김슬아 대표는 슬슬 부담감을 느끼고 있다. 스타트업을 해서 온전한 사업체로 끌고 가는 것도 쉽지 않은데, 혹여 잘못됐을 때 감내해야 할 책임의 범위가 커진 데서 오는 압박감이다. 게다가 마켓컬리의 철학에 동참한 수많은 농가와 파트너 업체들의 선택이 의미 있는 결과를 내기 위해선 규모의 경제를 이뤄내야 한다는 미션도 안고 있다.

그래서 그녀는 미국의 대표적인 유기농 마켓 체인 홀푸드의 비즈니스 모델을 지향한다. 1980년에 설립된 홀푸드는 인공 보존제나 인공 색소 등 유해 첨가물을 넣지 않은 유기농 식품을 판매한다.

"유기농이나 무농약에 대한 개념이 없었던 37년 전, 홀푸드는 텍사스에서 농가와 장기 계약을 체결해 농가가 생산에만 전념할 수 있도록 했어요. 미국의 에코 시스템이 홀푸드의 성장과 궤적을 같이한다는 것은 시사하는 바가 적지 않습니다. 미국에서는 20년 넘는 시간이 걸려

건강한 먹거리를 지향하는 마켓컬리의 대표 스테디셀러 제품인 '글루텐프리 컵케이크'.

먹거리 에코 시스템이 정착됐지만, 소비자 피드백이 그 어느 나라보다 빠른 우리나라에서는 5년 정도면 안착되지 않을까 예상합니다."

한국의 홀푸드로 우뚝 서기 위한 마켓컬리의 액션 플랜으로, 김슬아 대표는 '소비자에게 좋은 음식, 소비자의 가치 있는 삶, 고객 경험에서의 최고점, 생산자가 풍족한 삶을 누릴 수 있는 안정적인 유통 시스템'을 꼽았다. 이를 위해 마켓컬리는 식자재 중심의 먹거리에서 한발 더 나아가 샴푸나 비누, 로션, 수건, 침구 등 리빙 제품으로 그 영역을 확장할 계획이다.

"소비자가 가치 있는 소비를 하고 싶을 때 마켓컬리를 찾게 하고 싶어요. 마켓컬리라는 이름만 보고도 믿고 선택하는 브랜드가 되는 거죠. 그리고 그 과정에 '선한 유통'을 정착시켜 소비자를 이롭게 하는 것은 물론 생산자도 행복하고 풍족한 삶을 누릴 수 있게 하고자 합니다."

창업, 왜 할까?
어떻게 할까?

　스타트업을 하려는 40대 여성들은 대부분 자아실현보다는 육아나 자녀 교육에 쓸 돈을 벌고자 합니다. 그에 비해 30대 중반 여성들은 스타트업을 통해 자아실현을 하고자 하는 욕구가 더 강한 것 같고요.

　한마디로 저와 같은 30대는 '어떻게'에 더 초점을 맞추고 사는 것 같아요. 내가 몸담고 있는 곳에서 어떻게 나를 실현할 것인가, 나의 흥미를 끌어올리기 위해 어떻게 할 것인가에 방점을 찍는 거죠.

　'어떻게'를 고민하다가 스타트업을 결심했다면, 우선은 좋은 파트너를 만나는 게 중요합니다. 인생의 파트너든, 사업 파트너든 내 역량의 절반 이상은 파트너에 의해 결정되는 법이거든요.

　또 여성들이 남성에 비해 자기주장을 덜 펼치는 경향이 있는데, 치열한 토론을 거쳐야 정답에 가까운 해결책을 찾을 수 있다는 점을 명심했으면 합니다. 내가 원하는 것을 말하고, 요구해야 합니다. 내가 절대 양보할 수 없는 원칙은 상대를 끈질기게 설득해 관철시켜야 합니다.

　무엇보다 스타트업을 하기 전에 직장 생활을 충분히 해보길 바랍니다. 저는 제 직장 생활이 스타트업에 결정적인 도움을 줬다고 생각합니다. 창업에 필요한 조직적 기술은 물론 인맥도 직장 생활을 통해 얻을 수 있었거든요.

김남희 오리지널웨이브 대표

예술가의 감성으로
브랜드를 디자인하다.

브랜드 컨설팅 전문 기업 오리지널웨이브. 그곳에 화가의 꿈을 키우다 집안 형편이 어려워지면서 일을 시작한 김남희 대표가 있다.

그녀는 풍족한 유년 시절을 보냈고, 어릴 적부터 두각을 나타냈던 미술 재능을 살려 홍익대 회화과에 무난히 입학했다. 누구보다 자유롭게 20대의 젊음을 만끽했고, 삶의 그늘이라곤 찾아볼 수 없을 정도로 행복했다. 하지만 안정적인 직장에 다녔던 아버지가 창업에 나서면서 가세가 하루가 다르게 기울었다.

미국으로 어학연수를 떠날 때 어머니는 편도 티켓을 건네며 "네 힘으로 버텨라"라고 당부했다. 스스로 생활비를 해결해야 했던 만큼 뉴욕 5번가 네일숍에서 아르바이트를 했다. 생전 처음 보는 사람 앞에 무릎 꿇고 앉아서 손발톱을 정리해주자니 자존심이 상했지만 다른 선택지가 없었다. 그렇게 1년을 지내고 한국으로 돌아왔다. 귀국 후 동료들과 함께 아트 옥션을 열어 활로를 찾아보다가 크리에이티브 디렉팅 분야에 재능이 있다는 사실을 깨닫고, 브랜드 컨설팅 전문 기업 오리지널웨이브를 세워 연 매출 15억원의 알짜배기 회사로 키워냈다.

아무것도 없는 무(無)의 상태에서 김남희(38) 대표는 2009년에 명동 중앙로 알로(ALO) 매장의 디자인을 맡았다. 디자인 콘셉트를 잡는 일부터 로고 제작과 매장 인테리어까지 모든 작업을 4주 안에 마쳐야 했기에 친구들은 불가능한 일이라며 만류했다. 밤잠 안 자고 한 달을 매달렸고, 결국 그녀가 상상했던 디자인 콘셉트로 문을 열 수 있었다.

"알로 명동 매장은 말 그대로 대박이 났어요. 디자인 콘셉트가 얼마나 중요한지 온몸으로 느꼈죠. 또 제 능력으로 창업하고 싶다는 열망이 싹튼 계기가 되었습니다."

그렇게 시작된 오리지널웨이브는 각양각색의 창조적 생산자인 작가, 인문학자, 철학자, 스토리텔러, 패션피플, 공학자 들과의 컨버전스를 즐기며, 소비자를 매혹시키는 브랜드의 차별화된 매력을 만들어내기 위해 끊임없이 노력하고 있다.

풍요롭고 행복한 어린 시절

어린 시절 김남희 대표의 집은 항상 따스한 빛이 감도는, 부족한 것

하나 없는 풍요 그 자체였다. 수출용 의류 검사원으로 일하는 아버지가 공장에서 받아오는 샘플 덕에 그녀의 옷장에는 갭이나 랄프로렌 등 유명 브랜드 옷이 가득했다. 어머니 역시 동대문에서 의류 부자재 도매업을 했던 만큼 강동구 명일동에서도 부촌에 살았다.

"집에는 일하는 아주머니가 계셨고, 월풀 식기세척기가 있을 정도로 꽤 풍족했어요. 국내 의류 주문자상표부착생산 업체들이 사이판 등지에 공장을 두었던 덕에 해외 출장을 떠나는 아버지를 따라 온 가족이 사이판 여행을 다녀오기도 했어요. 이종사촌들이 자주 놀러와서 집에는 항상 사람들이 북적거렸고, 맛난 음식이며 즐거운 수다가 가득했지요. 그냥 행복했고, 풍요로운 유년 시절이었어요."

그녀의 부모는 초등학교 동창 사이였다. 남다른 미모의 어머니는 어릴 적부터 인기가 많았고, 그런 어머니에게 오랫동안 연정을 품고 있던 아버지가 대학에 들어가자마자 프러포즈를 하면서 만남이 시작됐다. 두 사람은 3년의 뜨거운 연애 끝에 결혼에 골인했고 곧 그녀가 태어났다.

친가와 외가가 가까워서 시골에 내려가면 양가 사촌들이랑 뒷동산에 올라가 깜깜해질 때까지 놀았다. 여름에는 계곡에서 물놀이를 즐기고 겨울에는 논두렁에서 썰매를 탔다.

화가의 꿈

어릴 적부터 미술에 특별한 재능을 보였던 김남희 대표는 화가를 꿈꾸었다.

"여섯 살 때부터 그림일기를 썼는데 일기에 '나중에 커서 화가가 되겠다'고 쓰여 있어요. 한글을 일찍 깨쳤는지 또박또박 글자를 썼고, 그 나이치고는 그림도 꽤 잘 그렸던 것 같아요."

하지만 부모님은 예술가는 가난하게 살게 된다며 강력하게 반대했다. 부모님의 뜻을 거스를 수 없었던 그녀는 예술고등학교를 포기하고 일반고등학교에 들어가 평범한 학창 시절을 보냈다. 화가가 되고 싶다는 열망은 사그라지지 않았다. 끈질기게 부모님을 설득한 끝에 고교 2학년 때 미술입시학원에 등록했고, 타고난 재능 덕분인지 재수도 하지 않고 홍익대 회화과에 입학했다.

그런데 그즈음부터 가세가 조금씩 기울기 시작했다. 그녀가 고등학교에 다닐 때 아버지가 직장을 그만두고 창업에 나섰다. 의류 검사원을 하면서 제조공장을 두루 꿰고 있던 터라 의류 제조에 뛰어들면 승산이 있을 거라는 생각에 재산을 쏟아부어 공장을 세웠지만, 일이 뜻대로 돌아가지 않았다. 설상가상으로 어머니가 동대문 지하상가에서 오래 장사를 한 탓에 호흡기에 문제가 생겨 늑막염에 걸렸다. 9번이나 수술을 하면서 어머니의 건강은 크게 악화됐다.

"어머니가 장사를 못하니까 아버지는 사업으로 돈을 더 많이 벌어야겠다고 생각하신 것 같아요. 하지만 평생 갑으로 살아오신 아버지에게 사업은 쉬운 일은 아니었습니다. 시간이 지날수록 가정 형편이 조금씩 어려워졌고, 제가 대학에 입학하니까 어머니는 저에게 아르바이트를 해서 네 용돈쯤은 벌었으면 좋겠다고 조심스럽게 말씀하시더군요."

홍대 미대생이라는 간판 덕분에 아르바이트 자리를 구하는 일은 전혀 어려움이 없었다. 입시학원에서 학생들을 가르치기도 하고 중·고등학교에서 기간제 교사로 일하기도 했다. 입시학원은 한 달에 300만원

이상 벌 수 있는 고소득 아르바이트였다. 집에서 매달 수십만원에 달하는 재료비와 교통비를 받았고 한 학기에 400만원 정도 하는 등록금까지 지원받았기 때문에 아르바이트로 번 돈은 모두 옷이나 구두, 화장품 등을 구입하는 데 썼다.

"어머니는 아무리 형편이 어려워도 우리들에게 어렵다는 말을 한 번도 안 하셨어요. 그때 이미 아버지 공장에 문제가 생겼는데도 말예요."

가장 친했던 대학 동기들과 즐겨 찾던 곳은 홍대와 압구정동으로, 당시 유행에 가장 민감한 곳이었다. 조금 뜬다 싶은 브랜드는 누구보다 빨리 알았고, 압구정동에 나가면 매장 언니들이 먼저 얼굴을 알아보고 신상(신상품)을 권할 정도로 나름 '거리의 큰손'이었다. 별다른 어려움 없이 돈을 벌어 쓰고 싶은 대로 다 썼던 시기였다.

뉴욕 5번가 네일숍

김남희 대표의 표현을 빌리자면 미친 듯이 돈을 쓰고 다닌 시기였는데, 그래도 소득은 있었다. 바로 어떤 브랜드가 소비자에게 먹히는지에 대한 동물적인 감각, 즉 브랜드를 보는 안목을 키운 것이다. 몇 년간 홍대, 압구정동, 명동을 돌아다니다보니까 어떤 브랜드가 잘되고, 또 어떤 브랜드가 안 되는지 그 이유가 눈에 보였다. 같은 브랜드라도 매장 인테리어를 어떤 콘셉트로 해야 사람들의 눈길을 사로잡는지 알게 된 것이다. 그런 안목이 훗날 오리지널웨이브의 창업 과정에 중요한 자산이 되었다.

그즈음에도 아버지의 회사는 계속 경영난을 겪었고, 그런 사정을 까

많게 몰랐던 그녀는 대학 3학년이 되자 미국으로 어학연수를 가고 싶다고 말했다. 가정 형편이 심각한 지경에 이르렀지만 교육열이 남달랐던 어머니는 딸의 부탁에 말없이 고개를 끄덕였다. 뉴욕에 살고 있는 사촌오빠의 지인을 통해 그녀가 지낼 집이 해결되자, 어머니는 비행기 티켓을 끊고 인천공항으로 그녀를 데려갔다. 김남희 대표는 지금까지도 공항에서 건네받은 편도 티켓 한 장을 잊지 못한다.

"어머니가 백방으로 알아본 덕에 거처할 집은 구했지만 당장 미국에서 한 달을 버틸 생활비도 해결이 안 된 상태였어요. 어머니가 미국에 도착하면 어떻게든 네 힘으로 버티라고 당부하면서 항공권을 주셨는데, 그게 왕복이 아니라 편도였던 거예요. 왕복 티켓을 사줄 돈도 없었던 거죠. 그때 엄청 울면서 비행기를 탔습니다. 제가 미국으로 떠나고 2주 후에 아버지 회사가 부도가 났어요. 어머니가 전화하셔서 너한테 학비를 보내줘야 하는데 그럴 형편이 되지 못한다고, 정말 미안하다고 하면서 흐느껴 우시더군요."

그녀가 신세를 지게 된 집은 뉴욕 5번가에서 네일숍을 운영하고 있었다. 손재주만큼은 자신이 있었기에 네일숍에 아르바이트 자리를 얻었다. 큰소리치면서 돈을 벌 수 있었던 한국의 학원 아르바이트와는 근본적으로 달랐다. 갑으로 살아왔던 그녀는 철저한 을이 되었다. 무릎을 꿇고 앉아서 발톱 손질을 해야 하는 일이 굴욕적으로 느껴졌다. 난생처음으로 자존감이 무너졌다. 꽤 규모가 크고 호화로운 네일숍이라 손님 대부분이 부자였다. 그들이 그녀를 보는 시선은 너 따위가 대학이나 제대로 나왔겠느냐는 눈빛이었다.

"영어도 제대로 못했으니 얼마나 깔봤겠어요. 미국은 서비스를 잘할 수록 팁을 많이 받는 구조라서 부자 손님들의 기분을 맞춰줘야 제 수입이 많아져요. 저를 무시하는 시선을 모르는 척하고 그들에게 아양을 떨어야 하는 제 자신이 처량했어요. 육체적, 정신적으로 많이 힘들었고 기가 많이 죽었던 시기였죠."

운이 좋았는지 5개월쯤 뒤에 재미교포 2세 아이들에게 미술을 가르치는 아르바이트 자리를 얻게 됐다. 몸도, 마음도 편해지긴 했지만 이곳에서 자신은 이방인이라는 생각을 지울 수 없었다.

스튜디오 유닛의 미술작품 경매

그렇게 1년을 악으로 버티고 한국에 돌아왔다. 공항에 마중을 나온 부모님의 얼굴을 보자마자 김남희 대표는 숨이 턱 막혔다. 1년 새 너무 많이 늙으셨던 것이다. 1년 전 그랜저를 타고 딸의 미국행을 배웅했던 부모가 마티즈를 타고 마중을 나왔다. 부도로 집도, 차도, 가전제품도 남은 게 없었다. 그나마 운이 좋아 마티즈 한 대는 건졌다는 게 어머니의 말이었다.

부모님은 수십 년 살면서 정들었던 명일동 아파트를 떠나 성북구 종안동 낡은 주택으로 살림을 옮겼다. 아버지는 부동산 중개업을 하면서 생계를 꾸리셨다. 고가 바로 옆이라 트럭이 지나가면 집 전체가 흔들리는 느낌이었다. 겨울에는 춥고 여름에는 더웠다. 그런 곳에서 부모님이 1년을 지냈다고 생각하니 자신도 모르게 눈물이 흘렀다.

그녀는 입시학원 아르바이트를 시작했다. 눈앞에 닥친 경제적 문제를 해결하면서 미래를 준비해야겠다고 결심한 것이다. 그러면서 한편으로 여느 미대생처럼 유학을 준비했다. 미국에서 지내는 동안 무대 디자인에 관심이 커져서 예일대와 뉴욕대 무대디자인과에 입학 지원서를 냈다.

"무대 디자인은 많은 사람들과 접점을 가질 수 있는 예술 영역이라는 점 때문에 관심을 갖게 됐어요. 회화를 전공했지만 현대 미술을 배우면서 공간에 대한 고민도 많이 했고, 특정한 주제에 깊이 있게 접근하는 방법론도 훈련받았어요. 그러면서 제가 평면보다는 입체에 관심이 많다는 사실을 깨달았죠."

하지만 합격하지 못했다. 친한 대학 동기들이 하나둘 해외로 유학을 떠났지만 그녀에게는 유학 기회가 주어지지 않았다. 그러다 대학 졸업까지 하자 미래가 막막하게 느껴졌다. 그 흔한 토익 점수도 없고, 포토샵 같은 이미지 툴을 다룰 줄도 모르니 그래픽 디자이너로 취업할 수도 없었다.

그러던 중 인테리어 회사를 운영하던 지인이 그녀에게 칵테일 바의 인테리어 콘셉트를 맡아달라고 했다. 그녀의 전공을 살릴 수 있는 일다운 일이었다.

"지금 돌이켜 생각하면 그게 바로 크리에이티브 디렉팅이었죠. 빈 공간을 보고 무엇을 채워 넣을지 상상한 후에 스케치를 했어요. 한국적 느낌의 이미지를 제안했는데 반응이 좋아서 인테리어가 끝날 때까지 맡아서 했죠. 물론 정식 직원도 아니었고 학원 아르바이트에 비하면 박봉이었지만 제 상상이 눈앞에 보이는 현실로 구현되니까 정말 신이 나더군요."

미국 유학의 꿈은 무위로 끝났지만 그녀는 전업 작가로 살겠다고 마음을 먹었다. 2004~2005년 우리나라 미술 시장은 최악의 불황을 겪었다. 신진 작가들은 전시할 공간조차 얻지 못해 발을 동동 굴렀고 작품을 판다는 건 상상하기도 어려웠다. 작품을 시장에 팔 수 있는 판로가 무엇보다 절실했다. 그녀는 온라인을 통해 작가를 모아보자는 아이디어를 떠올렸다. 친한 대학 동기 몇 명에게 제안하니 뜻밖에 다들 뜨겁게 호응했다. 싸이월드에 작가 커뮤니티 '스튜디오 유닛'을 개설한 후에 함께 시작한 친구들과 운영진을 맡아 전시장 섭외에 나섰다.

2005년 봄, 연희동의 작은 갤러리를 빌려 전시와 경매를 병행했다. 스튜디오 유닛의 첫 전시였다. 참여한 작가들한테는 첫 회에는 작품을 기부하고 두 번째부터 판매 수익금을 나누자고 제안했다. 전시 공간 임대료가 만만치 않아서 작가의 부담이 일정 정도 필요했기 때문이다. 대신 작품 판매를 활성화하기 위해 시작가는 6만원, 상한가는 50만원으

스튜디오 유닛에서 주최한 오프라인 경매를 진행하고 있는 김남희 대표(왼쪽 끝).

로 낮게 잡았다.

"첫 옥션에서 35개의 작품을 내놓았는데 완판(매진)이 됐어요. 다들 엄청 신이 났죠. 그 돈으로 갤러리 임대료를 해결했고 2회차도 준비할 수 있었어요. 5년간 진행했는데 나중에는 스튜디오 유닛 회원 작가가 4,300여 명까지 늘어났어요. 작가들에게 작품 포트폴리오를 받아 스튜디오 유닛의 싸이월드 메인에 걸어주는 방식으로 온라인 전시까지 진행했습니다. 오프라인에서 진행한 경매만 7번이었는데, 나중에 스튜디오 유닛이 유명해지면서 낙찰가가 500만원을 넘는 작품까지 등장했지요."

하지만 봉사를 원칙으로 운영진을 꾸렸던 만큼 그녀가 스튜디오 유닛 대표로서 생업을 이어가기는 현실적으로 힘들었다. 5년이 지나자 운영진 1기 사이에서 후배들에게 물려주자는 제안이 나왔고, 자연스럽게 운영진 구성이 바뀌었다.

브랜드 컨설팅에 눈을 뜨다

작품 활동은 물론 전시와 경매 등의 일을 하면서 김남희 대표는 사업에 직접 뛰어드는 건 어떨까, 진지하게 고민했다. 몇 년 전 칵테일 바 브랜드 컨설팅을 맡았던 기억을 떠올리며 자신의 재능을 상업적으로 발현할 수 있는 아이템을 찾기 시작했다.

기회는 우연히 찾아왔다. 스튜디오 유닛 활동을 하면서 인연을 맺은 박형진 전 알로 대표가 매장을 예술적으로 꾸며달라고 제안해온 것이다. 박형진 대표는 알로를 젊고 획기적인 브랜드로 키우고 싶다고 했고, 그녀는 당시 영국 등지에서 유행했던 레트로하면서도 빈티지한 콘셉트를 제안했다. 박형진 대표는 처음에는 너무 파격적이지 않느냐며 망설였지만 포기하지 않고 설명하니까 결국 동의했다.

"알로 명동 매장이 대박이 나면서 다른 매장들도 같은 디자인 콘셉트로 꾸미기 시작했어요. 나중에 들으니까 이후 2년 매출 증가율이 1,000퍼센트에 달했다고 하더군요. 박형진 대표님이 회사에 들어오는 건 어떠냐고 제안했는데 정중히 거절했어요. 그 무렵 저는 제 능력으로 창업하고 싶다는 열망이 가득했거든요."

그때가 2010년이었다. 김남희 대표는 뜻이 맞는 친구와 함께 '오리지널디자인'이라는 이름으로 법인을 세웠다. 오리지널디자인은 전쟁에서 전략을 짤 때의 초안을 말한다. 신이 인간을 만들었을 때 그에게 맡긴 소명 같은 것을 통칭하는 기독교 용어이기도 하다.

오리지널디자인에서 그녀는 신명 나게 일했다. 그러다 동업하던 친

김남희 대표는 중국에 있는 고객과 일할 때 의사소통 수단으로 위챗을 자주 활용한다.

구와 각자 다른 길을 가기로 의견을 모으면서, 2012년 지금의 사명인 '오리지널웨이브'로 새로 법인을 등록했다. 오리지널웨이브는 본질(originality)을 파도(wave)처럼 세상 곳곳에 퍼뜨리자는 의미를 담고 있다.

"브랜드를 만들 때 가장 중요한 건 오리지널리티를 확보하는 것입니다. 어렸을 때 명동 거리를 활보하면서도 제가 로열티를 갖고 찾아가는 브랜드는 정해져 있으니까요. 톱 브랜드 제품을 모방할 수는 있지만 그 브랜드가 갖고 있는 본질까지 모방할 수는 없는 법이잖아요. 브랜드의 오리지널리티를 갖고 있는 우리의 고객이 사업적으로 잘되게끔 하는 것도 중요하고요. 그래서 저희의 모토는 '우리는 당신을 오리지널로 만든다(We make you original)'랍니다."

오리지널리티를 확보하라

오리지널웨이브의 브랜드 컨설팅은 로고 디자인이나 매장 인테리어에 그치지 않는다. 음악이나 향기 등 브랜드 디자인에 영향을 미칠 수 있는 모든 요소에 관여한다.

오리지널웨이브가 다른 브랜드 컨설팅 기업과 다른 점은 순수 미술 전공자를 적극 활용한다는 점이다. 실제 오리지널웨이브에서 일하는 크리에이티브 디렉터 15명 가운데 6명이 순수 미술 전공자다. 전업 작가의 예술적 감성도 적극 활용하고 있다. 특정 브랜드 디자인 프로젝트를 맡으면 오리지널웨이브가 확보한 아티스트 포트폴리오에서 가장 적합한 작가를 찾아 협업을 진행한다. 오리지널웨이브가 네트워킹을 맺고 있는 작가는 700~800명 선으로 사진작가, 영상작가, 설치작가,

패션디자이너 등 분야도 다양하다.

"제 자신이 순수 미술 전공자이기 때문인지, '이 작업 어디서 봤다'는 말이 가장 듣기 싫더군요. 새롭기만 하고 호소력이 없으면 안 되고 보기에도 좋아야 하는데, 그런 모든 조건이 충족되기 위해서는 아티스트의 감성과 직관이 뒷받침돼야 한다고 봅니다."

사업을 하면서 방향이 흔들릴 때마다 김남희 대표가 항상 가슴에 새기는 말이 하나 있다. 대학 때 지도 교수가 한 말이다.

"순수 예술가의 사회적인 목표는 아직 발견되지 않은 미지의 세계에 대해 안테나 역할을 하는 것이다."

2016년 오리지널웨이브의 첫 번째 중국 클라이언트인 북경 동흥당으로부터 받은 감사패.

김남희 대표는 경영학을 전공한 사업가는 과거의 수치를 바탕으로 시장을 정확하게 분석해 현재 시장의 흐름은 파악하지만 미래는 어떻게 될지 잘 모른다고 본다. 반면 예술가들은 과거와 현재를 분석하는 능력이 떨어지지만, 특유의 직관과 감각을 바탕으로 새로운 것을 창조하고 세상을 이끌어갈 수 있다고 믿는다.

"제 주변에서 직가 친구들이 뜬금없이 롱스커드를 입고 다니면 2년쯤 지나서 그게 유행하기 시작하죠. 뭐라고 설명하기 어렵지만 예술가한테는 나름의 촉이 있는 것 같습니다. 유행이나 트렌드에 보통 사람보다 예민하고 본능적으로 새로운 것을 찾는 사람들이죠. 사업이 성공하기 위해선 숫자로 지표화된 정확한 분석도 필요하고 아티스트의 촉이란 감각도 필요합니다. 우리 회사는 그 두 지점을 브리지로 연결해서 브랜드의 오리지널리티를 만들어가는 데 가장 최적화된 인적 자원으로 구성됐다고 자신합니다."

지금까지 오리지널웨이브의 손을 거쳐 탄생한 프로젝트는 정관장 HUB, 토즈 스터디 센터 등 50여 개에 달한다. 현재는 중국의 톱3 화장품 회사로부터 수주한 대형 프로젝트를 진행하면서 연간 매출이 15억 원을 넘어서고 있다.

간절하게, 끝까지 그리고 될 때까지

　20대 초반까지 저는 세상의 모든 일이 제 맘대로 되는 줄 알았어요. 하지만 어느 순간 제 맘대로 되는 게 없다는 사실을 깨닫게 됐죠. 그래도 최악의 상황을 가정하면 오히려 지금 제가 발 딛고 있는 이곳이 최선이라는 생각이 들더군요. 만약에 토익 점수라도 있어서 중소기업에 취업을 했으면 지금 이렇게 내가 원하는 일을 하고 살 수 있었을까, 또 미국에 있는 대학 무대디자인과에 합격해 유학을 갔다 왔다면 박봉에 시달리면서 고생을 하고 있지 않을까 하는 생각도 들어요.

　사업의 매력은 내가 직접 큰 그림을 그릴 수 있고 내가 가고 싶은 방향으로 갈 수 있다는 점 같습니다. 대신에 스스로 감당해야 할 부담감과 책임감이 엄청나죠. 과연 이게 될까 하는 두려움에 덜덜 떨기도 하고요. 그럴 때마다 인디언의 기우제를 생각합니다. 인디언들이 기우제를 올리면 100퍼센트 비가 온다고 합니다. 그 이유가 뭔지 아세요? 비가 올 때까지 기우제를 지내기 때문이에요. 사업도 그렇게 간절하게, 끝까지 그리고 될 때까지 해야 하는 겁니다. 그런 인디언의 간절함을 갖고 전쟁과도 같은 창업에 도전하기를 바랍니다.

심소영 두닷두 대표

실리콘밸리가 먼저
알아본 일정관리 앱.

일정관리 앱으로 미국과 한국 두 나라에서 돌풍을 일으킨 두닷두. 대학 생활 중에 운명처럼 실리콘밸리를 경험하고 창업에 나선 20대 중반의 심소영이 그 회사의 대표이다.

어릴 적 그녀는 영화가 좋았다. 크리스토퍼 놀란 감독처럼 상식을 뛰어넘는 대작을 만들고 싶었다. 시간이 지나면서 꿈도 바뀌었다. 남달랐던 수학적 재능을 살려 월스트리트에 진출하고 싶었다. 대학 전공을 선택할 때도 한 치의 망설임 없이 수학과를 선택했다. 하지만 세상을 바꾸는 동력으로는 뭔가 부족했다.

우연인지, 운명인지 실리콘밸리를 경험하면서 창업의 길로 들어섰다. 스마트워치에 기반한 호텔 관리 솔루션을 가지고 '2016 스타트 텔 아비브' 한국 대표로 출전해 글로벌 정보기술 시장에서 호평을 받았다.

3년 내 스마트워치 기반 호스피탈리티 서비스 분야에서 글로벌 1위로 도약하겠다는 목표를 세웠다. 그때쯤엔 두닷두의 기업 가치도 1,000억원을 돌파할 거라 확신하고 있다.

　　　　　　"전 세계 30여 개 국가의 스타트업 대표들과 벤처 투자자들이 모인 곳에서 글로벌 네트워킹을 확보했다는 게 가장 큰 자산인 것 같아요. 지금도 그분들과 사업적으로도, 개인적으로도 연락하고 지내거든요."

　세계적인 스타트업 컨퍼런스 DLD 텔 아비브의 부대 행사인 '2016 스타트 텔 아비브'에 한국 대표로 참가한 심소영(26) 대표의 말이다. 전 세계 내로라하는 스타트업 대표, 벤처 투자자 들이 모이는 이곳에서 그녀는 스마트 기기를 활용하여 효율적, 체계적으로 객실을 관리할 수 있게 해주는 호텔 관리 솔루션 HIMS로 관심을 모았다. 또한 '2016 세계 호텔산업박람회'에 참가해 미국 소재 호텔을 첫 고객으로 유치하는 성과를 냈다.

　이제 막 세계로 뻗어나가기 시작한 두닷두의 밝은 미래가 점쳐지는 순간이었다.

소녀, 수학의 매력에 빠지다

　최근 국내 스타트업 전문 경영인 중에서 가장 두각을 나타내고 있는 이는 바로 심소영 두닷두 대표다. 부산에서 태어난 그녀는 공무원 아버지와 전업주부 어머니 슬하에서 평범하게 성장했다. 세 살 위 오빠는 초등학교 때부터 프로그램 개발에 재능을 보였고 현재 모바일 게임 회사 대표를 맡고 있다. 어릴 적부터 컴퓨터 학원에서 C언어를 배우며 개발자의 길을 찾아갔던 오빠와 달리 그녀는 컴퓨터 근처에도 가지 않았다. 오빠가 개발자의 길은 힘들다며 그녀에게 다른 길을 찾아보라고 권했기 때문이다.

"오빠는 과학상자 조립 같은 것을 유달리 좋아했고 컴퓨터 학원도 꾸준히 다녔어요. 반면 저는 차분히 앉아서 공부하는 걸 좋아했죠. 수학을 특히 좋아했고요. 논리적으로만 생각하면 정답이 자연스럽게 도출되는 수학이란 학문이 엄청 매력적으로 느껴졌던 거죠."

중학교에서 줄곧 상위권을 놓치지 않았던 그녀는 외국어고등학교 등 특수목적고등학교 진학을 내심 바랐다. 중학교 2학년 때는 수학과 영어 단과학원을 다니며 실력을 다졌다. 하지만 채 1년이 되지 않아 학원을 그만뒀다. 아버지가 주식에 투자했다가 크게 손실을 입으면서 가계에 어려움이 닥쳤기 때문이다. 살림만 했던 어머니가 정수기 렌탈 서비스 회사에 취직했고, 남매는 사교육의 도움 없이 혼자 힘으로 대학에 들어가야 했다.

컴퓨터 분야에 재능을 보였던 오빠는 서강대 컴퓨터공학과에 무난하게 입학했다. 하지만 그녀는 원하는 대학에 진학할 수 있을 정도로 성적이 나오지 않았다.

"수능 날 저녁, 정답을 맞히면서 엄청 울었어요. 살면서 처음 겪은 실패였으니까요. 한참을 울고 나니까 머릿속에 구체적인 계획이 세워

지더군요. 지금껏 해왔던 제 공부 방식을 되짚어보니까 인강(인터넷 강의)에만 너무 의존했던 거예요. 욕심이 많아서 웬만한 인강은 다 들었는데, 문제는 복습을 통해 내 것으로 만드는 과정을 생략했던 거죠."

그녀는 재수를 하였다. 처음 6개월은 학원을 다니며 내용을 쭉 정리했고 나머지 6개월은 복습에 충실했다. 목표는 단 하나, 수학과 진학이었다. 그리고 결과는 합격이었다. 그녀는 고려대 수학과에 입학했다.

대학생이 된 그녀는 새로운 것을 해보고 싶다는 생각에 연극 동아리에도 가입하고 영어 스터디에도 참여하는 등 다양한 동아리 활동을 했다. 하지만 왠지 모르게 2년 내내 허전하기만 했다.

인생의 터닝 포인트가 된 미국 여행

대학 3학년이 되던 해, 그녀는 휴학을 했다. 학교 밖 세상을 경험하고 싶었고, 직접 돈을 모아 미국 여행을 떠나겠다는 목표도 있었다. 영화를 좋아했던 그녀는 망설임 없이 영화관에 가서 아르바이트 자리를 구했다.

"중학교 때는 영화감독이 꿈이었어요. 지금도 크리스토퍼 놀란 감독을 가장 좋아하는데, 그의 작품 중에서도 〈다크 나이트〉가 최고인 것 같아요. 선과 악의 경계가 모호하고, 극의 전개는 보통 사람의 예상을 뛰어넘으면서도 치밀한 계산을 통해 각 장면이 연출되는데… 정말 대단한 분 같아요. 영화관 아르바이트를 하면서 영화를 맘껏 볼 수 있었던 것도 꽤 좋았습니다."

4개월 풀타임으로 아르바이트를 해서 300만원을 모은 그녀는 중학교 동창들과 함께 미국행 비행기에 올랐다. 2013년 7월이었다. 인천공항에 가본 것도 그때가 처음이었고, 해외에 나간 것도 마찬가지로 처음이었다.

"모든 게 새롭고, 멋지고, 웅장하게 느껴졌어요. 언젠가는 반드시 미국으로 와야겠다, 이곳에서 사람들과 경쟁하고 싶다, 내가 살아갈 세상은 바로 이 땅이라는 생각을 했습니다. 그게 저한테는 인생의 터닝 포인트가 된 것 같아요."

미국에서 돌아와 복학한 후에는 큰 세상으로 날아가기 위해 무엇을 해야 할까를 고민했다. 학교에서 진행하는 강의들을 샅샅이 훑어보던 그녀의 눈에 '실리콘밸리'라는 단어가 확 들어왔다.

신설된 지 얼마 안 된 소프트웨어융합학과가 2기 학부생을 모집한다는 것이었는데, 주 전공인 수학과 연계해 복수 전공으로 선택하면 시너지 효과가 날 것 같았다. 더욱이 눈을 뗄 수 없었던 것은 방학 때 실리콘밸리로 연수를 보내준다는 문장이었다. 묻지도 따지지도 않고 복수 전공으로 신청했다. 그 덕에 졸업할 때까지 주 전공과 복수 전공을 합해서 180학점을 이수했으니 강의를 엄청나게 들었던 셈이다.

그녀에게 실리콘밸리는 운명이었을까. 2014년 1월로 예정된 실리콘밸리 연수는 원래 1기 선배들의 몫이었지만, 학교 측에서 1기와 2기 중에서 당일 제출된 사업기획서를 심사해 연수 대상자를 뽑겠다고 밝혔다. 주식가치투자학회에서 활동했던 만큼 시장조사에 일가견이 있던 터라 마음 맞는 친구들을 모아 사업기획서 만들기에 돌입했다. 그야말로 하루 만에 완성한 벼락치기 기획안이었다.

"실리콘밸리에 가서 어떤 사업 아이템을 조사하겠느냐는 게 주제였어요. 저는 당시 사람들의 관심거리였던 '헬스'에 주목해 조사를 진행했습니다. 잘 사용하지 않는 근육을 사용할 수 있게 도와주는 다이어트 수트를 주제로 기획안을 제출했는데, 운 좋게 통과되어 실리콘밸리에 갈 수 있게 됐어요. 자랑 같지만, 2기 동기 중에는 여학생 3명으로 구성된 저희 팀이 유일하게 뽑혔습니다."

실리콘밸리에서 운명을 바꾸다

10여 일의 실리콘밸리 탐방 기간 동안 심소영 대표는 세계적인 정보기술 회사를 방문해 기업 환경을 눈으로 직접 볼 수 있었다. 그들의 자유로운 기업 문화를 경험했고, 벤처캐피털업계를 접하면서 창업 생태계가 어떻게 돌아가는지도 엿보았다.

실리콘밸리에서 말로 표현할 수 없는 충격을 받은 그녀는 창업을 굳게 결심했다. 세계 각지에서 모인 실리콘밸리의 스타트업처럼 새로운 것에 도전하고 실험하면서 새로운 꿈을 꾸고 싶다는 열망이 뜨겁게 타올랐다.

미국에서 돌아온 후 6개월 동안 줄곧 사업기획서만 썼다. 서너 곳에 기획서를 넣었는데, 준비가 미흡했던 탓인지 보기 좋게 미끄러졌다. 그러던 중 일정관리 애플리케이션을 기반으로 한 사업 모델을 진행하게 되었다.

"기어2 해커톤(해킹과 마라톤의 합성어로 개발자, 기획자, 디자이너가 모여 창의적인 아이디어를 내고 정해진 시간 동안 쉬지 않고 협업해 개발 프로젝트를 완성하는 프로그램) 대회 참가를 계기로 스마트워치와 인연을 맺

실리콘밸리 탐방은 세계적인 IT 기업을 눈으로 직접 보고 경험할 수 있는 귀한 시간이었다.

게 됐습니다. 당시에는 스마트워치가 붐을 일으키면서 창업자들 사이에서 스마트워치 시장에 대한 관심이 뜨거웠거든요. 처음에는 스마트워치에 일정관리 기능을 넣어보자고 막연하게 생각했죠."

그녀의 비즈니스 모델이 꽃을 피운 계기는 우연히, 하지만 운명처럼 찾아왔다. 2014년 7월 소프트웨어융합학과 2기 전체가 실리콘밸리로 연수를 떠나게 되면서 그녀는 또다시 미국 땅을 밟았다. 이때 실리콘밸리에서 일하는 모교 출신 선배들과 만나는 자리가 있었는데, 호텔 관련 비즈니스를 하던 선배와 우연히 대화를 나누게 되었다. 이 선배가 현재 두닷두USA 대표를 맡고 있다.

"선배가 일정관리 앱 서비스를 호텔에 접목하는 건 어떤지 물어보셨어요. 가볍게 아이디어 차원에서 하신 말씀이었는데, 한국으로 돌아온 후에도 그 말이 머릿속을 떠나지 않더라고요."

그녀는 무작정 호텔을 돌아다니면서 하우스키퍼 분들에게 꼬치꼬치 캐묻기 시작했다. 어떤 방식으로 업무를 처리하는지, 어떤 기능을 필요로 하는지 등을 실무자의 눈을 통해 접근했다. 창업하려 한다고 하면 도움을 주지 않을 것 같아서 고등학생인 척 진로 탐색 때문에 왔다고 본의 아닌 거짓말도 했다.

실리콘밸리로 날아간 스마트워치용 일정관리 앱

호텔을 찾아다니며 충분히 시장조사를 진행한 후에는 스마트워치용 애플리케이션을 개발하기 위해 오빠에게 도움을 청했다. 단순 기능을 탑재하는 수준이었기에 게임 개발자인 오빠의 능력으로도 충분히 구현 가능했다. 마침내 스마트워치를 활용해 효율적인 객실 관리를 할 수 있는 지능형 호텔 경영 시스템 HIMS(Hotel Intelligent Management System)가 만들어졌다. 그녀는 이 초기 버전으로 중소기업청이 주최한 '이공계 창업 꿈나무 대회'에서 수상하면서 창업지원금 5,000만원을 받았다.

2014년 12월 세 번째로 실리콘밸리에 갔을 때 그녀는 스마트워치용 일정관리 데모 버전을 가져갔다. 이 버전에는 객실 상황을 점검하는 창과 메시지를 보내는 기능, 녹음 기능 등이 탑재됐다. 이것을 가지고 선배의 주선으로 호텔업계 사람들을 만났다.

"기능만 업그레이드된다면 사용할 마음이 있다고 입을 모으더군요. 정말 대박이었죠."

미국에서 전시회 참가 등 사업체로서 실질적인 일을 하기 위해 2015년 6월 미국 법인을 설립했고, 10월에 사업을 체계적으로 진행할 법인을 우리나라에도 세웠다. '두닷두(dodotdo)'라는 회사명은 일(do)과 일(do)을 이어주는 서비스를 표방한다.

하지만 애플리케이션 완제품으로 가는 길은 쉽지 않았다. 지인의 소개로 개발자들을 찾아다니는 것을 시작으로 소문난 개발자들의 전화번호를 수소문해 직접 만났다. 해커톤에서 두각을 나타낸 개발자가 있으면 행사가 끝나자마자 따라가 설득해 회사로 끌어들였다. IT 기반 서비스인 만큼 개발 리소스가 많이 투입된다는 게 비(非)개발자인 그녀에게 가장 어렵고 힘든 지점이었다. 다행히 각 분야에서 필요로 하는 개발자를 1명씩 영입하여 현재 두닷두에는 개발자만 5명이 일하고 있다.

두닷두는 우리나라는 물론 글로벌 호텔들에 대량 납품을 앞두고 있

두닷두는 DLD 텔 아비브의 부대 행사인 '2016 스타트 텔 아비브'에 한국 대표로 선정되었다.

다. 각 호텔마다 요구하는 서비스 사양이 달라서 고객별로 맞춤형 기능을 개발하고 구현하는 것은 물론 사후 관리를 철저하게 하는 것이 중요하다.

올해부터는 호텔뿐만 아니라 크루즈 시장 진출도 목표로 하는 만큼 두닷두의 사업 영토는 더욱 확장될 것으로 기대된다. 크루즈 한 척에 3,500개 객실(특급 호텔 10개 규모)이 있어서 한 척만 계약해도 매출 기여도가 엄청나다.

"B2B 시장은 완벽한 제품을 납품하는 게 가장 중요해요. 기업으로 대량 납품이 적시에 이뤄져야 하고 서비스 수준도 기업의 눈높이에 맞춰야 하지요. 두닷두 일정관리 앱이 현재까지는 세계에서 유일무이한 서비스인 만큼 후발주자들이 따라잡을 수 없는 특화된 기술을 선점하는 데 총력을 기울일 겁니다."

두닷두의 일정관리 앱은 현재 호텔 영역에 초점이 맞추어져 있지만 고객 응대 서비스가 구현되는 호스피탈리티(hospitality) 분야로까지 사업 영역을 확장할 계획이다. 그렇게 되면 병원이나 카지노, 컨벤션 센터, 영화관 등 사업 영역은 무궁무진하다. 심소영 대표의 궁극적인 목표는 스마트워치 기반 호스피탈리티 서비스 분야에서 글로벌 1위를 점하는 것이다. 두닷두의 계획대로 순조롭게 진행된다면 3년 내 기업가치 1,000억원 돌파도 가능할 것으로 기대하고 있다.

20대의 열정과 40대의 연륜

저는 대학 재학 중에 창업을 했습니다. 운이 좋게도 호텔업계에 정통한 사업 파트너를 만났고, 그런 인연 덕택에 사업을 구체화할 수 있었던 거죠. 그분의 노하우와 인맥 그리고 제가 갖고 있는 아이디어와 열정이 만나 시너지를 낼 수 있었던 겁니다.

20대 창업은 실패해도 다시 일어날 수 있다는 장점이 있지만, 그만큼 실패율이 높은 것 또한 사실입니다. 자신의 부족함을 메워줄 파트너가 없다면 창업은 성공할 수 없습니다. 그런 차원에서 대학생끼리 창업하기보다는 조직 관리 경험과 해당 분야에 노하우가 있는 시니어 파트너와 손을 잡는 방식을 권하고 싶습니다. 20대의 열정과 40대의 연륜이 만나면 시너지를 낼 수 있으니까요.

임재연 아크로밧 대표

노점에서 걸그룹 '잇템' 수제화까지

"금수저가 아니어도 성공할 수 있다는 것을 보여주고 싶었습니다. 실력을 갖추고 도전하면 언젠가는 문이 열립니다. 열릴 때까지 지치지 말고 도전하세요!"

노점으로 시작해 걸그룹 '잇템' 수제화로 대박 난 그녀, 임재연 아크로밧 대표. 그녀는 어떻게 성공의 열쇠를 잡았을까?

시장에서 구제 의류를 떼다 친구들에게 팔던 여고생이 15년 만에 트와이스, 씨크릿, 에이핑크 등 걸그룹이 앞다퉈 찾는 수제화 회사 대표로 이름을 떨치고 있다. 프랑스, 이탈리아 등 패션 선진국 유학파가 주류인 구두업계에서 고졸 출신이라는 약점을 넘어서며 '스펙보다 실력'이라는 불변의 진리를 온몸으로 웅변하고 있다.

"편안한 착화감을 위해 세계 각지를 돌아다니면서 온갖 신발을 신어봤고, 편하다고 느낀 신발 200여 켤레를 구입해 일일이 뜯어서 어떻게 만들어졌는지 살펴봤지요."

임재연(35) 대표가 이러한 열정으로 만들어낸 수제화 브랜드 '아크로밧(Acrobat)'. 그녀의 꿈은 아크로밧을 100년 가는 명품 브랜드로 키우는 것이다.

"천천히 가더라도 100년을 내다볼 수 있는 브랜드가 되길 희망합니다. 100년 명품 기업으로 가는 길에 어떤 난관이 기다리고 있을지 지금은 알 수 없지만, 동시대 사람들에게 좋은 브랜드로 기억되고, 더 나아가 후대 사람들에게도 좋게 기억되는 수제화 브랜드가 되길 바랍니다."

빈티지 패션에 눈뜨다

임재연 대표는 부산 토박이다. 어릴 적 그녀는 집 앞 공터에서 흙과 나뭇잎, 나뭇가지로 인형이나 집을 만들며 놀았다. 데레사여자고등학교에 입학한 후에는 미대 진학을 목표로 입시미술학원을 다녔다. 하지만 입시에만 전념하기에는 열일곱 소녀의 피가 너무나 뜨거웠다. 학원을 땡땡이치고 친구들과 어울려 해운대, 광안리, 남포동으로 놀러 다녔다. 물론 그때마다 교복은 가방에 고이 넣어두고 사복을 입고 다녔고, 그렇게 차츰 패션에 눈을 떴다.

"교복을 입고 다니면 날라리로 보는 시선이 느껴져서 아예 사복을 싸갖고 다녔어요. 사복을 자주 입었는데, 그게 남포동 같은 핫플레이스에 가면 여대생이나 직장 여성들의 패션에 자연스럽게 눈길이 가더라고요. 저렇게 입으니 스타일이 사는구나, 감탄도 하게 됐고요."

그 무렵 유행하던 스타일에 맞춰 국제시장 구제 골목에서 리사이클(재사용) 의류를 사 입었는데, 그게 패션과 인연을 맺는 첫 계기가 되었다.

철없는 여고생으로 마냥 즐겁게 살던 그녀에게 뜻밖의 위기가 닥쳤다. 중국을 오가며 건설업을 하던 아버지가 사기를 당하면서 빚더미에 앉게 된 것이다. 집 안에 말로만 듣던 빨간딱지들이 붙었다. 이제 더 이상 태평하게 미술학원을 다닐 수 없는 처지가 됐다. 고교 3학년 때의 일이다.

"난생처음 경제적인 어려움을 겪으면서 제 힘으로 부모님께 도움을 드리고 싶었어요. 그래서 돈을 벌 수 있는 방법을 고민했는데, 문득 구제 의류를 사다가 친구들에게 팔면 어떨까 하는 생각이 들었죠."

부산 국제시장은 6·25 전쟁 이후 해외에서 각종 구제 의류가 들어오는 곳이어서, 싼값에 질 좋은 구제 의류를 구할 수 있었다. 일찍부터 구제 의류를 사 입으며 빈티지 패션에 눈뜬 그녀는 자신에게 어떤 옷을 사서 어떻게 입어야 할지를 물어보던 친구들을 떠올리며 가능성이 있다고 보았다.

그녀는 전 재산 5만원을 갖고 구제 의류와 신발, 스카프 등을 샀다. 한 벌에 몇천원밖에 되지 않아서 다양한 제품을 살 수 있었다. 그것들을 3가지 스타일로 코디해서 친한 친구에게 입힌 후 사진을 찍어 직접 카탈로그를 만들었다. 스타일별 특성과 옷의 소재, 원산지 등을 빼곡하게 써놓은 핸드메이드 카탈로그를 3학년 1반부터 12반까지 돌렸고, 사고 싶으면 포스트잇에 본인 이름이랑 원하는 제품을 써서 붙이라고 했다.

"그 옷들이 하루 만에 완판된 거예요. 그렇게 친구들을 상대로 구제 의류 장사를 해서 몇 개월 만에 200만원이 넘는 돈을 모을 수 있었어요. 제가 어릴 적부터 장사에 재능이 있긴 했나 봐요."

하지만 학교에서 친구들에게 옷을 판다는 것이 쉬운 일은 아니었다. 가톨릭 학교라서 더욱 엄격한 규율이 적용됐기에 옷을 팔다가 걸리면 처벌을 받을 게 뻔했다. 그래서 선도부 간부들이 등교하기 한참 전인 새벽 5시에 옷을 가방 깊숙이 숨겨 넣고 등교했다. 옷을 구매할 친구와는 화장실에서 몰래 접선했다. 아슬아슬하긴 했지만 스릴도 있고 나름 재미있는 시간이었다.

게다가 그녀에게 한 번 옷을 산 친구들은 단골 고객이 되어 다른 친구들을 소개해주었다. 입소문의 위력을 알게 된 게 그때 얻은 귀한 깨달음이 아닐까 싶다.

편집숍 '재동씨'의 자가 복제

2001년 11월 7일 수학능력시험을 치른 임재연 대표는 바로 다음 날 구제 의류를 잔뜩 실은 손수레를 끌고 서면시장으로 향했다. 고등학교 때 모은 돈이 200만원 이상이어서 한 학기 대학 등록금은 충당할 수 있었다. 하지만 안정적인 대학 생활은 불가능하다고 판단했기에 현장에서 패션 트렌드를 배우겠다고 마음먹었다.

그런 결심 때문이었는지 그녀는 구제 의류를 구입할 때 소재와 원산지, 브랜드, 바느질 상태 등을 꼼꼼하게 살폈다. 어디서, 어떤 소재로 만들어졌는지 알아야 팔 수 있기 때문이었다. 잘 모르는 부분이 있으면 인터넷 검색을 해서 패션과 관련된 정보들을 스스로 터득했다. 그녀는 사업이 성공하면 나중에 하고 싶은 패션 공부도 맘껏 할 수 있으리라는 믿음으로 그렇게 창업의 길로 들어섰다.

임재연 대표는 서면시장에서도 유동 인구가 유달리 많은 롯데백화점 맞은편 상권을 찍었다. 은행과 성형외과 등이 밀집해 있어 젊은 여성들이 자주 찾는 만큼 빈티지 패션에 대한 관심도 높을 거라고 판단했던 것이다. 그녀의 예상은 적중했다. 손수레 한가득 실어온 옷들이 매일 완판된 것이다. 손수레로 시작한 그녀의 소박한 창업은 그야말로 대박을 터뜨렸다. 그 결과 몇 개월 만에 국제시장 구제 골목에 한 평짜리 점포를 얻을 수 있었다. 점포의 이름은 '재동씨'로 했다.

"고등학교 3학년 때 국제시장에 물건을 떼러 다니면 상인 분들이 씩씩한 제가 보기 좋다며 제 이름 '재연이' 대신 '재동이'라고 불러주셨어요. 시장 통에서 친숙하게 불린 그 이름이 좋아서 첫 사업장 이름을 '재동씨'라고 한 거죠."

20~30대 젊은 여성을 대상으로 빈티지 의류를 팔았던 노점상 때와 달리 재동씨에서는 중·고등학생부터 60대 어르신까지 트렌디하게 입

을 수 있는 다양한 제품을 선보였다. 젊은 감각의 빈티지 제품을 구비한 매장 자체가 없었던 시절이어서 재동씨는 부산은 물론 서울까지 입소문을 타며 뜨거운 인기를 누렸다.

물론 젊은 아가씨 혼자 장사했던 만큼 적지 않은 고충이 따랐다. 장사가 너무 잘되니 상대적으로 손님이 없던 주변 점포 상인들의 뒷담화도 들려왔고 사소한 일로 시비도 붙었다. 하지만 특유의 싹싹함과 낙천적인 성격으로 위기를 넘겼다. 그리고 재동씨 2호 부산 남포동점, 재동씨 3호 서울 홍대점을 잇따라 내며 매장을 넓혀갔다.

이처럼 사업이 확장된 데는 두 살 아래 남동생인 임동헌 씨의 힘이 컸다. 대학에서 전기공학을 전공한 남동생은 자주 매장에 들러 일을 거들곤 했는데, 제대한 후에는 아예 재동씨의 온라인 사업을 도맡아 홈페이지 구축과 운영은 물론 카탈로그 촬영까지 담당했다. 남매가 힘을 합

부산 국제시장 한 평 점포에서 시작하여 서울 홍대점까지 매장을 넓혀간 빈티지숍 재동씨.

쳐 선보인 온라인몰 재동씨는 구제 의류 제품뿐만 아니라 각종 신발과 의류, 가방 등을 직접 제작해 판매하면서 독특한 감성의 쇼핑몰로 이름을 날렸다.

걸그룹 잇템 수제화, 아크로밧

재동씨의 사업 규모가 커질수록 자체 브랜드에 대한 갈증은 커져만 갔다. 그런데 그녀는 자신에게 성공을 가져다준 익숙한 의류가 아니라 구두의 자체 제작을 선택했다.

"빈티지 편집숍을 운영하면서 유럽에서 1970년대에 제작한 구두를 구입해 직접 신어봤어요. 30년이 넘는 세월에도 불구하고 제품이 너무 견고하고 멋스러운 거예요. 나도 언젠가는 오랜 세월을 아무렇지 않게 견뎌내는, 소장 가치가 있는 명품 브랜드를 만들고 싶다는 간절한 소망을 품게 되었죠."

그녀는 우선 희소성을 고려했다. 국내 패션업계에 의류를 다루는 디자이너는 많지만 제대로 된 구두를 만드는 디자이너는 많지 않다는 사실에 주목한 것이다. 그리고 중국이나 베트남에서 주문자상표부착생산으로 손쉽게 만들 수 있는 의류와 달리 구두는 인체 특성을 제대로 이해한 장인의 손을 거쳐야만 완성도를 담보할 수 있다는 점도 그녀의 결단에 영향을 미쳤다.

임재연 대표는 수제화 제작의 제1원칙으로 '편안함'과 '아름다움', 두 마리 토끼를 잡기로 했다. 그녀는 국내 구두 시장이 좁은 앞코와 높은 굽으로 상징되는, 보기에는 예쁘지만 일상화로는 불편한 스틸레토힐과 발은 편하지만 디자인이 밋밋한 캐주얼화로 양분된다고 판단했다.

"미적으로 아름다우면서도 편안함까지 담보한 수제화를 만들고 싶었습니다. 그래서 세계 각지를 돌아다니며 다양한 신발들을 직접 신어봤고 그중에서 발이 편하다고 느낀 신발을 사서 뜯어봤어요. 어떤 소재를 가지고 어떻게 만들었는지 살펴봤습니다."

임재연 대표가 이러한 철학을 담아 지난 2010년 처음 선보인 브랜드가 바로 아크로뱃이다. 셀럽들 사이에선 소녀시대, 트와이스, 에이핑크 등 인기 걸그룹 스타라면 하나 이상 소장하고 있는 브랜드로도 잘 알려져 있다.

"여러 이름들을 놓고 고심하다가 곡예사란 뜻이 있는 '아크로뱃'을 선택했어요. 곡예사가 곡예를 할 수 있을 만큼 발이 편하면서도 자유분

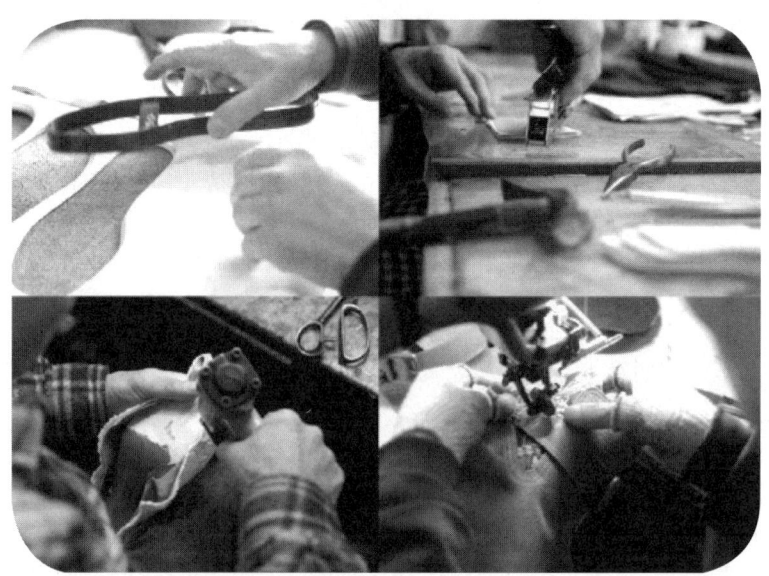

편안함과 아름다움을 충족시키기 위해 일일이 수작업으로 만드는 아크로뱃 구두 제작 과정.

방한 구두를 만들고 싶었거든요. 그래서 아크로밧 로고에도 서커스 천막을 그려 넣어, 온갖 곡예가 이루어지는 서커스처럼 자유롭고 창의적으로 구두를 만들겠다는 브랜드 정체성을 분명히 했죠."

아크로밧에는 사람에게 편한 것이라는 실용적 의미만큼이나 임재연 대표 자신의 자유분방하면서도 독특한 패션 감각을 상징적으로 보여주는 미적 감성이 담겨 있다.

그러나 이상과 현실의 괴리는 생각보다 컸다. 우선 최고의 수제화를 만들 수 있는 기술자를 찾기가 쉽지 않았다. 성수동 수제화 골목을 샅샅이 뒤졌지만 허탕이었다. 여러 구두 장인들을 만나 설득해봤지만, 그런 신발을 어떻게 만드냐는 반문과 실컷 개발해놓고 나면 중국이나 베트남으로 생산공장을 옮길 것 아니냐는 강한 불신만 보였다. 내로라 하는 중견 제화업체에 납품하다가 여러 차례 배신당하면서 쌓인 불신의 골이 꽤 깊었던 것이다.

"우선 신뢰부터 쌓아야겠다는 생각으로 1년 가까이 성수동 공장으로 출근했어요. 바로 옆에서 가죽을 자르고, 밥도 나르고, 뒷정리하는 걸 도와드리면서 조금씩 친해졌어요. 나중에 제 진심을 알아주신 분들이 하나둘 합류하면서 2011년에야 비로소 아크로밧 구두가 탄생할 수 있었죠."

이렇듯 힘든 과정을 거쳐 세상의 빛을 보게 됐지만, 가격도 비싸고 인지도까지 낮아서(아크로밧의 평균 가격은 20만~30만원 후반대) 아크로밧을 찾는 고객은 거의 없었다. 출시 후 2~3년 동안 한 달에 두세 켤레밖에 팔리지 않아서 사업을 계속하기가 어려운 정도였다.

임재연 대표는 빈티지숍 재동씨를 통해 모은 2억원에다 자신이 사는 집 전세 보증금과 재동씨 임대 매장 보증금 등 수억원을 아크로밧에 쏟아부었다. 잘나가던 편집숍 사장으로 남부러울 게 없던 그녀가 한 끼 5,000원을 아끼겠다고 점심을 거르는 일도 잦아졌다. 잠잘 곳이 없어서 찜질방을 전전하기도 했다.

"왜 이렇게까지 사서 고생하고 있을까 하는 깊은 후회가 밀려왔어요. 그냥 편하게 빈티지 편집숍을 했으면, 먹고사는 걱정 같은 건 안 했을 텐데 하면서요. 솔직히 하루에도 수십 번씩 아크로밧을 버리고 싶은 유혹을 느꼈지요."

그렇지만 포기할 수 없었다. 어려운 도전에 함께해준 사람들과 아크로밧의 철학을 이해하고 신제품이 나올 때마다 구매해준 단골의 믿음을 저버릴 수 없어서였다.

아크로밧, 세계로 날개를 펼치다

뜻이 있는 곳에 길이 있다고 했던가. 아크로밧은 2013년 스웨덴 스톡홀름에서 열린 글로벌 패션 브랜드 H&M 패션쇼에서 1등을 수상한 김민주 디자이너와의 협업으로 주목받기 시작했다. 2015년에는 박승건 디자이너의 하이패션 브랜드인 '푸쉬버튼'과 서울 컬렉션에서 합작 무대를 선보여 세간의 주목을 끌었다.

이뿐 아니다. 개성 넘치는 디자인에다 착화감까지 뛰어나 소녀시대 서현의 공항 패션으로 이름을 날린 것을 비롯해 트와이스, 씨스타, 에이핑크 등 유명 걸그룹이 무대에서 격한 안무를 소화할 때 신는 구두로 유명해졌다.

아크로밧의 회사 규모가 아직은 작아서 연예인 협찬은 물론 PPL조차 해본 적이 없지만, 편하면서도 예쁜 구두라고 입소문이 나면서 셀럽들이 직접 주문한 것이다. 최근에는 중국의 한류 팬 사이에서도 유명해져 중국인 관광객들이 일부러 서울 합정동 아크로밧 매장까지 와서 몇 켤레씩 구매하고 있다.

아크로밧을 찾는 발길은 중국은 물론 미국, 홍콩으로 확산되고 있으며 최근에는 영국이나 프랑스 등 패션 선진국 고객들의 구입도 줄을 잇고 있다.

"기성화와는 달리 사전 주문을 하기 때문에 실제 배송까지 열흘 정도 소요되지만 온라인 매출이 꾸준히 늘고 있어요. 특히 젊은 층을 중

편안한 착용감과 함께 독특한 디자인으로 셀럽들에게 사랑을 받고 있는 아크로밧 구두.

심으로 SNS에 아크로밧을 태그하면서 꾸준히 입소문에 나고 있는 것으로 보여요."

 2016년 중국 알리바바 그룹이 운영하는 오픈 마켓 타오바오의 B2C 전문 몰인 '티몰'에 입점한 후부터는 중국 사업이 탄력을 받고 있다. 우리나라 구두 브랜드 가운데 티몰에 입점한 것은 아크로밧을 포함해 딱 두 곳뿐이다. 이렇듯 사업이 순항하면서 아크로밧의 올해 매출액은 30억원을 넘어설 것으로 기대된다.

스타트업에 꼭 필요한 3가지

창업하겠다는 후배들한테 저는 3가지 질문을 던집니다. '앞으로 5년간 배고픔을 견딜 수 있는 인내심이 있는가, 5년을 버틸 자금을 갖고 있는가, 자신의 철학을 함께 실행할 파트너가 있는가'입니다. 자신의 창업 아이템을 확신하고 사업에 뛰어들었다 해도 사업 중에 생각지도 못한 위기가 닥칠 수 있습니다. 이러한 위기의 시간을 이겨낼 수 있는 인내심과 자금은 꼭 필요합니다. 또한 그 과정에서 자신을 배신하지 않고 끝까지 함께할 파트너가 있어야 합니다. 헌신적으로 함께해주는 동료가 없으면 혼자서는 어떤 사업도 성공할 수 없으니까요.

박혜린 이노마드 대표

전기 없는 곳에서는 휴대용 발전기를!

전기가 들어오지 않은 인도 산간 지역 사람들에 대한 안타까움을 사업으로 연결시킨 박혜린 이노마드 대표. 이노마드의 휴대용 수력 발전기 '이스트림'은 킥스타터에서 1억8,000만원어치 선주문을 받으며 히트 상품이 됐다.

박혜린 대표에게 인도 여행은 인생의 중요한 전환점이 됐다. 도시에서 시골 깊숙한 곳으로 들어가면서 인도를 새롭게 알게 됐다. 가장 큰 충격은 산간 지역에 전기가 들어오지 않는다는 사실이었다. 전 세계 인구의 3분의 1이 전기의 혜택을 받지 못하고 살아간다는 사실을 알게 된 후엔 '언제 어디서나 만들어 쓸 수 있는 전기'가 그녀의 숙제로 남았다.

조류 발전 플랜트를 생산하는 중소기업에 들어가 일하면서 신재생 에너지 세상에 한발 내딛었다. 흐르는 물로 전기를 만드는 조류 발전에 눈을 떴고, 언제 어디서나 만들어 쓸 수 있는 휴대용 발전기를 목표로 창업에 나섰다. 이노마드의 시작이었다.

그녀의
창업을
응원해

　　　　　　2016년 8월 미국의 소셜 펀딩 사이트 킥스타터에 이스트림(Estream) 영상을 올리고 나서 1억8,000만원어치의 선주문이 들어왔을 때를 박혜린(32) 대표는 잊을 수가 없다.

　사우스바이사우스웨스트(SXSW) 트레이드 쇼에서 이스트림을 눈여겨본 킥스타터 매니저가 무조건 킥스타터에 출품하라고 권했던 그 순간, 이노마드는 세상 속으로 들어간 것이다.

　그러나 박혜린 대표의 꿈은 이제 시작일 뿐이다. 그녀가 처음 꿈꾸었던 대로 전기의 혜택을 받지 못하는 곳에 사는 사람들이 이스트림을 통해 다양한 문명을 경험하게 되는 순간, 그때가 되어야 그녀의 꿈은 이루어졌다고 할 수 있을 것이다.

아버지의 개발자 DNA

　대학에서 건축토목을 전공한 아버지는 젊은 시절 현대중공업 조선플랜트개발팀에서 일했다. 그런데 3남매 중 장녀인 그녀가 일곱 살이 됐을 때 회사를 그만두고 부산에서 사업을 시작했다. 제품을 생산하고 폐기되는 주물사를 특수 코팅하여 금속의 부식을 방지하는 기능성 모래를 개발해 판매하는 일이었다.

"1999년 씨랜드 화재 참사 뉴스를 들으며 플라스틱 패널이 화재 발생 시 인명 피해의 가장 큰 원인이 된다는 이야기에 아버지는 불에 타지 않는 난연성 플라스틱 패널을 개발하기도 하셨어요. 아버지는 항상 어떠한 문제에 대해 질문을 던지고 답을 찾는 일을 멈추지 않으셨던 것 같아요. 제 기억 속 아버지는 항상 책을 읽거나 해외 저널을 보면서 연구하고 신기술을 적용하셨습니다."

초등학교에 다닐 때까지도 아버지가 정확하게 무슨 일을 하는지 몰랐던 그녀는 가정환경 조사를 할 때면 아버지의 직업란에 '과학자'라고 쓰곤 했다. 항상 뭔가를 연구하고 만들던 아버지의 모습이 딱 과학자였기 때문이다.

아버지의 과학자 기질에다 괴짜 기질을 그대로 물려받은 박혜린 대표는 초등학교 때 동생들과 집에서 실험을 하다가 사고를 치곤 했다.

"텔레비전에서 소방관이 소화기를 사용하는 것을 보고 호기심에 소화기를 분해했죠. 거실이 소화기 분말 때문에 난리가 났는데, 나름 치우려고 애쓴 흔적을 보셨는지 부모님은 야단 한마디 안 치셨어요. 이런저런 실험 비슷한 걸 하다가 가끔씩

어린 시절 박혜린 대표는 아버지의 손을 잡고 자주 바닷가로 나들이를 나갔다. 태몽으로 잉어 꿈을 꾼 탓에 어머니는 그녀를 '큰아들'이라 부르며 개구쟁이로 키웠다.

다치기도 했지만 정말 신나고 특별한 경험들이었어요."

중학교 입학 후엔 본격적인 사춘기를 맞았다. 원래도 말수가 많은 편은 아니었지만 부쩍 말수가 적어지고 친구도 거의 안 사귀고 책에만 빠져들었다. 특히 뭔가 다른 세상을 상상할 수 있는 책에 손이 갔다. 파울로 코엘료나 존 그리샴의 책은 빼놓지 않고 읽었다. 사춘기 소녀에게 책은 유일한 휴식처이자 도피처였다. 그럼에도 어느 순간 버겁도록 가슴이 답답할 때가 있었다. 그러면 운동화 끈을 조여 매고 집 근처 학교 운동장에 가서 숨이 찰 때까지 달리고 또 달렸다. 그렇게 뛰고 나면 속이 뻥 뚫렸다.

그녀가 가끔씩 마음의 문을 열고 이야기를 나누는 상대는 아버지였다. 사업 때문에 휴일도 없이 바빴던 아버지는 주말에 첫째 딸을 데리고 공장에 가서 제품 개발 과정을 보여주고 설명해주었다. 어쩌다 한가한 날에는 함께 낙동강 강변을 걸으며 세상에 대해, 꿈에 대해, 삶에 대해 이런저런 얘기를 나눴다.

학교생활을 하면서 겪는 고충을 털어놓는 딸에게 아버지는 이렇게 말했다.

"세상의 모든 게 스승이란다. 좋은 걸 알려주는 것도 스승이고 안 좋은 걸 알려주는 것도 스승이니 다 좋게 생각하렴."

아버지의 당부는 지금까지 그녀의 가슴 깊은 곳에 새겨져 있다.

돌아보면 그녀의 아버지는 참 민주적인 분이었다. 가족과 관련된 중요한 의사 결정을 해야 할 때마다 가족회의를 열었다. 그리고 3남매에게도 반드시 의견을 물었다. 현재 처한 상황의 문제점은 무엇인지, 이를 위해 어떤 대안을 마련하고 있는지 등등을 자세하게 설명한 다음 의견을 구했다. 결정은 대부분 다수결로 했다. 이런 가정환경은 그녀가 창업을 한 이후 회사를 경영하는 데 중요한 자양분이 됐다.

"노을이 붉게 물든 어느 저녁에 낙동강 강가를 걸으면서 아버지가 하늘을 나는 자동차를 만들고 싶다고 말씀하셨던 기억이 생생해요. 아버지가 자동차를 만드는 일을 하신 것도 아니었는데, 꿈이 있고 또 그것을 자식에게 말할 수 있는 아버지가 멋져 보였어요."

고등학교 시절 그녀는 경찰이나 사회복지사를 꿈꾸기도 했지만 가슴을 뛰게 만드는 꿈을 찾지는 못한 채 수능시험일을 맞았다. 수능 전날 잔뜩 긴장한 딸에게 아버지는 와인 한 잔을 주면서 푹 쉬고 실력만큼만 시험을 치라고 말씀하셨다. 수능시험이 끝나고 진로를 고민할 때는 경영학이 여러 학문과 융합할 수 있는 열린 학문인 데다 실용적인 만큼 대학 진학 후에도 다양한 진로를 탐색할 수 있을 거라며 경영학과를 지원하면 어떻겠냐고 제안하셨다.

인도에서 만난 인생의 터닝 포인트

박혜린 대표는 아버지의 조언을 받아들여 부산대 경영학과에 들어갔다. 대학 1학년 생활은 또래 신입생처럼 평범했다. 학교생활도, 연애도 열심히 했다. 그러던 어느 날 남자 친구와 헤어졌고 뭔가 돌파구를 찾기 위해 인도 여행을 선택했다.

"처음에는 유럽 배낭여행을 생각했어요. 하지만 당시에 떠오르는 브릭스(빠른 경제성장을 거듭하고 있는 브라질, 러시아, 인도, 중국 등 신흥경제 4국)에 관심이 생겼고, 그중에서도 인도가 가깝기도 하고 신비로운 나라인 것 같아서 선택했어요. 아버지가 인도로 가야 하는 이유를 브리핑하라고 해서 파워포인트로 준비해서 발표하기도 했었죠. 정말 유별난 아버지이긴 한 것 같아요."

인도 여행을 허락하며 아버지는 조건을 하나 붙였다. 우리나라를 먼저 여행하고 인도로 떠나라는 것이었다. 그녀는 접이식 자전거로 한반도 종주를 하기로 마음먹었다. 혼자서는 심심할 것 같아 서울에 사는 고등학교 동창과 함께하기로 했다.

서울에서 출발하는 강릉행 버스를 탔다. 그리고 중간 휴게소에서 내려 자전거를 타고 7번 국도를 따라 내려갔다. 가다가 배고프면 식당에 가서 밥 사먹고, 여행 경비를 아껴보겠다고 민박집에 1만원을 내고 마루 구석에서 자거나 교회에 가서 잠자리를 구하기도 했다. 이마저도 여의치 않을 때는 공중 화장실에 종이 박스를 깔고 잠을 청했다. 돌아보면 스무 살 갓 넘은 여대생 둘이 위험천만한 일을 벌였던 셈이지만, 당시엔 젊기에 할 수 있는 특별한 모험이라고 생각했다.

"제 자신의 한계가 정의되지 않았던 시기였기에 '그냥 하면 되지, 뭘 못해'라고 생각했던 것 같아요. 그리고 그런 생각을 하게 된 데는 아버지의 교육 방식이 큰 영향을 미쳤음이 분명하고요. 마치 육상 선수 옆에서 코치가 보조를 맞춰 같이 뛰는 것처럼 아버지는 늘 제 옆에서 함께 뛰며 격려도 하고 야단도 치면서 앞으로 나아갈 수 있게 해주셨어요."

마침내 2006년 4월 박혜린 대표는 인도로 떠났다. 한 달을 계획하고 왕복 항공권과 80만원 정도의 여행 경비를 갖고 갔다. 인도 델리에서는 한국에서 했던 '묻지 마 여행' 스타일로 움직였다. 버스 터미널에 가

인도 여행 중에 저녁 식사를 준비하면서 현지인들과 이런저런 이야기를 나누는 박혜린 대표.

서 가장 먼저 출발하는 버스를 잡아타고 가다가 내리고 싶은 곳에 내리는 방식이었다. 처음에는 간단한 영어로도 충분히 의사소통이 된다고 생각했다. 하지만 인도를 더 알고 싶어서 인도의 속살로 들어가려고 할 때마다 언어가 큰 제약이 됐다. 여행사 직원에게 사기를 당할 뻔한 뒤에는 제대로 힌디어를 배워야겠다고 결심했다. 그와 동시에 한 달 계획이었던 인도 여행도 무기한 연장됐다.

그녀는 델리를 떠나 첸나이라는 인도 남부의 대도시로 갔다. 부산과 비슷한 분위기인 데다 상대적으로 물가가 저렴했기 때문이다. 현지인들이 이용하는 일종의 게스트하우스인 도미토리에 머물렀다. 한 달에 우리 돈으로 3만원만 내면 숙식이 해결됐다.

"인도의 시골에서 일자리를 찾아 대도시로 온 현지인들이 주로 머무는 곳이었죠. 도미토리 역사상 외국인이 머문 게 처음이라고 하더군요. 그곳에서 타밀어를 배우고, 인도 사람처럼 손으로 밥을 먹으면서 지냈지요."

처음에는 새로운 세상을 만난 즐거움이 컸다. 하지만 그녀가 여행 경비를 현금으로 갖고 있다는 사실이 알려지면서 이내 곤란한 지경에 처하게 됐다. 인도 친구들이 저녁을 대접하겠다고 해서 흔쾌히 따라나섰는데, 돌아와보니 가방에 넣어뒀던 돈이 사라지고 만 것이다.

망연자실했다. 한국에 전화를 걸 돈조차 남아 있지 않은 상태라 어떻게 해야 할지 막막했다. 그렇게 하루, 이틀이 지나고 나니 더는 넋 놓고 있을 수 없다 싶었다. 우선 한국 사람을 만나 도움을 청해야겠다고 생각했다. 첸나이 외곽에 현대자동차 2공장을 짓고 있다는 사실이 떠올랐다. 무작정 그곳으로 향했다. 돈이 없으니 걷는 수밖에 없었다. 내리 6시간을 걸었다.

며칠간 제대로 먹지 못한 터라 배도 고프고 몸도 힘들었다. 드디어 한글로 쓰인 식당 간판이 눈에 들어왔다. 그녀는 간절한 마음으로 식당에 들어갔다. 식당 안에는 중년 남성 1명이 앉아서 식사를 하고 있었다. 그녀는 여권을 보여주며 여행을 온 한국 학생인데 절도를 당해서 돈이 한 푼도 없다고, 어떤 일이라도 맡겨만 주면 열심히 하겠다고 진심을 다해 이야기했다.

그는 그녀에게 밥을 사주며, 자신의 아파트에 방이 2개 있는데 며칠 머물면서 일을 도와줄 수 있느냐고 물었다. 그녀는 한 치의 망설임도 없이 그러겠다고 했다. 현대차 협력사 대표였던 그가 출근하면서 의뢰한 번역이나 문서 작업 등을 하면서 며칠을 보냈다. 그사이 집에도 연락해 상황을 설명하고 부모님을 안심시켰다. 나흘이 지나자 그 대표는

80만원이 든 봉투를 건네며 나중에 훌륭한 사람이 되라고 당부했다. 그녀는 감사한 마음을 안고 다시 길을 떠났다.

박혜린 대표는 버스 터미널에서 아무 버스나 잡아타고 여행을 시작했다. 그러다 인도 남부 코다이커널이라는 산악 지역으로 향했다.

"2박 3일 코스로 트래킹을 계획하고 코다이커널의 한 가정집에 머물렀어요. 홀어머니가 일곱 살짜리 아들과 함께 살고 있었는데 전기가 안 들어오는 집이었어요. 인도에서 4개월 정도 지냈는데 전기가 아예 안 들어오는 곳은 처음이었지요. 양초를 켜놓고 밥을 먹는데 디지털카메라로 사진을 찍으니 아이가 엄청 신기해하는 거예요. 갖고 놀아도 된다고 하니, 동네 친구들을 불러다 사진을 찍고 포즈도 취하고 엄마도 찍으면서 너무 좋아했어요. 아이가 자기도 좋아하는 것들을 카메라로 기록하고 싶다고 하더군요. 나보다는 아이가 카메라를 가지면 좋겠다는 생각에 선물을 할까 싶었는데, 그 순간 그 아이가 카메라를 갖게 되더라도 배터리를 충전할 수 없다는 사실을 깨달았죠."

그녀는 그날 처음으로 자신이 아무 생각 없이 누려왔던 문명의 혜택에 대해 생각했다. 자신이 당연하게 소비하고 누려온 것들이 또 다른 누군가에게는 전혀 당연하지 않은 것이라는 생각에 밤새 뒤척였다.

"카메라 배터리 충전에 필요한 전기는 정말 적은 양인데 그것조차 하지 못한다는 게 너무 안타까웠습니다. 문명의 혜택을 받지 못하는 곳에서도 꼭 필요한 만큼만 전기를 만들어 쓸 수 있으면 얼마나 좋을까 생각했죠. 그게 휴대용 수력 발전기 이스트림을 만들게 된 절대적인 이유인 셈이죠."

신재생 에너지에 관심을 갖다

가슴속 깊이 무거운 과제를 안고 한국으로 돌아왔다. 그녀는 전력 시스템, 에너지 접근성에 대해 문제의식을 갖고 공부하기 시작했다. 오늘날과 같은 전력 공급 시스템은 화석연료를 기반으로 하는 만큼 규모의 경제를 실현해야 운영이 가능했다. 전 세계 인구의 3분의 1이 전기의 혜택을 받지 못하는 이유도 바로 이 때문이었다. 자연스럽게 수력이나 태양광 등 신재생 에너지로 관심이 옮겨갔다.

사회생활을 본격적으로 시작하기 전에 경영학 석사를 취득하자는 생각에 캐나다 빅토리아대학 MBA 과정에 입학했다. 그곳에서 창업 동아리 활동을 하면서 박혜린 대표는 새로운 관점에 눈을 뜨게 됐다.

"캐나다에서 가장 놀란 건 내가 가진 것을 가지지 못한 사람들에 대한 고려와 배려가 일상화되어 있다는 점이었어요. 창업에 대한 접근도 내가 이런 것을 만들어 팔겠다는 것이 아니라 과연 내가 팔고자 하는 아이템이 시장에서 필요로 하는 것인가를 들여다보는 데서부터 시작해요. 사소한 차이 같지만 매우 중요한 차이예요. 수요를 기반으로 지속가능한 비즈니스인가 하는 관점으로 접근하는 방법이니까요. 이러한 시각은 제가 창업을 준비할 때 가장 많이 비중을 뒀던 부분이기도 합니다."

그녀는 MBA 과정을 수료하고 2009년 말에 한국으로 돌아와 중소기업에 취직했다. 유학을 떠나기 전만 해도 학위를 취득해서 정책 관련 일을 하려 했지만, 그사이 현장 경험을 하고 싶다는 생각이 더 커졌기 때문이다. 그녀의 첫 직장은 조류 발전 플랜트업체인 정맥산업개발 연구팀이었다. 처음에는 조류를 이용해 전기를 만든다는 게 신기하고 멋지게만 느껴졌다. 하지만 얼마 지나지 않아 고민에 빠지게 됐다.

"청정에너지를 만드는 일이지만 정부나 기업이 주도하다보니까 경제성이 가장 중요한 핵심 성과 지표(KPI)였어요. 당연히 큰 발전소를 만들어 전기를 더 싸게 공급하는 게 중요했지요. 청정에너지를 생산하지만 접근 방식은 기존의 방식(송전탑)과 비슷했던 거죠. 결국 해당 영역 밖에 있는 사람들은 그 혜택을 못 보는 겁니다."

우리나라에서는 전기가 들어가지 않는 도서 지역의 경우 디젤 발전기를 돌려서 전기를 만들고 있다. 송전탑을 통해 전기를 공급받는 경우 발전 단가가 1킬로와트당 80원이지만 디젤 발전기 발전 단가는 6,000원(디젤 수송비 및 유지 관리비 포함)에 달한다. 그만큼 전기 혜택의 편차가 큰 것이다.

"전 세계 인구 중 20억 인구가 전기 인프라에 대한 접근성이 떨어집니다. 자연에서 에너지를 만드는 건 좋지만 접근 방식은 달라야 한다는 생각이 들었어요. 캐나다에서 제가 느낀 것처럼 공급자 중심이 아니라 수요자 중심으로 접근해야 한다는 판단이었죠. 개인이 전기를 필요로 할 때 직접 만들어 사용할 수 있도록 개인화된 형태의 발전 장비가 있으면 좋겠다고 생각했습니다."

그때부터 관련 서적과 정보를 찾아봤다. 때마침 스마트그리드나 마이크로그리드처럼 마을 단위로 전기를 만들어 사용하는 발전 개념이 새롭게 주목받기 시작했다. 개인화된 제품이 나오면 시장성이 있겠다는 확신이 섰다. 게다가 개인이 전기를 소비하는 형태가 USB 포트 기반이라는 것도 매력적인 요소였다. 전기 충전 방식이 일상화, 개인화되는 만큼 시장 수요만 잘 맞으면 충분히 의미 있는 도전이 될 것 같았다.

에너지 유목민을 꿈꾸다

이제 아이디어를 구체적인 상품으로 개발할 파트너가 필요했다. 정맥산업개발 연구팀에서 발전 시스템 개발을 총괄했던 동료와 시간이 날 때마다 휴대용 발전기에 대해 이야기를 나눴고, 정말 멋진 일이 될 거라고 동참을 호소했다. 1년에 걸친 설득 끝에 결국 그는 창업을 함께하기로 뜻을 정했다. 그가 바로 이노마드를 공동 창업한 노기환 최고기술경영자(CTO)이다.

2013년 5월 사표를 내고 본격적으로 창업 전선에 뛰어들었다. 회사명은 '이노마드(Enomad)'라고 지었다. 에너지(energy)와 유목민(nomad)의 합성어로, 전기 인프라가 없는 곳을 유랑하는 사람들이 에너지를 자유롭게 만들어 쓸 수 있게 한다는 뜻을 담았다. 이노마드는 그해 9월 한국창의과학재단이 주최하는 적정기술기반창업경진대회에서 대상을 수상했다. 부상으로 사무실을 무료로 제공받은 덕에 그곳에서 먹고 자면서 개발에 매진했다.

2014년 3월 박혜린 대표는 이노마드 역사에서 의미 있는 인연을 만나게 된다. 그는 바로 임팩트 투자사 D3쥬빌리의 이덕준 대표이다. 임팩트 투자는 빈곤과 온난화 등 글로벌 사회가 직면한 사회적 문제를 해결하기 위한 투자를 말한다.

"이덕준 대표는 주로 미국과 유럽에서 임팩트 투자를 진행했는데 한국에서도 기술 기반 임팩트 투자를 하려 한다는 이야기를 듣고, 찾아가서 저희 사업을 설명했어요. 제가 사업 설명을 하면 '제조 기반에 에너지 발전 사업인데 여자가 할 수 있겠느냐'며 의구심을 드러내는 분도 있었고, '굳이 왜 물로 만드느냐, 다른 아이템으로 전환할 생각은 없느냐'고 물어보는 분도 있었어요. 그런데 이덕준 대표는 첫 미팅을 마친 후 곧바로 투자를 결정해주셨죠. 만약 그때 이덕준 대표를 못 만났으면 우리가 이 일을 계속할 수 있었을까 싶어요. 정말 투자가 절실히 필요할 때 개발비를 지원해준 거니까요."

수력 발전을 개인화된 방식으로 접근하는 것은 쉽지 않았다. 그래서 공개적으로 사람들의 의견을 구하기로 했다. 그게 바로 2014년 8월부터 석 달간 진행한 '청계천 스마트 충전소 프로젝트'였다.

터빈을 꾸준히 돌리기 위해서는 흐르는 물이 있어야 했고, 또 이를 이용할 사람들이 많은 곳이어야 했다. 청계천이 제격이었다. 하지만 서울시 소유라 시 당국으로부터 허가를 받아야 했다. 무작정 서울 시청 하천관리과를 찾아갔다. 처음에는 귓등으로도 듣지 않았지만, 해외에서도 하천을 이용해 이와 유사한 행사를 한다는 등 공익적 성격을 강조하자 관심을 보이기 시작했다. 고정 설치는 안 된다는 조건이 붙긴 했지만 결국 허가를 받아냈다. 행사 기간 동안 매일 오후 3시에 설치하고 11시에 철거하기로 했다.

8월 26일이 행사 첫날이었다. 5개 USB 포트를 충전할 수 있는 부스를 설치한 후 프로젝트에 돌입했다. 서울시가 청년기업과 손잡고 만들었다고 홍보하면서 언론사 수십 곳에서 취재를 나왔다. 국내 언론 매체는 개인이 직접 수력 발전을 통해 스마트폰을 충전할 수 있다는 관점에서 보도했고, CNN 등 외신에서는 스마트시티와 신재생 에너지 관점에서 이 행사에 주목했다.

미국 캠핑장에서 시장을 만나다

CNN 보도가 나가고 얼마 지나지 않아 보스턴 매스챌린지 대표인 존 하손으로부터 이메일이 왔다. 생활 속 에너지 접근 방식이 흥미로웠다며 미국은 캠핑·아웃도어 시장이 큰데 이 아이템으로 접근해보면 어떻겠냐고 제안했다.

매스챌린지는 매사추세츠 주정부 지원으로 보스턴대학이 주관하는 대회로, 오바마 전 대통령이 극찬한 스타트업 육성 프로그램이다. 그해 12월 노기환 최고기술경영자와 함께 미국행 비행기에 올랐다. 존은 캠핑존이 모여 있는 거점 지역을 소개했다. 자동차 한 대를 빌려 두 달 동안 60곳의 캠핑장을 돌았다.

"미국에서는 캠핑을 가면 보통 열흘씩 묵어요. 몇 달씩 캠핑을 즐기는 사람들도 많고요. 전기가 들어오지 않는 외진 곳에 캠핑장이 많아서 충전 수요 또한 많았어요. 예전에는 휴대용 디젤 발전기를 사용했는데, 소음도 심하고 매연이 나와서 사용이 금지된 상태였어요. 이후에 태양광 발전기나 휴대용 바이오매스 충전기(나뭇가지 등을 태워서 충전하는 방식) 등이 나왔는데, 소비자가 만족할 만한 제품들은 아니었죠. 캠핑장을 직접 둘러보니까 우리가 진출할 만하다는 확신이 생겼습니다. 캠핑장을 이용하는 사람들을 만나 휴대용 발전기에 대한 시장조사도 진행했습니다. 배낭에 있는 물통 주머니에 넣고 다닐 수 있는 크기를 가장 선호하더군요."

미국 캠핑존에서 사람들이 카약 등 수상 레저를 즐긴다는 사실에 착안해, 흐르는 물에서 에너지를 만드는 '배터리 일체형 발전기'를 개발했다.

그로부터 1년을 개발에 더 매진한 끝에 이노마드는 2016년 흐르는 물을 이용해 스마트폰을 충전할 수 있는 휴대용 수력 발전기 '이스트림'을 선보였다. 강이나 계곡의 물을 전력 에너지로 변환해 스마트폰, 태블릿 PC와 같은 모바일 기기를 충전할 수 있는 발전기다. 특히 배터리가 일체형인 발전기는 이스트림이 세계 최초다. 미국 시장조사 결과를 반영해 500밀리리터 실린더 형태의 디자인으로 만들었다. 흐르는 물에 설치하면 물의 속도에 따라 2.5와트에서 최대 7와트의 전기를 만들 수 있다. 스마트폰 2대(아이폰 기준)를 충전할 수 있는 용량이다. 수력을 이용해 만들어진 전기가 이스트림 내장 배터리에 충전되는데, 배터리가 완전히 충전되면 본체에서 배터리를 분리해 스마트폰을 충전하거나 랜턴 전력으로 사용할 수 있다.

이스트림을 시장에 본격 선보인 것은 2016년 3월 텍사스 오스틴에서 열린 사우스바이사우스웨스트 트레이드 쇼에 참여하면서였다. 박혜린 대표는 이곳에서 마케팅을 펼칠 파트너 에이미 다이안을 만났다. 잡지사 편집자 출신의 에이미는 아웃도어에 관심이 많은 데다 현지 네트워크가 탄탄해, 현재 이노마드의 미국 지사(로스앤젤레스)를 맡고 있다. 그해 8월 킥스타터에 이스트림을 출품하고 약 2억 원어치의 선주문을 받는 등 놀라운 성과를 낸 이후, 미국과 유럽 등지의 소매업자들로부터 구매 요청이 쇄도했다. 덕분에 이스트림 생산에 필요한 자금을 모을 수 있었다.

현재 이노마드는 경기도 파주와 군포의 공장에서 이스트림을 생산하고 있다. 이제까지의 주문 물량만 소화해도 올해 매출은 10억 원을 가뿐히 넘어설 전망이다.

이스트림은 내구성 강한 플라스틱으로 만들어졌으며 무게도 580그램 정도로 매우 가볍다.

전기 없는 곳에서는 휴대용 발전기를!

　박혜린 대표는 해외 거점 지역 3곳에서 온라인 마켓을 통해 시장을 확대해간다는 계획이다. 우선 샌프란시스코에 본사를 둔 '터치오브모던'이라는 온라인 스토어를 확보했다. 고객의 80퍼센트가 30~40대 남성으로 이스트림의 핵심 고객과 맞아떨어진다. 이노마드는 뉴욕과 런던 등에도 추가 거점을 개척하고 있어 2018년에는 매출 100억원 달성이 가능할 것으로 기대하고 있다. 우선 선진국을 중심으로 제품을 판매하고, 보급형 모델을 만들어서 개발도상국으로 시장을 확대할 계획이다.

　박혜린 대표는 머지않은 미래에 이스트림이 전기가 없는 지역에 문명의 혜택을 가져다주는 선물이 되기를 기대한다. 그녀는 사회적 가치를 실현하겠다는 목적도 중요하지만 이를 뒷받침하는 방법이 똑똑해져야 한다고 생각한다. 개발도상국에 집을 지어주는 해비타트의 활동은 물론 가치가 있지만 단기간에 뚝딱 지어주고 끝내는 건 좀 아쉬운 측면이 있다. 그 집에서 사는 사람들의 삶이 지속가능할 수 있도록 유지, 관리가 뒷받침돼야 진정한 의미의 집 짓기가 될 수 있는 까닭이다. 실제로 선의를 갖고 일하더라도 해당 지역이나 주민에 대한 이해 없이 진행하면 오히려 그 가치가 퇴색되곤 한다.

　"아프리카에 흙집 프로젝트라는 게 있어요. 프랑스의 건축가가 봉사활동을 하는 건데, 그 지역 흙을 이용해 집을 지어준답니다. 1년간 해당 지역의 흙 성분 등을 연구해서 환경을 고려하며 설계하는 거죠. 그렇게 지어진 집은 다음 세대, 그다음 세대들도 살 수 있을 정도로 튼튼하다고 합니다.

저희 일도 마찬가지 방식으로 접근하고 싶습니다. 좋은 일일수록, 선한 일일수록 똑똑하게 잘해야 한다고 생각합니다. 우선 현재 캠핑·아웃도어 시장에서 이스트림을 통해 소형 발전기 시장을 열어서 더 많은 이들이 전기의 혜택을 누릴 수 있는 토대를 마련하는 것이 중요하다고 생각합니다. 이를 통해 경험이 쌓이면 기후 등 환경 조건이 다른 곳에서 이스트림을 어떻게 활용할 수 있는지 그리고 해당 지역별로 어떻게 접근해야 편리하게 쓸 수 있는지 고민할 겁니다. 현재의 고민이 내일의 가치를 뒷받침하는 디딤돌이 될 수 있을 거라고 믿습니다."

스스로 간절히 원해서 가는 길

저는 지금 이 순간 제가 하고 있는 일이 자아실현의 한 과정이라고 생각합니다. 그래서 매일 밀도 있게 주체적으로 살아갈 수 있습니다. 어떻게 가야 하는지는 잘 모르지만 제가 가고 싶은 곳이 어디인지는 명확합니다. 매일 힘들고 피곤하지만 어떻게든 제가 가고자 하는 목적지를 향해 한 걸음씩 내딛는 이 과정이 소중하고 감사합니다. 누군가 가라고 떠밀어서가 아니라 스스로 간절히 원해서 가는 길이 여러분의 창업 과정이면 좋겠습니다.

이노마드가 이스트림을 개발할 때 소재를 어떤 것으로 해야 하는지 몰라서 벽에 부딪혔습니다. 이케아에 가서 며칠 동안 전시된 제품들을 관찰해서 결국 딱 맞는 소재를 찾아냈지요. 방법은 어떻게든 찾을 수 있습니다. 중요한 것은 내가 어디에 있는지 그리고 어디로 가고 싶은지를 잘 알고 있어야 한다는 점입니다.

이제 시작,
기대해도 좋아요 。

02
Part

정수현 앤스페이스 대표

공간과 사람을 연결하는
사회 변혁의 꿈。

엑스재팬 덕후였던 정수현 앤스페이스 대표는 시공간에 가치를 부여하며 스타트업계의 대표 주자로 떠올랐다.

중·고등학교 시절 엑스재팬 등 J팝(일본 팝 문화)에 꽂혀 온라인 팬클럽 활동을 했다. 이때 익힌 웹 기술은 나중에 그녀가 사회에서 제 몫을 하는 데 든든한 자산이 되었다. 독실한 기독교 집안의 영향으로 기독교 대학인 한동대에 들어가서 남다른 리더십을 바탕으로 학생회 활동을 열정적으로 했지만, 어느 순간 자신만의 세계에 갇혀 있다는 사실을 자각했다.

사회에 나와 청어람아카데미, 사교육걱정없는세상 등 비영리단체에 몸담고 일하면서 새로운 세상에 눈을 떴다. 역세권 유휴 공간이 비싼 임대료 탓에 제대로 활용되지 못한다는 사실을 안 후엔 사무 공간 공유 플랫폼을 운영하면서 '공간 유통'이라는 새로운 개념의 사업에 뛰어들었다.

"제주도에 우리가 원하는 스펙을 갖춘 개발자가 있다고 해서 수소문 끝에 찾아갔어요. 그땐 회사가 초창기여서 일이 많았는데, 시간을 간신히 내어서 내려갔지요."

정수현(33) 대표는 몇 시간 동안 입에 침이 마르도록 회사의 비전과 개발자에게 제공할 수 있는 혜택 등을 설명한 후 개발자의 답변을 기다리기로 하고 김포행 비행기에 올랐다. 그런데 비행기 좌석에 앉자마자 문자가 왔다. 개발자가 자신이 하기 어려운 일 같다며 완곡하게 거절의 의사를 알려온 것이다.

밤 비행기를 타고 올라오면서 그녀는 뜨거운 눈물을 흘렸다. 없는 시간을 내어 비행기 타고 제주도까지 내려갔는데 아무런 성과도 없이 돌아오는 자신이 안타까웠다. 더 나아가 사무 공간 공유 서비스를 세상이 필요로 하지 않는가 하는 자괴감까지 밀려왔다.

하지만 곧 그녀가 하고자 하는 일의 건강하고 선한 가치를 알아본 많은 사람들이 도움의 손길을 내밀었고, 이제 5,600여 곳의 유통 공간을 서비스하는 그녀의 '스페이스클라우드'는 밝은 미래를 꿈꾸고 있다.

엑스재팬 덕후, 그녀

아버지는 미군 부대에서 일하는 직업 군인이었다. 태권도 선수 출신으로 군에 입대해 10년 넘게 장교로 근무했다. 어린 시절 의정부에 있는 미군 부대에서 살면서 미국인들 사이에서 자랐던 정수현 대표는 자신과 가족들이 모두 미국에 사는 줄 알았다고 한다. 직업군인을 아버지로 둔 한인 가족들과 미군 가족들이 한데 어울려 지냈던 덕에 다양한 파티 문화를 접했고, 외국인이나 영어에 대해서도 두려움이 없었다.

그녀의 부모님은 독실한 기독교인이었다. 자유로운 분위기에서 남매를 키우긴 했지만, 잘못한 일이 있으면 엄하게 꾸짖는 청교도 방식의 훈육 철학을 갖고 있었다. 어린이 신학을 전공한 어머니는 그녀가 갓난아기였을 때부터 주일학교 교사를 도맡아 했고, 교회에서 아이들에게 교리를 가르치는 어머니를 그녀는 내심 자랑스럽게 여기며 성장했다.

정수현 대표가 일곱 살이 되던 해 아버지가 전역하면서 그녀의 가족은 잠실로 이사했다. 아버지는 전공인 태권도 능력을 살려 강남 대치동에 태권도장을 차렸고, 그녀는 잠전초등학교, 아주중학교, 정신여자고등학교를 다니며 평범한 학창 시절을 보냈다. 기독교 문화 속에서 성장한 그녀는 엄한 규율에 맞춰 모범적으로 생활했고, 주변 어른들이 그런 그녀를 칭찬하는 것에 보람을 느꼈다.

부끄럼이 많았던 오빠와 달리 대장부 기질이 넘쳐 부모의 기대도 한 몸에 받았다. 초등학교 때부터 반장, 부반장을 도맡아 했고 학급에서 벌어지는 온갖 사건, 사고에 해결사 노릇을 자처했다.

"어쩌다 반장으로 선출되지 못했을 때도 제가 꼭 맡아서 했던 일이 있었는데, 바로 '학급 서기'였어요. 학급에서 벌어지는 일들을 꼼꼼하게 기록하는 일이 너무 좋았습니다. 지금도 일기든, 회사 일지든 뭔가를 꼼꼼하게 기록하는 걸 좋아해요. 말 그대로 데일리 콘텐츠에 집착하는 편이죠."

고등학교에 진학한 후엔 선도부 활동을 했다. 의리도 있고 리더십도 있어서 친구들 사이에서 인기가 높았다. 학예회 때 친구들과 팀을 꾸려 영턱스클럽이나 HOT 댄스를 따라 하기도 했고, 혈액형별 성격 분석표를 만들어 쉬는 시간마다 친구들의 성격을 분석하고 상담을 자청해 탄성을 자아내기도 했다.

학창 시절 그녀의 가장 큰 즐거움은 J팝 정보를 수집하는 것이었다. 특히 1990년대에 엄청난 인기를 모았던 엑스재팬에 심취했는데, 엑스재팬의 곡을 쫙 꿰는 것은 물론 일본 내 엑스재팬 팬클럽 홈페이지에 있는 인기 영상을 자신의 홈페이지 '써니데이즈'에 링크를 걸어놓을 정도로 열성이었다.

"당시는 인터넷이 대중적으로 보급될 때였어요. 팬클럽 활동도 온라인에서 이뤄졌지요. 포토샵, 플래시, HTML 등 웹 기술을 독학으로 익혀 엑스재팬의 프로모션 활동을 열정적으로 했던 거죠."

2000년 초반에는 국제 전화비가 엄청나게 나와서 부모님께 혼이 나기도 했다. 야후재팬에 매일 접속해 엑스재팬, 스피드, 우타다 히카루 등 인기 연예인의 정보를 수집했기 때문이다. 일본의 다양한 대중문화 콘텐츠를 접하며 자연스럽게 J팝을 동경했고, 또래 집단에 이런 문화를 전파하면서 묘한 희열을 느꼈다.

"포토샵을 배운 것도 이유가 단 하나예요. 제가 좋아하는 연예인의 사진이랑 제 사진을 합성하려면 포토샵을 할 줄 알아야 했던 거죠. 저는 엑스재팬의 리더인 요시키나 영국의 4인조 남성 그룹 웨스트라이프의 메인 보컬인 마크 필리의 사진을 다운받아서 제 사진이랑 합성하곤 했어요."

세상 속으로 한 걸음 내딛다

여느 또래 아이들과 같이 평범하게 고등학교 시절을 보냈던 정수현 대표는 기독교 대학인 한동대학교에 들어가며 새로운 세계에 발을 내딛는다.

경북 포항에 자리한 한동대는 1995년 설립됐기에 그녀가 입학했을 때 설립 10년이 채 안 된 신생 대학이었다. 그렇다보니 학교나 학생들의 가장 큰 과제는 '학교 이름 알리기'였다. 의욕적으로 일을 추진하는 걸 좋아했던 그녀는 학교 홍보 동아리인 '나누미'에 들어갔고, 대학의 설립 취지나 교육철학 등을 다양한 콘텐츠로 만들어 전국 고등학교를 찾아다니며 홍보하는 일에 몰두했다. 그녀가 합류하기 전까지 홈페이지도 제대로 갖춰져 있지 않은 상태였던 터라, 고등학교 때 익힌 웹 기술을 맘껏 발휘하며 공식 홍보 페이지도 만들었다.

당시 한동대는 재학생이 3,000명 수준이었고 포항에서도 산속에 자리하고 있어서 시내에 나오려면 30분 정도 버스를 타야 했다. 하루 종일 같은 공간에 있다보니 학교 자체가 하나의 커뮤니티 같은 느낌이 강했고, 그런 공동체 생활이 기독교 문화에 익숙한 그녀한테 딱 맞았다.

학교 홍보 동아리 활동을 하면서 수많은 학생들을 접했던 그녀는 스스로 한동대라는 커뮤니티 안에서 자신의 역할이 커지는 게 만족스러웠다. 3학년 때부터는 총학생회장이 되고 싶다는 열망이 생겼고 결국 총학 선거에 뛰어들었다.

"그 누구보다 자신이 있었습니다. 휴대폰에 입력된 학교 친구와 선배 전화번호만 1,000명이 넘었으니 나만큼 이들과 끈끈한 관계를 맺은 후보는 없을 거라 자신했죠. 하지만 세 번 출마해 세 번 모두 떨어지고 나니까 제 자신이 다시 보이더군요. 스스로 부족한 부분을 찾으려 고민했는데, 어느 날 가만히 보니까 휴대폰에 저장된 친구 중 비신앙인은 하나도 없더군요. 이제껏 하나의 울타리 안에 있는 사람들과만 교류했고, 그들과의 커뮤니티가 세상의 전부인 줄 착각했던 겁니다.

당시 엄청나게 충격을 받았어요. 내가 안정적으로 느끼고 내가 편한 리그 안에서는 뭐든지 할 수 있었지만 그 밖으로 나가면 나는 아무것도 아니라는 생각이 들었죠. 리그 밖의 세상에 둔감했다는 데 대한 반성은 이후 제 세계관 자체를 바꾸는 중요한 계기가 되지요."

그때가 2007년 초였다. 졸업을 1년 미룬 정수현 대표는 이제 어떻게 살아갈지 심각하게 고민했다. 세상을 바꾸겠다고 외쳤지만 스스로 세상 속으로 들어가지 못했다는 자성 속에서 1년을 학교 내 성서한국이란 곳에서 활동했다. 성서한국은 일종의 사회실천학적 기독교 커뮤니티였다. 여기서 그녀는 헨리 조지의 『진보와 빈곤』을 추천받아 읽었다. 130여 년 전에 쓰인 이 책은 '자본주의가 일궈온 엄청난 물질적 풍요에도 불구하고 왜 수많은 대중이 처참한 빈곤에서 벗어나지 못하고 있는가'에 대해 깊이 있게 고찰하고 있었다. 저자는 풍요 속의 빈곤은 인간의 잠재력을 제대로 발휘하지 못하게 하고, 이것은 곧 소득 불평등을 낳으며, 소득 불평등을 둘러싸고 사회적 갈등이 양산된다고 보았다.

어쩌면 이때부터 그녀의 머릿속에 '건강한 공간 유통'이란 개념이 자리 잡기 시작했을지도 모른다. 성서적 경제학을 접하면서 그녀는 땅의 가치를 사회와 공유할 수 있는 방법은 무엇인지 생각하게 됐다. 그리고 그동안 자신만의 성에 갇혀 있던 시간을 반성하면서 졸업 이후 세상 속으로 들어가기 위해 무엇을 어떻게 해야 할지 치열하게 고민했다. 그녀는 비영리단체에 들어가기로 결심했다. 부모님은 당황스러워했지만 정말 하고 싶은 일이냐고 묻고는 이내 허락해주셨다.

정수현 대표가 첫발을 내딛은 곳은 청어람아카데미로, 높은뜻숭의교회(지금의 높은뜻연합선교회)에서 운영하는 인재 양성 기관이었다. 그녀는 2008년부터 4년간 청어람아카데미 간사로 활동하면서 아카데미 관리 업무와 공간 대여 등의 일을 도맡아 했다. 주로 명동 청어람아카데미를 맡아 지하의 대형 홀을 비롯해 6개의 세미나실을 필요한 단체에 공유해주는 일을 했다.

"보통 교회에서 운영하면 기독교인에게만 빌려주지만 청어람은 비신앙인에게도 빌려줬습니다. 건강한 사회단체라면 누구에게나 무료로 공간을 빌려드린 거죠. 여자 간사 혼자서 6층짜리 건물을 관리하는 게 쉬운 일은 아니었지만, 제 인생에서 그 4년은 정말 의미 있는 시간이었어요. 매일 다양한 세미나가 열리는 만큼 자연스럽게 우리 사회에서 공유하는 좋은 콘텐츠를 접할 수 있었던 것도 행운이라고 볼 수 있지요. 대학 시절 경험하지 못한 사회적인 이슈를 마주하면서 청어람에서 대학을 한 번 더 다닌 느낌이었습니다."

물리적 공간의 중요성에 주목하다

청어람아카데미를 나온 후에는 사교육걱정없는세상이라는 단체에서 활동했다. 입시 사교육 중심에서 바람직한 진로 중심의 교육 정책을 만들어가자는 취지 아래 활동하는 단체였다. 그녀는 대학이 대학답게 자리 잡을 수 있는 방법론에 대한 연구를 시작으로 청년들이 대학 졸업장 없이도 사회에 진출해 성공할 수 있는 방법에 대해 파고들었다. 자연스럽게 청년 창업이라는 주제에 닿게 됐다. 그리고 그 과정에서 가장 중요한 것이 물리적 공간이라는 사실을 깨달았다. 기술을 개발하든, 팀을 꾸려 아이템을 발전시켜나가든 팀원들과 함께 사업의 방향을 모색하려면 물리적 공간은 꼭 필요하다. 하지만 우리나라에서 웬만한 역세권 건물은 임대료가 턱없이 비싸서 청년 창업가들에게는 '보기 좋은 떡'일 뿐이었다.

"청어람에서 활동하면서 무료로 공간을 임대해줬던 기억이 떠올랐어요. 코워킹 스페이스(협업 공간)를 확보하면 스타트업들이 초기 사업을 발전시켜나가는 데 도움이 될 거라 생각했죠."

2012년에 정수현 대표가 조사한 바에 따르면 전 세계적으로 2,000여 개의 코워킹 스페이스가 있었지만, 우리나라에는 10개 이내에 불과했다. 그녀는 어차피 대기업이나 공기업 일자리는 한정돼 있고, 청년 창업이 활성화되기 위해서는 한정된 공간을 공유하는 코워킹 스페이스의 수를 늘려야 한다고 믿었다.

그녀는 임팩트허브(Impact Hub)의 사례를 떠올렸다. 지난 2005년 영국 런던에서 문을 연 임팩트허브는 전 세계 63곳에 허브를 두고 1만

사교육걱정없는세상에서 '국민이 설계하는 대학' 캠페인을 벌이던 당시의 정수현 대표.

1,000여 명의 회원이 활동하고 있다. 사회적 기업을 준비하는 사람들이 모여 만들었으며, 월 회비를 내면 전 세계 임팩트허브 체인 어느 곳이나 이용할 수 있다. 그러나 당시 임팩트허브의 회비는 월 20만원 수준이었다. 아직 특별한 벌이가 없는 청년들이 감당하기에는 부담스러운 금액이었다.

자연스레 우리나라에서도 1인 기업이나 크리에이터, 작가, 예비 창업가가 감당할 수 있는 수준의 회비만 받고 운영할 수 있는 공간을 만들면 어떨까 생각했다.

그 후 그녀는 사람들을 만날 때마다, 공개적인 행사 자리에 나갈 때마다 자신이 그리는 코워킹 스페이스 모델을 설명했다. 어떤 이는 시큰둥했고, 또 어떤 이는 이해는 하지만 현실적으로 힘들 거라며 회의적인 반응을 보였다. 그러다가 우연히 한 치과 의사와 연이 닿았다.

청년공간 무중력지대에서 현재 2,500명이 넘는 청년 회원들이 꿈을 키워나가고 있다.

    서울 북창동에 4층짜리 건물을 임차해 2층을 치과로 운영할 계획인데 나머지 공간을 어떻게 쓸지 계획이 없다며 그녀에게 맡아서 운용해보겠느냐고 제안한 것이다. 뜻밖의 제안이었지만 그녀에게는 최고의 기회였다. 초역세권인 광화문 인근인 데다 3층과 4층의 공간을 다양하게 활용할 수 있다는 점도 매력적이었다.

    그것이 바로 '노아 프로젝트'의 시작이었다. 노아의 방주에서 착안해 크리에이터를 위한 방주 같은 곳이 되자는 취지를 내걸었다. 코워킹 스페이스의 브랜드도 '스페이스 노아'로 지었다. 2012년 12월 그녀는 노아의 방주에 올라탔다.

    "월 회비는 10만원으로 정했어요. 월 임대료로 20만원 이상 쓸 수 없는 청년을 '이행기 청년'이라고 하는데, 이들을 타깃으로 했습니다. 이행기 청년은 진로를 결정해야 하는 중요한 시기에 놓여 있고 현재 일정한 수입이 없으니, 월 임차료 부담을 최대한 낮춰야 했습니다."

얼마 안 가 입소문이 나면서 스페이스 노아는 같은 시간대에 30~40명의 청년이 모일 정도로 북적거렸다. 서로 다른 환경에서 성장했지만 이내 친해져서 같이 창업에 나서는 청년들도 눈에 띄었다. 정수현 대표는 뭐라 말할 수 없는 뿌듯함으로 가슴이 벅차올랐다.

이들로부터 받는 월 회비로 임대료는 해결했지만 인건비 등은 전혀 보전되지 않았다. 그녀는 저녁 시간대나 주말 등 사용자가 없는 시간대에 대관 서비스를 하기 시작했다. 청어람아카데미에서 익힌 미디어 교육을 병행하면서 운영비를 보전했고, 공실 없이 대관이 이뤄질 수 있도록 치밀하게 계획을 짰다.

정수현 대표는 동그라미재단에서 진행하는 공간 나눔 사업인 '오픈콘텐츠랩'을 진행했고, 서울시와 손잡고 '청년공간 무중력지대 대방동 프로젝트'도 탄생시켰다. 무중력지대 대방동은 100평이 채 안 되는 작은 공간이었는데, 개관 1년 만에 회원이 2,000명을 넘으며 대성공을 거두었다. 그녀는 공유 공간이라는 가치를 중심에 두고 다양한 사업에 참여하면서 노하우를 쌓아갔다. 2013년 12월까지 미친 듯이 일했고, 진심으로 행복했다.

공간과 사람을 연결하는 앤스페이스

공간을 활용한 비즈니스에 눈을 뜬 정수현 대표는 2014년 1월 '앤스페이스'라는 이름으로 창업에 나섰다. N개의 공간을 연결하겠다는 의미를 담았다. 8월에는 소셜 벤처 투자 기관인 소풍으로부터 3,000만원을 투자받고 본격적인 시스템 개발에 나섰다. 홈페이지는 물론 애플리케이션까지 만들 수 있는 개발자를 찾는 게 쉬운 일은 아니었다.

꽤 시간이 흘렀음에도 적당한 개발자를 찾지 못하자 임준우 소풍 대표가 다음 개발자 출신의 벤처기업인 UFO팩토리를 소개해줬다. 앤스페이스가 감당할 수 있는 예산에 맞춰 프로토타입(시제품) 개발에 들어갔다. 그리고 이듬해 2월 블로그 형태의 프로토타입을 선보였다. 홈페이지 이름은 공간의 유휴 시간을 공유하도록 돕는다는 의미에서 '스페이스클라우드'라고 지었다.

스페이스클라우드에 500~600개의 공간을 등록한 상태에서 서비스를 시작했는데, 무엇보다 결제 시스템을 붙이는 게 급선무였다. 급한 대로 초급 수준의 결제 시스템을 붙였는데, 고객 편의성이 떨어져 문제가 되었다. 그녀는 결제 시스템을 어떻게 하면 고도화할 수 있을지 머

정수현 대표가 '1인을 위한 워크 스페이스 시대'를 설명하며 앤스페이스를 홍보하고 있다.

리를 쥐어짰다. 그러다 네이버페이를 활용하면 어떨까 하는 생각이 스쳤다. 2015년 7월 정수현 대표는 한성숙 서비스총괄부사장(현 네이버 대표)을 찾아갔다.

"기획서를 가져가 열심히 설명했어요. 다행히 한성숙 서비스총괄부사장이 공유 공간이란 콘셉트에 깊은 관심을 가져주셨어요. 저희가 필요로 하는 서비스를 네이버는 갖고 있으니 청년들을 위한 공간 공유 사업을 도와달라고 절실히 부탁했어요. 그런 간절함이 통했는지 네이버가 정책적으로 지원해주기로 했고, 여러 개발팀이 저희 시스템 업그레이드 작업에 참여해줬어요. 나중에 네이버는 17억원의 투자를 진행하며 40퍼센트 이상의 지분을 확보해 앤스페이스의 2대 주주가 됐지요."

2016년 1월부터 4월까지 앤스페이스는 네이버와 함께 전면적인 서비스 개발 작업을 벌였다. 2015년 말 스페이스클라우드 개편 안내를 하면서 확인한 호스트(공간 사업자)가 1,000명이었는데, 개발이 끝나고 다시 연락했을 땐 650명 정도만 남아 있었다.

현재 스페이스클라우드에 등록된 호스트는 전국적으로 3,500팀인데, 이 중에서 서울 등 수도권 호스트가 3,000팀 정도 되고 주로 합정, 홍대, 종로, 광화문, 여의도 등 역세권에 자리하고 있다. 유통 공간은 8,000곳에 달린다. 창업 초기보다 공간은 5배가 늘었고 매출은 10배로 뛰었다. 앤스페이스는 2016년 15억원의 거래액을 기록했으며 올해는 40억원을 목표로 하고 있다. 수수료가 10퍼센트 수준인 만큼 실질적인 수입은 크지 않지만 거래액이 커지면서 회사도 성장할 것으로 기대하고 있다.

정수현 대표는 공간 공유 사업에 사명감을 갖고 있다고 말한다.

"비어 있는 공간이 많아지면서 공실률이 높아지는 사회예요. 쓸모없어서가 아니라 시장의 수요를 반영하지 못한 건물이 많아서 벌어지는 비극이죠. 그런 건물 공간들을 방치하지 않고 공간이 필요한 사람에게 제공하는 플랫폼이 되는 게 스페이스클라우드의 지향점입니다. 건물주는 서비스를 개발해서 새로운 수익을 창출하고, 공간을 필요로 하는 분들은 공간이 없어서 걱정하는 일이 없도록 저희가 다리 역할을 하는 거죠. 공간으로 새로운 콘셉트의 부동산 서비스를 만들어 모두가 원원할 수 있는 건강한 공간의 유통을 만드는 것, 공간 걱정 없이 사는 세상을 만드는 것이 제 꿈이죠."

창업을 성공의 길로 이끄는 진정성의 힘

창업을 하고 회사를 운영하면서 저보다 많은 사회적 기반과 자산을 가진 분들을 만났고, 이분들의 크고 작은 도움을 받아 꿈을 이룰 수 있는 방법과 용기를 얻을 수 있었습니다. 사업은 무엇인가를 이루겠다는 목표가 건강하고 긍정적일수록 더 많은 배려와 이해가 따르는 것 같아요. 아마도 '진정성'의 힘이 아닐까요. 사회를 긍정적으로 만들고자 하는 사람이라면 출사표를 던지십시오. 자신의 재능과 선한 의지를 우리 사회가 필요로 하는 곳에 쓰다보면 좋은 방향으로 성과를 낼 수 있을 것이라고 믿습니다.

박효연 헬프미 대표

법률 서비스 시장의
변화를 선도하라.

연봉 2억 잘나가는 변호사를 그만두고 창업에 뛰어든 박효연 헬프미 대표. 그녀는 어린 시절 경찰 공무원인 아버지의 근무지를 따라 시골에서 자랐다. 서울로 올라왔을 땐 경상도 사투리 때문에 친구들에게 놀림도 많이 받았지만, 산과 들에서 실컷 뛰어놀았던 시간은 지금도 소중한 기억으로 남아 있다.

법관을 꿈꾸며 중학교 때부터 공부에 매진했다. 머리가 좋아서인지, 어릴 적부터 독서를 많이 한 덕인지 줄곧 전교 상위권에서 벗어나지 않았다. 법대 진학을 목표로 문과를 선택했지만 국어보다는 수학이 좋았다. 논리적으로만 사고하면 정답이 딱 떨어지는 수학과 달리 국어는 자신이 생각하는 대로 쓰면 오답이 나오는 일이 잦았던 탓이다.

서울대 법대에 진학했고, 사법시험 합격 후 사법연수원을 거쳐 대형 로펌에 들어갔다. 높은 연봉을 받으며 남부러울 것 없이 지냈지만, 법률 정보의 불균형에 의구심을 가지다가 결국 사표를 던졌다. 누구나 쉽게 접근할 수 있는 법률 서비스를 목표로 스타트업을 설립해 법률 서비스의 장벽을 허무는 일에 앞장서고 있다.

"법무법인 율촌에서 일할 때도 대부분의 고객이 기업이었던 터라, 형편이 좋지 않은 개인들은 법의 보호를 충분히 받지 못할 거라는 생각이 머릿속을 떠나지 않았어요."

키코 사건 덕에 승소율이 높은 변호사로 입소문이 나자 한 중소기업 사장이 찾아왔다. 내용을 살펴보니 충분히 싸워볼 만하다고 판단이 됐지만 결정적으로 소멸시효가 지난 상태였다.

그렇듯 안타까운 상황을 종종 맞닥뜨리던 박효연(35) 헬프미 대표는 자연스레 법률 서비스 시장의 구조적 불균형 때문에 피해를 입는 사람들에게 도움을 줄 방법이 없을까 하는 고민에 빠져들었다. 그리고 그 고민의 끝이 바로 '헬프미'의 시작이었다.

나의 가장 친한 친구는 '책'

박효연 대표는 부산에서 태어났다. 세 살에 서울로 이사를 와서 살다가 일곱 살 때 경북 고령으로 내려갔다. 경찰 공무원인 아버지가 고령으로 발령을 받았기 때문이다. 그녀는 아직도 관사에서 살 때의 기억이 생생하다. 아름드리나무와 꽃이 둘러싸고 있는 넓은 마당에는 잔디

밭이 펼쳐져 있고, 마당 한구석에선 토끼를 키웠다. 볕이 좋은 날엔 평상에서 소꿉놀이를 하거나 책을 읽었다. 동네 언니, 오빠 들과 산이며 들로 놀러 다녔고, 해가 질 때쯤 온몸에 흙을 잔뜩 묻히고 집으로 돌아왔다.

부모님은 법대 커플이었다. 공무원의 길을 선택한 아버지와 달리 어머니는 법학과 석사 학위까지 받으며 전임 강사로 학문에 매진했다. 그러다 그녀와 네 살 아래 여동생을 낳은 후 아이들을 맡길 데가 없어서 일을 그만두게 됐다. 그래서였을까, 부모가 못 이룬 꿈인 '법관'이 어린 딸에게 간절한 꿈이 됐다.

아버지가 고령에서 영주로 근무지를 옮기면서 영주에서 몇 년 살다가 초등학교 3학년 때 서울로 올라왔고, 이후로는 줄곧 마당이 없는 도시의 아파트에서 살았다.

"영주에서 서울로 전학을 왔는데, 경상북도 사투리 때문에 반 친구들한테 놀림을 많이 받았어요. 처음에는 넓은 마당에서 자유롭게 놀던 시골 생활이 그리웠는데, 시간이 지나면서 도시 생활에 익숙해졌어요. 제가 적응을 꽤 잘하는 편이거든요."

어릴 적부터 그녀의 가장 친한 친구는 책이었다. 집에 있는 책은 물론 친척집에 가도 가장 먼저 그 집에 어떤 책이 있는지부터 살폈다. 자신이 안 읽은 책이 눈에 띄면 곧바로 집어 들고 책을 읽었다. 미처 다 읽지 못해 집에 안 가겠다고 고집을 부리면 어머니는 나중에 책을 사주겠다고 약속하곤 했다. 하지만 그 약속이 지켜진 적은 그리 많지 않았던 것 같다.

시골에 살 때는 아버지를 따라 읍내에 나가 장 보는 일도 즐거운 추억 중 하나였다. 아버지가 뭘 갖고 싶으냐고 물으면 그녀는 무조건 동네 서점에 가서 책을 골랐고, 여동생은 옷을 사달라고 졸랐다.

독서에 너무 빠져 있던 탓에 시력도 금세 나빠졌다. 일곱 살 무렵 책장 맨 위의 책 제목이 흐릿하니 잘 보이지 않아 쩔쩔매자 어머니가 곧장 안과에 데리고 갔다. 그때 안경을 처음 쓰게 됐다. 키는 또래보다 커서 초등학교 6학년 때 이미 160센티미터를 넘었다. 그러자 사투리 때문에 그녀를 놀리던 친구들도 그녀의 덩치에 겁이 나서인지 더 이상 놀리지 않았다.

법관을 목표로 공부에 매진하다

중·고등학교 때는 법관을 목표로 공부에 매진했다. 어머니는 자식의 교육에 관심은 많았지만 학원 등 사교육에는 별 관심이 없었다. 자식들이 알아서 공부하길 바랐고, 노력한 만큼 성과를 낼 수 있다고 생각하셨다.

중학교 다닐 때 전교 10등 내외였던 박효연 대표는 고등학교에 진학해서는 전교 1, 2등을 오갔다. 그녀는 그 비결로 수학 실력과 남다른 독서량을 꼽았다.

"논리적으로 사고하면 정답이 똑 떨어지는 수학이 제 적성에 맞았던 것 같아요. 중학교 다닐 때 수학 학원에 다니면서 수학경시대회를 준비했는데, 그때 다양한 문제를 많이 접하면서 자신감도 붙었고요. 고등학교에서도 수학 때문에 골치 아팠던 적은 없어요!"

하지만 항상 국어가 문제였다. 특히 시나 소설 등 문학이 힘들었다.

자신이 이해하는 대로 답을 적으면 무조건 틀렸다. 고등학교 때는 언어영역에서 자꾸 오답이 나와서 아예 시험문제 유형을 외워버렸다. 처음에는 국어 선생님께 정답 유무를 놓고 따지기도 했지만 자신의 생각이 출제자의 의도와 다를 수도 있다고 결론을 낸 후에는 출제 유형이란 시스템에 스스로를 맞추었던 것이다.

박효연 대표는 희망했던 대로 서울대 법대에 입학했다. 그것도 정원 외 10퍼센트만 뽑는 수시모집으로 서울대 문턱을 가뿐히 넘었다.

"입학지원서에 감명 깊게 읽은 책 제목을 적는 항목이 있었어요.『반지 전쟁』(공식 라이선스를 받지 않은 『반지의 제왕』)이라고 썼는데, 면접 보시는 교수님들이 그 이유를 물었어요. 보통 법대를 지원하는 학생들은 동서양 고전이나 법과 관련된 책 제목을 쓰기 마련이니까요. 저는 그 책을 읽으면서 다른 시공간으로 이동하는 느낌을 받았다고, 영화나 동영상을 보는 것보다 상상력이 작동할 여지가 많아서 매력적이었다고 답했죠. 그 답변을 들은 교수님들이 한바탕 웃으셨거든요. 그게 좋은 인상을 남겼는지 합격하게 됐어요."

방황을 마치고 사법시험을 보다

박효연 대표는 새로운 세상을 만나면서 대학 1년을 보냈다. 그사이 자신에 대해 보다 객관적으로 볼 수 있는 안목이 생겼다.

"대학 1학년 때는 마음에 여유를 갖고 나 자신을 살펴봤습니다. 저란 사람은 새로운 것을 만들거나 뭔가를 더 나은 방향으로 개선하는 데 관심이 많은 것 같았어요. 그런데 법학은 그런 학문은 아니었지요. 그래서 부모님께 법관이 되는 걸 포기하겠다고, 사법시험을 치르지 않겠다고 선언했지요. 부모님은 저의 고집을 익히 알고 계셔서 별다른 말씀을 안 하셨습니다. 그리고 제가 어학연수를 다녀오고 싶다고 하니까 허락해주셨지요. 아마도 밖에 나가서 바람 쐬고 오면 생각이 달라지지 않을까 내심 기대하신 것 같아요."

2학년 1학기를 마치고 박효연 대표는 어학연수를 갈 곳으로 영국 맨체스터를 선택했다. 유미스트대학에 있는 6개월 예비대학 과정에 등록했다. 당장 머물 숙소로 기숙사를 일주일만 신청하고 영국행 비행기를 탔다. 그 정도 기간이면 현지 탐색을 충분히 마치고 자신이 원하는 숙소를 구할 수 있으리라 생각했다.

"영국 친구들을 사귀면서 또래 젊은이들이 얼마나 치열하게 사는지 알게 되었습니다. 1년쯤 지나니까 친구들이 하나둘 직장을 구하더군요. 영국 대학은 3년제거든요. 직장에서 생산적인 일을 하는 친구들을 보면서 나도 부가가치를 창출할 수 있는 직업을 가져야겠다고 생각했지요."

한국으로 돌아오자 아버지가 조심스럽게 로펌에서 인턴 생활을 해보면 어떻겠냐고 제안하셨다. 인턴을 하다보면 스스로 법조계로 나갈 만한지 아닌지 알 수 있을 테니 시험 기간으로 삼아보라고 하셨다. 그녀는 아버지의 뜻에 따라 법무법인 태평양에서 인턴 생활을 했다. 로펌의 일은 매우 만족스러웠다. 번역과 서류 처리 등 간단한 업무를 맡았던 만큼 일은 할 만했고, 인턴이라서 6시에 정시 퇴근했다. 그러다 어느 순간 변호사 일이 할 만하다는 생각이 들었고, 하고 싶어졌다.

4학년 1학기부터 본격적으로 사법시험을 준비했다. 신림동 고시촌에서 지낸 지 2년 3개월, 그녀는 사법시험에 합격했다.

"법이라는 학문이 국어보다는 수학과 비슷한 면이 많은 것 같아요. 해석이 달라질 수 있는 부분에 대한 학설이 풍부하다는 것도 매력적으로 느껴졌어요. 학설 중에는 다수설과 소수설이 있어서 그에 따라 해석을 달리할 수 있고요. 논리적으로 사고하면서 접근하면 되니까 시험을 준비하는 건 제 적성과 맞았어요. 하지만 저 역시 공부하는 건 정말 힘들었죠. 자취방에서 지내면서 평균 6시간 자면서 공부했고, 시험을 앞두고는 2~3시간만 자면서 공부했거든요."

사법시험 합격 후 그녀는 너무 지쳐서 사법연수원은 한 해 늦게 들어가고 싶었다. 부모님께 말씀드리자 흔쾌히 허락해주셨다.

쉬면서 뭘 할까 고민하던 박효연 대표는 아버지의 지인으로부터 중국어를 배워두라는 조언을 들었다. 어차피 배울 거면 한국에서 어학원에 다니는 것보다는 중국 현지로 가는 게 낫겠다 싶었다. 마침 영국에

사법연수원 동기들과 함께 포즈를 취하고 있는 박효연 대표(왼쪽 첫 번째).

서 사귄 친구가 시티은행 상하이 지점으로 간다는 소식을 들었던 터라 상하이를 목적지로 정했다. 상하이교통대학 부설 어학원에 등록한 다음 2주 정도 머물 수 있는 호텔을 예약하고 떠났다. 영국으로 떠날 때와 마찬가지로 숙소든 뭐든 직접 가서 부딪혀보자는 생각이었다.

상하이 생활은 꽤 즐거웠다. 중국인 친구들의 저녁 모임에 종종 함께하곤 했는데, 그때가 한류 태동기여서 한국에 호의적인 분위기였던 만큼 환영받는 느낌이었다. 그렇게 6개월을 보내고 나니 직업 없이 지내는 자신이 조금 부끄럽게 느껴졌다. 그녀는 차분히 자신을 돌아보았다. 검사나 판사보다는 변호사가 돼야겠다고 생각했다. 진로가 정해지자 곧바로 한국으로 돌아와 사법연수원에 들어갔다.

연봉 2억의 잘나가는 변호사

사법연수원 생활을 마치고 법무법인 율촌에 들어갔다. 부동산과 금융 분야의 일을 많이 했고 전문 변호사 자격도 두 분야에서 받았다. 특히 고위험 파생금융상품인 키코(KIKO) 사건이 터졌을 땐 은행권에서 들어온 소송을 많이 맡았다.

"파생금융상품 소송은 금액도 크고 은행 간 이해관계도 첨예하게 엇갈렸기 때문에 양측 모두 대형 로펌이 붙었어요. 금융 분야 소송은 상품 구조를 정확하게 이해하고 이를 바탕으로 논리적으로 해석해야 하는데, 제가 수학적인 사고를 잘하다보니 도움이 되었던 것 같아요."

율촌에서 전문 변호사로 5년간 일하면서 결혼도 하고 능력도 인정받으며 승승장구했다. 하지만 어느 순간부터 마음 한구석이 허전했다.

그 허전함은 사법연수원 검찰시보 시절의 기억 한 조각이 발단이었다.

사법연수원 2년차가 되면 변호사 2개월, 판사 2개월, 검사 2개월의 실무 수습 기간을 거친다. 그녀는 2009년 1월 동부지검에서 검찰시보로 일했다. 그러던 어느 날 한 아주머니가 사기를 당해 1,000만원을 날렸다며 검찰을 찾아와 억울함을 호소했다. 경미한 사건이었던 만큼 검사 선배가 그녀에게 전후 사정을 들어보고 판단해보라고 기회를 줬다.

"사기를 당한 액수가 애매하게 적었던 거예요. 그 정도면 사기가 100퍼센트 인정되더라도 구속까지는 안 되거든요. 1억원이 넘어도 집행유예도 아닌 벌금형에 그치는 편이니까요. 하지만 아주머니는 너무 억울하신 거예요. 사기를 친 사람은 어차피 구속은 안 된다며 오히려 아주머니를 조롱했고, 어떻게 해도 벌을 줄 수 없으니 억장이 무너진 거죠. 법률구조공단에 갔는데 비전문가가 상담하는 만큼 속 시원한 답을 듣지 못했고, 변호사를 알아보려 했지만 상담 비용이 비싼 데다 변호사를 만나는 것 자체가 어려웠다고 했어요. 그 아주머니와 같은 사법 피해자가 적지 않은데, 막상 법률 서비스를 받으려 하면 비용이 만만치 않은 거예요. 법률 서비스 시장의 구조적 불균형이 제 눈에 보였던 거죠."

그녀는 결국 변호사 생활 6년 만인 2015년 6월에 사표를 냈다. 당시 회사에서 미국 유학을 제안했는데, 다녀오면 무조건 2년 동안 근무해야 한다는 조건이 붙어 있었다. 누가 봐도 좋은 기회였지만 그녀는 퇴사를 마음먹었다. 더 지체하면 그대로 안주할 것 같았고, 한 살이라도 젊을 때 자신의 힘으로 새로운 세상을 열고 싶었다.

"세상은 엄청난 속도로 변하고 있는데 법률 서비스 시장만은 정보화 혁명에서 비껴 있는 것 같았어요. 언젠가는 변화를 요구받을 테고, 그러면 누군가가 그 시장을 열어갈 텐데 그 누군가가 제가 됐으면 하는 열망이 생겼던 거죠."

율촌을 나와 창업에 뛰어들다

율촌을 나오자마자 함께 창업에 나설 동료를 찾기 시작했다. 연수원 동기 중 가장 친했던 남기룡 변호사가 이미 개인 로펌을 차려서 사업을 하고 있던 터라 합류가 가능했다. 남기룡 변호사는 현재 헬프미의 이사인 이상민 변호사도 소개해주었다. 이상민 변호사 역시 대형 로펌에서 근무했지만 적성에 맞지 않아 다른 길을 알아보던 중이라고 했다.

"저희 셋의 공통점이라면 체제 순응적이지 않은 점이에요. 다들 반골 기질도 강하고, 하고 싶으면 무조건 밀어붙이는 고집도 있고요. 창업 동지로 이만한 친구들이 없죠."

사명은 '헬프미'라고 정했다. 세상을 도와 장벽을 없앤다는 의미를 담고 있다. 법률 분야에서 정보기술 혁명을 일으켜 법률 서비스 시장의 가장 큰 문제인 정보 불균형을 근본적으로 해결하겠다는 선언이라 할 수 있다.

헬프미는 우선 변호사를 쉽게 만날 수 있는 플랫폼으로 서비스를 시작했다. 각 분야별로 평판이 좋은 변호사를 선별해 상담할 수 있는 창구를 만든 것이다. 변호사 상담 비용은 시간당 12만~18만원으로 책정했다. 오프라인에서 대법관 출신 변호사는 100만원을 호가하고, 8년차 변호사만 해도 44만원으로 시장가가 형성되어 있었으므로 가격대를 확 낮춘 셈이었다.

박효연 대표가 창업에 함께 뛰어든 남기룡 변호사(오른쪽), 이상민 변호사와 활짝 웃고 있다.

그 다음엔 정보기술의 편의성을 접목함으로써 시장 가격을 낮출 수 있는 분야를 찾았다. 지급명령과 법인등기가 바로 그것이다. 지급명령은 채무자에게 법적 절차에 따라 정식으로 금전 등을 청구하는 것으로, 신청서를 법원에 제출하면 법원이 검토한 후 돈을 지급하라고 명령을 내리는 제도다. 보통 법원의 지급명령이 떨어지면 곧바로 돈을 주는 경우가 많아서 최근 들어 이를 이용하는 채권자들이 늘고 있다. 하지만 신청서 작성과 절차가 복잡해 개인이 진행하기는 힘들고, 변호사의 도움을 받는 것도 적지 않은 비용 부담 때문에 힘들기는 마찬가지다.

2016년 8월 선보인 '지급명령 헬프미'는 지급명령에 특화된 서비스로, 전문 변호사들이 직접 만든 간단한 질문에 이용자가 답변만 하면 지급명령 신청서를 완성해 신청까지 대행해준다. 지급명령 서비스 가격은 16만9,000원(일반 상담), 19만9,000원(변호사 전문 상담)으로 책정돼 있다. 시장가가 100만원 안팎인 것과 비교하면 획기적으로 비용을 줄인 것이다.

또한 2016년 10월에 선보인 '법인등기 헬프미'는 법인 설립 또는 대표자 변경, 이사 취임, 유상증자 등 법인의 구성에 변동이 생길 때 법인 등기부등본에 해당 사실을 반영하는 절차다. 법인 운영 과정에서 반드시 필요하지만 절차가 복잡하고 이슈별로 기한이나 조건 등이 상이해서 어려움을 겪는 법인 고객이 적지 않다. 법인등기 헬프미는 기본 등기 서비스는 12만9,000원, 설립 등기 등 특수 등기 서비스는 29만9,000원이다. 시장가는 각각 20만원, 50만원이다.

현재는 상담이나 신청서 접수 등의 과정에 상담원의 고객 응대와 수작업이 일부 들어가지만, 조만간 100퍼센트 자동화될 것으로 전망하고 있다.

헬프미는 비즈니스 모델이 구체화된 지 얼마 안 된 만큼 아직까지는 의미 있는 매출을 달성하지 못했지만, 매달 평균 10퍼센트 이상씩 성장하고 있다. 6개월 이내 월 매출 1억원 달성이 현재의 단기 목표이다. 향후 상표 출원, 한정 상속, 협의 이혼, 개명 신청 등 법률 서비스를 다양화하면 성장 가능성은 매우 높을 것으로 보인다.

 ## 자신이 전문성을 갖고 있는 분야에서 시작하라

저는 아직 성공한 건 아니죠. 이제 시작이나 마찬가지니까요. 하지만 주변에 창업을 해서 성공한 분들을 보면 성공 확률을 높이기 위해 자신이 속해 있는 분야에서 창업한다는 공통점이 있는 것 같습니다. 저 역시 마찬가지고요. '전(前) 직장이 최고의 배움터'라는 말도 있듯이 자신이 전문성을 갖고 있는 분야에서 창업하는 게 좋을 것 같습니다.

박현린 인디고네프 대표

요리에 문화를 담아
세계로 나아가다。

에펠탑의 매력에 푹 빠졌던 박현린 인디고네프 대표. 그녀는 '기억에 남는 한 끼 식사'를 표방하며 인디고네프를 창업하여 세계요리사업에 뛰어들었다.

  초등학교 시절 처음 밟은 이국땅에서 마주한 에펠탑은 멋지다는 표현을 넘어 경이로웠다. 중학교 때는 뉴질랜드, 고등학교 때는 미국으로 여행을 갔고 철이 들면서는 해외 생활이 집보다 편했다. 대학 3학년 때 프랑스로 배낭여행을 다녀온 후로 외국 생활에 대한 동경심은 더욱 커져만 갔다. 대학 졸업 후 프랑스로 유학을 갔다.

  유학 생활의 가장 큰 즐거움 중 하나는 다양한 나라의 친구들과 스스럼없이 대화하면서 삶을 나누는 것이었다. 서로 다른 문화권에서 온 사람들이 각자의 음식을 가져와 함께 식사하면서 음식에 대한 관심이 함께 높아졌다.

  그녀는 귀국 후 우연히 에어비앤비 활동을 하면서 공유의 개념을 접했고, 이를 음식 문화에 접목하면 좋겠다 싶었다. 그것이 인디고네프를 창업하게 된 계기였다.

그녀의
창업을
응원해

131

"2016년 9월 원파인디너를 통해 알려진 요리의 재료와 요리법을 배송해주는 원파인박스를 크라우드펀딩 방식으로 론칭했는데 예상보다 반응이 좋았어요. 펀딩이 끝난 후에 더 사고 싶다는 피드백이 계속 있어서 사업으로 키울 수 있겠다는 용기를 얻었습니다."

외국에 나가지 않고 외국의 음식 문화를 경험할 수 있게 해주는 원파인디너를 시작으로 원파인박스까지 성공시킨 '인디고네프'의 성장은 글로벌 시대를 살아가는 젊은 세대의 취향을 정확히 읽어냈기에 가능했다. 그리고 그 특별한 성장 뒤에는 자신이 좋아하는 것들에 끊임없는 관심과 노력을 기울인 박현린(36) 대표가 있었다.

에펠탑의 매력에 풍덩~

박현린 대표의 아버지는 경남 남해 출신이고 어머니는 서울 토박이다. 아버지는 박현린 대표가 태어나기 전에 사업을 시작해 늘 바빴고, 어머니 역시 초등학교 교사로 일했기 때문에 세 살 위 오빠와 그녀는 서울 공릉동 외할머니 슬하에서 자랐다.

사업으로 늘 바쁜 아버지였지만 아버지의 1순위는 언제나 가족이었다. 그녀가 초등학교 4학년생이 되고 오빠가 중학생이 됐을 때 온 가족이 유럽으로 여행을 떠났다. 생애 처음으로 비행기를 타고 외국에 나간 순간이었다.

"프랑스와 이탈리아에 다녀왔는데, 지금까지도 그때 봤던 에펠탑이 선명하게 기억에 남아 있어요. 어린 나이에도 그 장엄함에 무척 놀랐던 것 같아요. 유럽에서 돌아온 후에도 에펠탑이 제게 준 문화적 충격은 오래도록 남아 일종의 동경심이 되었습니다."

어머니는 그녀가 초등학교 5학년이 되던 해, 아들딸을 잘 키우고 싶다며 직장을 그만뒀다. 초등학교 4학년 때 중계동으로 이사를 갔는데, 아무래도 그곳의 교육열이 남다르다보니 직장을 그만둬야겠다고 결심하신 듯했다. 사실 그녀는 어머니가 남들이 부러워하는 직업을 가진 커리어우먼인 게 자랑스럽고 좋았기 때문에 그 결정이 이해가 되지 않았다. 같은 여자로서 아쉬움이 컸던 것이다.

평범한 중·고등학교 시절을 보내던 그녀는 고교 2학년 때 미국에 연수를 떠날 기회를 갖게 됐다. UCLA 안에 있는 어학당에서 2주간 영어연수를 하는 프로그램이었는데, 입시를 준비해야 할 때라 담임선생님이 강하게 반대하셨다. 하지만 어떻게든 외국에 나가고 싶었던 그녀는 연수를 신청했고, 남들이 공부에 매진하던 2학년 여름방학에 로스앤젤레스에서 자유를 즐겼다.

"고등학교 성적이 전교 상위권이어서 담임선생님 입장에서는 2주라도 외국에 나가 있는 게 불안하셨던 것 같아요. 하지만 다녀오고 나서 첫 모의고사 성적이 오히려 올랐지요. 미국 생활이 길진 않았지만 외국이란 곳이 낯설기는커녕 익숙하게 느껴졌어요. 서로 다른 언어를 쓰는 사람들끼리도 통할 수 있다는 게 너무 신기했고요."

괴짜들의 집합소 서울대 철학과

외국 문화에 대한 동경으로 서울대 미학과를 지원하고자 했다. 하지만 당시 미학과 수시 전형이 단 1명이었기 때문에 담임선생님의 만류에 부딪쳤다. 대신 서울대 철학과를 지원해 캠퍼스를 밟았다.

대학에서 그녀는 상당한 문화적 충격을 받았다. 고교 시절 비슷비슷했던 친구들과 달리 대학에는 전혀 다른 세계에서 온 듯한 사람들로 가득했다.

"한 동기는 잠이 너무 많아서 고등학교를 때려치우고 검정고시를 보고 대학에 들어왔고, 나이 많은 선배 한 분은 스님 출신이더라고요. 또 '블루맨'이라고 단과대에서 유명한, 항상 파란색 옷만 입고 다니는 선배도 있었어요. 정말 괴짜들만 모인 곳이었죠."

대학 1학년 여름방학 때 사촌동생과 일본 오사카와 교토 등으로 여행을 다녀왔다. 대학생 신분으로는 처음 떠난 여행이었던 데다 부모의 동행 없이 사촌과 둘이 다녀왔던 만큼 자유로운 첫 번째 여행으로 기억에 남아 있다.

일본을 택한 건 고등학교 때 제2 외국어로 일어를 공부했기 때문에 현지에서 의사소통이 어느 정도 가능할 거라는 판단 때문이었다. 자유롭게 여행하자는 게 모토였기 때문에 항공권은 물론 숙소와 현지 이동 교통수단을 알아보는 것도 모두 직접 했다. 다른 나라에서 온 친구들을 만나 다양한 문화를 접하고 싶다는 생각에 게스트하우스에 묵었는데, 좁은 게스트하우스 거실에서 10여 명의 친구들이 영어와 일어로 이야기를 나눴던 기억은 지금도 또렷이 남아 있다. 다른 나라, 다른 문화에서 온 사람들이 그렇게 편하게 말을 주고받으면서 통할 수 있다는 게 놀랍고 신기했다.

대학 3학년 겨울방학에는 프랑스로 여행을 떠났다. 처음에는 이탈리아, 영국, 프랑스, 스페인을 두루 도는 일정을 잡았다가 여러 곳을 돌면 오히려 제대로 문화를 이해할 수 없을 것 같다는 판단에 프랑스 한 곳에 머물기로 했다.

"평소 미술사에 관심이 많아서 미술관 투어를 해야겠다는 게 일차 목적이었어요. 파리와 남부의 니스, 동부의 스트라스부르 등에 숙소를 잡고 보름 일정으로 다녀왔어요. 여자 혼자 배낭여행 간다고 하면 아버지는 허락을 안 할 게 뻔해서 어머니한테만 말씀드렸죠. 아버지는 지금까지도 저 혼자 여행 다녀온 줄 모르세요."

긴 여행은 아니었지만, 해 질 녘 레스토랑 테라스 한편에 앉아 식사를 하고 커피를 마시고 와인을 음미했던 시간은 너무나 평화롭고 행복했다. 그냥 이렇게 이곳에서 이방인처럼 살아도 좋지 않을까 하는 생각을 오래도록 했다.

파리지앵이 되고 싶어서

한국으로 돌아온 후에는 그러한 열망이 더욱 커졌다. 다시 프랑스로 가려고 애쓰던 박현린 대표는 마침내 프랑스 유학길에 올랐다. 하지만 불어를 하지 못하는 상태였기에 처음부터 파리 입성은 불가능했다. 우선 언어를 익히기 위해 2003년 3월 프랑스 리옹에 있는 불어 어학당 알리앙스프랑세즈에 들어갔다. 그리고 그해 여름 리옹2대학에 있는 어학원에 입학했다.

리옹의 어학당에는 불어를 배우러 온 학생들이 많아서 다양한 문화권의 친구들을 사귈 수 있었다. 특히 일본 친구, 이탈리아 친구와 친하게 지냈는데, 일본 친구 마치코와는 같이 이탈리아를 여행하기도 했다.

그녀는 2003년 9월부터 아비뇽대 컬처앤커뮤니케이션과에 다녔다. 졸업 후에는 파리1대학 예술대 문화사회학과에서 석사 과정을 밟았다. 그토록 원하던 파리 입성이 이뤄졌지만 수업을 따라가기가 쉽지 않았다.

"문화사회학이라는 학문이 모국어로 들어도 어려운데 서툰 불어로 들으니 정말 힘들더군요. 수업을 절반도 이해하지 못할 때가 많았어요. 프랑스는 특히 외국인에 대한 배려가 없는데, 교수들도 자기네 나라에 배우러 왔으니 프랑스 학생과 똑같이 공부하고 성적을 내라고 요구했어요. 다행히 프랑스 친구들이 도움을 많이 줬어요. 수업 내용을 녹음하고, 친구의 공책을 복사해서 복습을 했죠. 이렇게 힘들 줄 알았으면 애초에 시작도 안 했을 거라는 생각을 참 많이 했지요. 모르니까 용감했던 거예요."

석사 논문을 준비할 때는 지도 교수가 모욕적인 언사로 상처를 주는 일도 적지 않아 스트레스가 많았다. 먼 이국땅에서 받은 상처는 깊은 외로움으로 다가왔다.

그런 그녀에게 유일한 탈출구는 다양한 나라에서 온 유학생들과 함께하는 저녁 파티였다. 각자 음식을 한 가지씩 준비해오는 포틀럭 방식이어서 프랑스 파리 한복판에서 이탈리아, 스페인, 터키, 일본의 전통 음식을 맛볼 수 있었다.

"아무래도 우리 음식을 갖고 가야 하니까 저도 요리를 만들게 되더군요. 처음에는 불고기나 잡채를 했고 나중에는 된장찌개나 김밥 등을 만들었습니다. 원래 요리에 별 관심이 없었는데, 포틀럭을 하면서 각국의 음식에 대한 이야기도 나누고 음식 맛에 대해 서로 품평도 하면서 호기심과 흥미가 생겼어요."

2006년 8월 그녀는 석사 학위를 받았다. 파리의 매력에 푹 빠져 있던 터라 현지에서 일자리를 구하고 싶었다. 패션에 관심이 많아서 명품 브랜드 끌로에에서 인턴 생활을 했는데, 패션이 더 좋아지기는커녕 오히려 패션의 도시 파리에서 패션 산업의 소비문화에 회의를 느꼈다. 브랜드가 됐든, 디자인이 됐든 큰 관심을 받다가 금방 소비자의 머릿속에서 사라지는 것을 보면서, 패션의 가치에 대해 다시금 생각하게 된 것이다. 그래서 지속가능한 일을 찾아야겠다고 결심했고, 우연치 않게 주프랑스 한국 대사관에 정직원 자리가 생겨 통역과 번역 일을 맡게 됐다.

"대사관에서 1년 남짓 일했는데 너무 재미있었어요. 문화는 물론 경제, 국방 등 여러 분야에 종사하는 다양한 사람들을 만날 수 있었어요. 우리나라 사람들과 따뜻한 안부 인사를 건네며 지낼 수 있다는 점도 큰 위로가 됐고요."

답답한 삶 속 샘물 같은 에어비앤비

대사관에서 일하면서 유네스코 등 국제기구에 들어가고 싶다는 꿈을 키웠지만, 딸이 6년이나 타국에서 지내자 아버지가 귀국을 원하셨다. 결국 아버지의 간절한 뜻을 외면하지 못한 그녀는 고국으로 돌아와 아버지의 사업을 도우며 서울에 정착했다.

"아버지가 하시는 스테인리스스틸 무역이 산업 성장기에는 블루오션이었는데, 2000년대 중반부터 하향 곡선을 그리기 시작했어요. 아버지는 제가 옆에서 조언도 해드리면서 의지가 되어주었으면 하고 바라셨던 것 같아요. 어머니가 제게 '가족이 어려울 때는 힘이 되어주는 게 맞지 않겠냐'고 하셨는데, 그게 가슴에 깊이 와닿더라고요. 도와드릴 수 있을 때 돕지 않으면 나중에 후회할지도 모른다는 생각이 들었고, 파리에서 충분히 자유롭게 나의 생활을 즐긴 만큼 이제는 가족을 위해 살아도 좋겠다는 생각도 있었죠."

하지만 자유로운 영혼을 붙들어둔 채 부모와 함께 산다는 것이 쉬운 일은 아니었다. 파리에서 완벽한 자유를 맛본 후라 더욱 그러했다.

고국에 돌아온 지 1년 되던 2010년, 그녀는 대학 시절부터 남에게 말 못할 고민을 털어놓으며 정을 쌓았던 선배와 결혼식을 올렸다. 이듬해에는 아들도 얻었다. 그렇듯 평범한 생활을 이어갔지만 가슴 한구석에는 허전함이 한 번씩 진하게 밀려왔다.

프랑스에서의 생활이 그리웠다. 국제적 교류가 딱 끊긴 채 우물 안에 머물러 있다는 자괴감도 들었다. 그러던 중 그녀의 눈에 세계 최대의 숙박 공유 사이트인 에어비앤비(Airbnb)가 들어왔다.

"아버지 일을 돕던 중에 파리로 출장을 갔는데, 혼자 가는 거라 현지인 집에 머물고 싶었죠. 그때 에어비앤비를 통해 유학 시절 제가 살던 집 근처에 빈방을 구해 며칠 머물렀는데, 공유의 가치를 이렇게도 실현할 수 있구나 하는 생각에 감탄했죠. 제가 그 집에 머물 때는 집주인인 대학생이 고향에 가 있을 때라 서로 메시지만 주고받았는데, 정말 친근하고 따뜻한 느낌이었어요. 이후에도 종종 에어비앤비를 이용했는데, 이런 공유의 콘셉트로 새로운 뭔가를 한다면 정말 의미 있지 않을까 싶었어요."

파리 출장 후 그녀는 오피스텔을 구해 에어비앤비의 호스트로 활동했다. 출장 혹은 단기 여행으로 한국을 찾는 외국인들이 주로 이용했는데, 어떻게 하면 이들이 한국에서 즐거운 시간을 보낼 수 있을까, 어떤 음식을 소개해야 만족할까 등을 고민해서 정보를 제공하는 일이 즐거웠다. 그러다 외국인에게 한국의 평범한 가정식을 대접하고 싶은 마음에 에어비앤비와 집밥을 연결시키는 서비스를 구상했다. '공유'라는 콘셉트와 세계인의 공통 언어인 '음식'을 연결시킨 것이다.

글로벌 문화를 요리로 연결하다

2013년 가을 박현린 대표는 그녀와 비슷한 고민을 하던 대학 선배 박세현 이사와 뜻을 모아 공동 창업에 나섰다.

"박세현 선배도 음식을 소재로 창업해야겠다는 생각을 하고 있었어요. 제 생각을 얘기했더니 너무 재미있겠다며 당장 같이 해보자고 하더군요. 박세현 선배는 개개인의 취향에 따라 문화를 이어주는 일이 궁극적인 꿈이었는데, 그 일의 가장 밑단에 있는 게 모든 사람이 보편적으로 관심을 가지는 음식이라고 생각한다고 했어요."

세계 각국의 친구들과 요리로 강한 유대감을 경험했던 그녀는 그렇게 음식사업에 뛰어들었다.

몽골 음식을 주제로 원파인디너를 진행한 후 몽골 호스트 밤바 씨와 함께한 박현린 대표.

2014년 봄부터 본격적으로 사업 준비를 시작해 그해 7월 말 '인디고네프'라는 법인을 세웠다. 인디고네프는 개개인의 활동(Individual+Go)을 새로운(Neuf) 방식으로 지원하는 회사란 뜻을 지녔다. 개개인의 재능을 발굴하고 그 열정과 활동을 지원함으로써 새로운 문화를 만들어 나가는 것이 인디고네프의 궁극적인 목표이다. 그리고 그 첫 번째 도전으로 '기억에 남는 한 끼 식사'라는 뜻을 가진 원파인디너를 2016년 2월 선보였다.

"200만에 가까운 외국인들이 살고 있는 한국 사회에서 원파인디너는 음식을 통한 문화 교류 플랫폼을 지향합니다. 한국에 거주하는 다양한 문화권의 사람들 중에서 요리에 재능과 열정이 있는 사람들을 찾아 그들이 만든 음식을 직접 먹어보거나 배울 수 있도록 식사를 중개하거나 요리법을 공유하는 것이지요."

즉 외국에 나가지 않아도 외국 사람을 만나 현지 음식을 먹으면서 새로운 음식 문화를 체험하는 것이다. 일반 고객은 소셜 다이닝 형식으로, 가족이나 친구, 회사 모임은 디너나 쿠킹클래스 형식으로 진행하고 있다. 현재는 스페인, 이탈리아, 몽골, 중국, 일본, 프랑스, 그리스, 터키, 체코 등 10개국 16명의 호스트(음식 제공자)가 참여하고 있다.

외국 문화를 경험하는 플랫폼이다보니 주 고객층이 젊은 세대여서 자연스럽게 오프라인으로 진행되는 저녁 모임이 늘고 있다. 여기에 더해 요리법을 하나둘 동영상으로 올리면서 외국 요리를 배우는 사이트로도 명성을 얻어가고 있다. 현재까지 120개 이상의 요리법이 올라가 있는데 각 음식에 스토리를 담기 위해 호스트의 인터뷰도 함께 올려놓았다.

원파인디너를 통해 음식을 통한 교류의 장을 열었다면, 원파인박스는 그동안 축적한 음식 문화 자료를 기반으로 요리 재료와 요리법을 배송해주는 서비스다.

"원파인디너가 음식을 통한 문화 교류 플랫폼을 표방했다면 원파인박스는 음식과 문화를 함께 배달한다는 콘셉트를 갖고 있어요. 박스 안에는 요리법과 2인분 식재료, 그리고 그 요리를 둘러싼 문화 및 여행 이야기를 담은 책자가 함께 들어 있습니다. 특히 저희는 온전히 원재료를 중심으로 소스 만드는 방법부터 푸드 스타일링까지 세세하게 일러드리는 데 초점을 맞추고 있어요. 그것이 그 음식을 온전히 이해하는 방법이라 믿기 때문입니다."

박현린 대표가 원파인박스를 내놓은 계기는 원파인디너를 통해 세계 요리를 맛본 고객들의 요구가 있었기 때문이다.

"원파인디너를 이용한 고객들이 이구동성으로 집에서도 직접 그 요

원파인박스에는 2명이 요리해 먹을 만큼의 식재료와 요리법, 관련 책자가 담겨 있다.

리를 만들어보고 싶다고 했어요. 그런데 재료가 문제였던 거죠. 특히 향신료는 구하기도 힘들뿐더러 애써 구했어도 양이 너무 많아서 조금만 사용하고 나머지는 결국 버리게 되더라는 거지요. 그래서 이런 문제를 해결할 수 있도록 쿠킹 박스를 만들면 어떨까 싶었던 겁니다."

현재는 외국 음식의 요리법과 원재료를 제공하는 수준이지만, 조만간 간편 버전의 원파인박스를 만들어 요리할 시간이 적은 맞벌이나 1인 가구에 제공할 계획이다. 또한 음식 문화의 한 축인 테이블웨어에서도 각국의 문화에 대한 이해를 높이고 개개인의 개성을 발휘할 수 있도록 인디고네프는 식기며 식탁보 등 주방 용품 시장에도 도전할 계획이다.

 ## 창업은 기회다

    창업은 자기 자신이 관심이 있고 좋아하는 일에 몰두하다보면 찾아오는 기회인 것 같아요. 창업을 하겠다고 생각하고 뛰어드는 게 아니라 좋아하는 일을 하다보니까 창업으로 연결되는 셈이죠. 구체적으로 창업을 생각하지 않더라도 관심이 있는 것, 좋아하는 것을 유심히 관찰하며 직접 경험해봤으면 합니다.

    저는 요리를 잘하지는 못하지만 좋아하기에 열심히 배우려고 노력하는 과정을 거쳤던 것 같습니다. 관심 있는 것과 좋아하는 것을 세심하게 들여다보면서 차근차근 준비하면 창업이란 세계에 진입할 수 있을 거라고 생각합니다.

김화경 로켓뷰 대표

오늘도 진행 중
좌충우돌 IT 창업기.

소프트웨어 개발업체 근무, 스웨덴 유학, 삼성전자 근무를 거쳐 이제 막 창업의 길에 들어선 김화경 로켓뷰 대표. 그녀는 스마트폰으로 특정 기기를 찍으면 바로 인식해 제품을 작동하게 하는 '라이콘' 서비스를 개발하면서 로켓뷰를 창업했다.

그녀는 어릴 적에 가족의 사랑을 한 몸에 받으며 풍족한 가정환경에서 그늘 한 점 없이 자랐다. 그러나 아버지가 사업에 나서면서부터 가세가 기울기 시작했고 해를 거듭할수록 상황은 더 나빠졌다. 한창 예민했던 사춘기 시절 집 안 곳곳에 붙은 빨간딱지는 큰 충격이었다. 그래도 공부는 제법 했기에 동덕여대 컴퓨터공학과에 들어갔다. 전공 공부보다는 풍물패 활동에 심취하며 자유롭게 4년을 지냈다.

대학 졸업 후에는 소프트웨어 개발업체 개발팀에서 일을 익혔고, 이후 2년 남짓 스웨덴에서 유학했다. 귀국 후에는 삼성전자 무선사업부 선임연구원으로서 노트 메모 기능 등 다양한 개발 업무에 매진했다. 사내 벤처 육성 프로그램 C-Lab에 선정된 것을 계기로 로켓뷰를 창업했다.

"순간적으로 별이 반짝하는 느낌이었어요. 학비를 내지 않고 원하는 공부를 할 수 있다는 사실에 놀랐죠. 3개월 동안 휴직하고 유학을 준비했고, 헬싱키공대와 스웨덴왕립공대 두 곳에 지원서를 냈어요. 합격 통지는 스웨덴왕립공대에서 왔고요. 항공권 값과 몇 달 버틸 생활비는 있어야 해서 2006년 1월부터 아르바이트를 하면서 돈을 모았고 8월에 비행기를 탔습니다."

소프트웨어 개발업체에서 일하다 뭔가에 이끌리듯 스웨덴으로 유학을 떠났던 김화경(37) 로켓뷰 대표는 그곳에서 원하던 공부를 마친 후 삼성전자에 입사했고, 그로부터 7년 만에 창업 전선에 뛰어들어 '로켓뷰'를 시작했다. 돌아보면 그녀는 자신이 걸어온 인생의 한 걸음, 한 걸음이 어쩌면 로켓뷰를 만들기 위해 반드시 지나왔어야 하는 길이 아니었을까 생각한다.

유복한 어린 시절, 행복했던 기억

할아버지는 부산에서 자동차 부품 사업을 크게 하셨다. 일찍부터 일본 회사와 기술 제휴를 하여 최신 자동차 부품을 만들어 국내 자동차 회사에 납품했다. 그 시절 할아버지, 할머니가 승마를 취미로 삼았을 정도니 꽤 부유한 살림이었다. 그 덕에 아버지 또한 남부러울 것 없이 자랐다. 외가 역시 영화 제작에 몸담았던 외할아버지 덕에 종로구 원서동에 터를 잡고 남부럽지 않게 살았다. 어머니는 명동 유명 미용실에서 머리 손질을 하고 종로의 잘나가는 카페에서 커피를 마시던 신여성 중에 신여성이었다.

"할아버지가 사업을 하셨으니까 아버지는 자신도 당연히 사업을 해야 한다고 생각했던 것 같아요. 원래 가업을 이어받을 줄 아셨는데, 할아버지 눈에는 아들이 영 못 미더웠는지 공장이며 회사를 다 팔아버려서 할머니가 화병이 났다고 들었어요. 그런데 나중에 실제로 아버지가 사업에 잇따라 실패하는 걸 제 눈으로 보고 나니 할아버지의 판단이 맞았다는 생각이 들더군요."

김화경 대표의 부모는 연애결혼을 했다. 대학생 때 단체로 미팅을 한 자리에서 사다리 타기로 짝이 됐고, 뜨거운 연애 끝에 부부의 연을 맺었다.

부모님은 개포동에 신혼살림을 마련했지만 1년 만에 시어머니의 호출로 살림을 합쳤고, 어머니의 시집살이는 그때부터 시작됐다.

"결혼 전에 어머니가 미국 유학을 준비했다고 들었어요. 결혼을 하면서 유학의 꿈을 접어야 했는데, 그래서인지 제게 종종 '너는 꼭 넓은 세상에서 자유롭게 살아라'라고 말씀하셨죠. 어머니한테는 고된 시집살이였지만, 어린 저한테는 할아버지, 할머니, 고모들이랑 한집에서 사는 게 무척 행복했어요. 마당도 넓고 집안에 웃음꽃이 끊이지 않았으니까요. 고모가 아버지보다 여덟 살, 열 살씩 어렸기 때문에 언니같이 친하게 지냈어요. 하지만 어린 시누이들 도시락 싸서 학교 보내고 가정부 없이 혼자 그 넓은 집을 청소하고 빨래와 음식까지 모두 감당했던 어머니는 지금 생각해도 꽤 힘겨운 시간이었을 것 같아요. 젊은 시절 명동에서 머리 손질을 하던, 잘나가는 신여성이었는데 말이에요."

김화경 대표의 아버지는 외국계 회사를 다니며 승승장구했다. 라이프주택, 유니온고분자 등에서 일하면서 능력을 인정받았고, 인센티브도 적지 않아 동료들보다 월급을 많이 받았다. 할아버지는 사업을 하셨고 아버지 역시 탄탄한 직장을 다녔기 때문에 그녀가 살던 은평구 신사동 단독주택에는 당시에는 보기 힘든 일본 위성 안테나가 위풍당당 달려 있었다.

엄격한 할아버지 아래서 자란 아버지는 자신의 아이에게는 친구 같은 아빠가 되고 싶어했다. 그래서 주말마다 아내와 어린 두 딸을 데리고 여행을 다니셨다.

"아버지의 가장 큰 장점은 뭘 하라고 강요한 적이 없다는 거예요. 어느 정도 허용할 수 있는 범위 안에서는 완전한 자유를 주셨죠. 지금 제게 아버지는 함께 소주잔을 기울이는 술친구랍니다."

아버지의 창업과 잇따른 실패

남들이 부러워할 만한 탄탄한 회사에 다니고 있었지만, 사업에 대한 아버지의 갈망은 해를 거듭할수록 커졌다. 할아버지가 외아들에게 사업체를 물려주지 않은 게 평생 한이었던 할머니 역시 아들의 창업을 두 손 들고 환영하셨다. 결국 아버지는 다니던 회사를 나와서 1986년 창업을 하셨다. 직장 생활 중에 눈여겨봤던 사업 아이템은 합성피혁 원단 제조였다. 당시 에스콰이어, 엘칸토, 금강제화 등의 제화업체들이 승승장구하고 있었을 뿐만 아니라 구두 제조 중소기업도 적지 않아 거래처가 많다는 점을 매력적인 요소로 봤던 것 같다.

처음에는 사업이 순탄하게 굴러갔다. 아파트며 땅이며 부동산을 여럿 갖고 있었던 할머니가 아낌없이 사업 밑천을 대셨고, 아버지도 영업력이 나쁘지 않았던 만큼 몇 년 만에 거래처가 꽤 늘었다. 자신감이 붙은 아버지는 아산에 땅을 사서 공장을 지었다. 하지만 평화로운 시간은 그리 오래가지 않았다. 주먹구구로 사업을 운영했던 탓인지 거래처에서 받은 어음이 부도 처리되는가 하면 공장 지을 돈을 구하느라 여기저기 빚을 낸 바람에 현금 흐름이 막히고 말았다.

"저희 집이 잘살았던 건 아버지가 사업을 하기 전까지였어요. 제가 조금 철이 들었을 때는 '우리 집은 가난하구나'라고 느끼기 시작했지요. 할머니가 가지고 있던 부동산을 다 팔아서 돈을 대주셨는데 그것으로도 감당이 안 될 만큼 상황이 악화됐어요. 중학교 때는 육성회비를 내지 못해 교무실에 불려간 기억도 있어요. 전교 5등 안에 들 정도로 공부를 잘했는데, 육성회비 때문에 선생님에게 불려갔던 게 너무 창피했었죠."

어린 시절 김화경 대표는 대가족의 관심과 사랑을 듬뿍 받았던 만큼 모든 일에 자신감이 넘쳤고 초등학교 내내 반장 자리를 놓치지 않았다. 다만 한 가지, 지금까지도 아쉬움으로 남는 건 초등학교 6학년 때 전교 회장 선거에 나갔다가 아깝게 떨어진 일이다. 그녀는 여자 친구 못지않게 남자 친구가 많았다. 집에 일본 게임기가 많았는데, 그걸 한번 해보고 싶어서 남자 친구들이 그녀의 책가방을 자청해서 들어주곤 했다. 게다가 그녀의 어머니가 살뜰하게 간식을 챙겨주고 마당도 넓어서 친구들은 그녀의 집에 놀러오는 것을 좋아했다. 덕분에 그녀는 항상 인기가 많았다.

방학이면 아버지의 공장이 있는 아산에 내려갔다. 낮에는 논이며 밭 사이를 뛰어다니며 놀았고 저녁에는 공장 아저씨들과 삼겹살 바비큐 파티를 했다. 아버지의 사업이 어려워진 건 그녀가 중학교에 들어가면서부터였다. 중학교 3학년 때는 신사동 본가를 처분해야 할 지경이었다. 그녀의 가족은 역촌동의 14평짜리 빌라에 월세로 이사했다. 할아버지와 할머니는 한동안 아산 공장 기숙사에서 지내시다가, 다행히 이모할머니 소유의 아파트가 한 채 있어서 돌아가시기 전까지 그 집에서 사셨다.

"저희가 이사 간 집은 작고 낡은 빌라였는데, 하루는 학교에서 돌아오니까 어머니와 여동생이 밖에 나와 있었어요. 집이 너무 답답하다면서요. 육성회비를 못 내서 교무실에 불려갔을 때보다 그때가 더 슬펐던 것 같아요. 어머니는 회사를 살리겠다고 두꺼운 원단 샘플북을 들고 거래처를 찾아다니셨어요. 그게 여자 혼자 들기에는 꽤 무거운데, 그래도 살아보겠다고 그 고생을 하셨지요."

가정 형편이 급속도로 나빠지면서 사춘기 소녀의 방황도 시작됐다. 고등학교에 입학한 후에는 공부보다는 친구들과 어울리는 걸 더 즐겼다. 야간자율학습을 제쳐두고 포켓볼을 치러 가거나 노래방을 찾았다. 인근에 있는 남자고등학교 친구들과 어울려 놀았고 웬만한 학교 축제는 다 찾아다녔다. 술을 배운 건 고교 3학년 때였다. 당시 유행하던 레

몬소주가 그녀의 첫 주류 입문 메뉴였다. 고교 2학년 때는 어렵게 지켜왔던 값나가는 세간에 빨간딱지가 붙는 것도 지켜봐야 했다.

낭만 가득 대학 생활

고교 3학년이 되고 막상 대학을 가려고 하니 성적이 너무 많이 떨어져 있었다. 그래도 컴퓨터를 좋아하니 컴퓨터공학과에 가고자 성적에 맞는 대학을 골랐다. 김화경 대표는 특차 전형으로 동덕여대 컴퓨터공학과에 들어갔다.

"제가 컴퓨터를 워낙 좋아하니까 없는 살림에도 아버지가 200만원이 넘는 노트북을 사주셨어요. 그때 이미 어머니는 결혼 예물로 받은 보석들을 다 처분해서 금가락지 하나 남은 게 없었지요. 집에 빨간딱지가 붙었을 때도 노트북만은 건지려고 이불 속 깊이 숨겼을 정도로 컴퓨터만큼은 계속 하고 싶었어요. 그래서 컴퓨터공학과를 고집했던 거였죠."

중학교 때까지 전교 상위권을 유지했던 딸이 고등학생이 된 이후 노래방을 다니며 방황하더니 급기야 학원과 야간자율학습까지 빼먹자 어머니는 근심이 커졌다. 그러다 한마디 상의도 없이 특차로 대학에 지원히지 이미니는 속이 상힌 나미지 밥그릇을 딘지기도 하셨다.

대학에 입학한 후로는 등록금 마련에 어려움을 겪어야 했다. 이모할머니와 친척들이 십시일반 모아서 세 학기 등록금을 마련해주었고, 나머지는 학자금 융자를 받았다.

그렇게 원하던 컴퓨터공학과에 들어갔건만 그녀는 공부는 뒷전이고 풍물패 활동에 푹 빠져 지냈다. 공대 풍물패로 활동하면서 웬만한 서울

시내 대학가 축제는 다 따라다녔다. 한편으로 고등학교 때 친하게 지냈던 남학생들을 통해 과 친구들의 단체 미팅을 주선하는 등 그녀는 낭만적인 대학 생활을 맘껏 즐겼다. 그런데 그즈음 IMF 때부터 기울어지기 시작한 아버지의 사업이 회복을 못하고 결국 문을 닫았다.

그때 그녀는 과 학생회장으로서 의미 있는 전환기를 맞이하고 있었다. 동덕여대에서는 학점당 등록금제를 도입하려는 학교와 이것이 등록금을 끌어올리는 결과를 낳는다며 반대 투쟁을 벌이는 학생회가 대립하고 있었다.

"다른 사립대의 경우 등록금 총액은 저희랑 비슷했는데 학생회 차원의 시위는 없더군요. 그래서 이유를 물어보니까 학교에서 제공하는 혜택이 있었던 거죠. 등록금이 비싼 만큼 기자재를 잘 갖춘다거나 학생을 위한 복지시설에 투자한다든가 하는 학교 차원의 노력이 있었기에 굳이 시위를 할 필요가 없었던 거죠. 하지만 저희 학교는 그런 게 부족하다고 판단했고 학교 사무처장과 학생회장들이 간담회를 했습니다. 그때의 경험이 훗날 스웨덴에 유학을 가서 북유럽 국가의 복지와 세금 문제를 들여다보는 계기가 되기도 했죠."

소프트웨어 회사에서 사회생활을 시작하다

김화경 대표는 대학 졸업 직전인 2002년에 취직이 됐다. 컴퓨터로 단문 메시지를 보내는 프로그램을 개발하는 벤처기업이었다. 처음에는 아르바이트로 시작했다. 무선 모뎀이 포함된 서비스 패키지 하나를 팔면 4만원씩 받기로 했다. 물론 쉽지 않았다. 3개월 동안 1개밖에 팔지 못한 것이다. 하지만 그녀의 열정과 성실성을 눈여겨본 사장이 그녀를 개발자로 고용했다.

남자들이 주류를 이루는 벤처기업, 그것도 개발팀에서 일하는 것은 쉬운 일이 아니었다. 그녀의 남자 사수(선임)는 절대 여자와 일할 수 없다며 손사래를 칠 정도로 거부감을 보였다. 그럴수록 그녀는 인정받기 위해 악바리처럼 버텼다.

"여느 개발자처럼 밤새 프로그램을 만졌어요. 책상 밑에 침낭을 깔고 자는 일도 부지기수였죠. 야근이 불편하긴 했지만 선배들처럼 되기 위해선 그만큼 노력해야 한다는 걸 알고 있었기에 악바리처럼 버텼습니다. 저를 마다했던 선배는 친해져서 지금도 종종 만나 술을 마시곤 하는데, 어느 날 '너만큼 잘하는 후배를 아직 못 만났다'고 얘기하더군요. 그 말을 들으니 어찌나 눈물이 나던지요. 돌이켜보면 제가 다룰 수 있는 프로그래밍 언어는 그 회사에서 다 배웠습니다. 학교에서 배운 것보다 더 많은 것을 배운, 진심으로 고마운 곳입니다."

그렇게 열심히 일하던 어느 날, 그녀의 월급에 차압이 들어왔다는 얘기가 들려왔다. 아버지의 회사가 문을 닫으면서 체납된 직원들의 의료보험 때문에 직계인 그녀의 월급이 차압된 것이었다. 어머니가 힘들게 돈을 빌려 해결하긴 했지만, 회사 동료들에게 창피해서 화장실에 가서 혼자 울었던 기억이 지금도 생생하다.

3년 직장 생활 동안 그녀의 연봉은 1,300만원에서 3,600만원으로 크게 올랐다. 회사가 중국 시장용 삼성 휴대폰에 들어가는 소프트웨어를 만들어 납품하면서 중국 출장도 숱하게 다녔다. 하루 24시간이 부족할 정도로 바빴고 개인 시간은 엄두도 내지 못했다.

우연히 선택한 스웨덴 유학

바쁜 회사 생활에 조금씩 지쳐가던 그녀는 탈출구를 찾기 시작했다. 마침 그녀의 눈에 공중파에서 방송한 스페셜 프로그램 〈이공계가 답이다〉가 들어왔다. 스웨덴왕립공대 학생이 인터뷰를 하는데 학비 없이 맘껏 공부한다는 말이 귀에 꽂혔다. 그녀의 마음에 공부에 대한 열망이 끓어올랐다.

그녀는 망설이지 않고 휴직을 신청한 후 유학을 준비했다. 사장님은 연봉을 올려주겠다고, 미국에 지사를 낼 예정이라고 꾀었지만 그녀는 넘어가지 않았다. 그런데 유학을 위해 필요한 영어 점수가 생각만큼 나오지 않았다. 배수의 진을 쳐야겠다는 생각에 굳게 마음먹고 사표를 냈고, 마침내 스웨덴왕립공대에 합격했다.

유학 시절 공부하랴, 아르바이트하랴 바쁜 중에 큰 위로가 됐던 기숙사 친구들과의 저녁 식사.

그녀가 다닌 스웨덴왕립공대의 IT캠퍼스는 시스타 사이언스 시티라는 곳에 위치해 있다. 시스타 사이언스 시티는 북유럽의 실리콘밸리로 산학연 클러스터의 대표적인 성공 모델로 꼽힌다. 이곳에 자리 잡은 에릭슨, 노키아, HP, IBM 등의 글로벌 기업은 학교와 협력해 연구를 진행한다.

김화경 대표는 인터랙티브 시스템 엔지니어링(Interactive System Engineering)이라는 인터내셔널 마스터 과정에서 1년 6개월간 코스워크를 마친 후 7개월간의 논문 과정을 거쳤다. 수업은 모두 영어로 진행됐는데, 과 학생 20명 중 12명이 유럽 출신이었고 7명은 중국 출신, 한국인은 그녀 혼자였다.

학사 과정을 마치고 바로 온 학생도 있고 그녀처럼 회사를 다니다 온 학생도 있었다. 그녀가 정말 놀랐던 것은 아이 셋을 낳고 온 아줌마 학생도, 버스 운전기사를 하다 온 아저씨 학생도 있다는 사실이었다. 스웨덴에서는 학비가 들지 않고 남녀노소 할 것 없이 교육의 기회가 평등하게 주어져야 한다고 생각하기 때문에 만학도가 있는 게 절대로 신기한 일이 아니었다. 복지가 잘돼 있으니 공부하고 싶다면 언제든 공부할 수 있는 것이다.

그녀에게 강렬한 인상을 심어준 수업은 그룹 워크 프로젝트 수업이었다. 창의적인 아이디어를 가장 중요하게 여기기 때문에 수업 중 브레인스토밍에 가장 많은 시간을 투자하는데 학생들이 정말 열정적으로 참여했다. 수업에 임하는 학생들을 보면 서양 학생과 동양 학생의 차이가 확연하게 드러났다.

"여러 국적의 친구들이 함께 수업을 들었던 만큼 각국의 초·중·고

수업 방식을 자연스레 유추할 수 있었습니다. 아시아 지역 학생들은 듣는 수업에 익숙한 반면 유럽 지역 학생들은 토론 수업에 많이 노출돼 있었어요. 그룹 프로젝트로 진행하는 수업을 어릴 적부터 했던 만큼 토론이 몸에 배어 있어서, 다른 사람의 의견을 경청하고 자신의 의견을 내는 방식이 익숙했지요. 창의적이고 혁신적인 아이디어는 어릴 적부터 자신의 의견을 자유롭게 표현하고 그것이 받아들여지는 문화 안에서 만들어진다는 사실을 깨닫게 해준 귀한 경험이었습니다."

영어가 모국어가 아니었던 탓에 김화경 대표는 수업을 따라가기가 만만치 않았다. 처음 3개월은 모든 게 낯설고 힘들었다. 교수의 강의 내용도 30퍼센트밖에 이해하지 못했다. 교수가 과제를 내줘도 어떻게 해야 할지 몰라 헤맸다. 그때마다 도움의 손길을 내밀어준 건 중국 친구들이었다. 시간이 조금 더 지난 후에는 레바논 친구를 사귀며 영어 실력도 덩달아 향상됐다.

2년 3개월의 유학 기간 동안 생활비를 충당하기 위해 다양한 아르바이트를 해야 했다. 주재원의 자녀를 가르치기도 하고, 대사관의 행사 요원으로 일하기도 하고, 현지 법인으로 출장 오는 임직원을 대상으로 가이드를 하기도 했다. 가장 오래 했던 일은 LG 스칸딕 법인의 통역 및 사무직 아르바이트였다.

현지 엔지니어들을 교육시키기 위해 본사 엔지니어들이 출장을 오는데, 그들의 원활한 의사소통을 위해 통역을 하는 게 그녀의 일이었다. 스칸딕 법인이다보니 핀란드나 노르웨이로 출장을 가기도 했는데, 덕분에 다양한 사람들을 만날 수 있었다.

"일을 하면서 스웨덴 사람들의 소수자에 대한 배려가 특히 인상 깊었어요. 대부분이 스웨덴 사람인 애프터서비스팀이 있었는데 점심 식사를 하거나 차를 마실 때 제가 함께 있으면 대화 내용을 못 알아들을까봐 스웨덴어가 아닌 영어로 대화하곤 하더군요. 무척이나 고마웠지요. 그 경험은 제가 나중에 삼성에서 근무하거나 스타트업을 할 때 다른 사람과 같이 일하면서 마음가짐과 태도를 어떻게 해야 하는지에 방향을 제시해줬습니다."

또 하나의 소중하면서도 감동적인 기억은 한글학교에서 있었던 일이다. 그녀는 성인 기초반을 맡았는데, 엄마가 한국인인 고등학생, 한국과 사업을 하는 중년 여성, 어릴 적에 입양된 여성 등 학생들이 무척 다양했다. 지금도 가끔 생각나는 헬렌은 그녀에게 매우 특별한 학생이었다. 어느 날 수업이 끝나자 헬렌이 다가와 개인적인 일로 부탁할 게 있다며 대화를 청했다. 한국에서 생모가 자신을 찾고 있어서 생모에게 편지를 썼는데 한국어로 번역해달라는 요청이었다. 그녀는 카페에서 헬렌과 3시간에 걸쳐 대화를 나누며 번역을 진행했다. 자신의 엄마에게 편지를 쓰듯이 번역을 해도 되냐고 의견을 묻자 헬렌이 흔쾌히 동의했고, 한국적인 정서와 언어를 담아 정성스럽게 편지를 썼다.

"편지 마지막 부분을 번역할 때 저도 모르게 눈물이 났어요. 헬렌도 함께 울었고요. 특별히 이유가 있었던 건 아니지만 각자의 엄마에 대한 그리움 때문이 아니었을까 싶어요. 헬렌은 돈 때문에 자신이 팔려온 것은 아닐까 내심 걱정했어요. 그러면서 생모가 헬렌에게 더 나은 삶을 살 기회를 주고자 입양을 결정한 것이라 믿고 싶어 했지요. 그로부터 얼마 후에 생모를 만나러 한국에 다녀왔는데, 너무 기쁘고 행복했다고 하더라고요."

아르바이트를 하면서 다양한 삶을 만났던 그때에도 그녀는 공부가 최우선 목적이었던 터라 전공에 전력투구했다. 포르투갈 학생 2명, 이탈리아 학생 2명과 함께 팀을 이뤄 석사 논문 작업을 했다. 논문 주제는 '그래픽 유저 인터페이스(Graphic User Interface)를 기반으로 한 무선 센서 네트워크 진화(Developing Wireless Sensor Network GUI)'였다.

삼성과 인연을 맺다

스웨덴에서 자유를 누리며 공부하던 김화경 대표는 사실 그곳에서 직장을 구하고 싶었다. 하지만 외국인인 그녀가 정규직을 구한다는 게 쉬운 일은 아니었다. 그러던 중 우연치 않게 새로운 인연이 찾아왔다. 삼성전자 직원들이 시스타 사이언스 시티에 왔을 때 그녀가 현지 투어 코디네이팅을 맡게 된 것이다. 그때 그녀를 눈여겨본 삼성전자 임원이 졸업할 때쯤 이력서를 넣으라고 당부했고, 오랜 유학 생활로 가족에 대한 그리움이 커져갔던 그녀는 삼성에 경력직 연구원으로 이력서를 넣었다. 6년의 경력을 인정받아 귀국 후 삼성전자 무선사업부 선임연구원으로 입사했다. 2009년 1월, 그녀는 누구나 부러워하는 대기업에 들어갔지만 기쁨도 잠시였다. 업무 강도가 생각보다 너무 셌다.

"삼성에서 7년을 일했는데, 그만두겠다는 말을 매일 입에 달고 살았어요. 야근은 필수였고 주말에도 근무를 해야 했죠. 제가 느끼기에는 군대 문화 같다고 해야 할까요. 원래 자유로운 성격이라 그런지 그런 조직 문화에 익숙해지기 힘들더군요."

그러다 2012년 뜻밖의 기회가 찾아왔다. 스마트폰의 차세대 콘셉트를 발굴하는 태스크포스 S#TF에 참여하게 된 것이다. 각 부서의 다양한 인력을 모아 자유롭게 토론하면서 아이디어를 발굴하기 위한 팀이었다.

"갤럭시 노트 1이 나오고 노트 2를 준비하는 시점이었어요. 저는 노트 1의 메모 애플리케이션 개발 업무를 하다가 합류했는데, 펜으로 메모하는 기능을 계속 발전시키면서 S#TF에 함께하게 됐어요. 원래 3개월 단위로 순환 근무를 하는데 저는 2년 정도 그 팀에서 일했어요."

태스크포스에서 일하면서 김화경 대표는 중요한 인연을 만나게 된다. 삼성소프트웨어 멤버십을 통해 들어온 학생들과 팀을 이뤄 과제를 진행했는데, 그녀는 몇 년 후 이들과 로켓뷰를 창업하게 된다. 박인수 이사(서버 개발), 이원희 이사(소프트웨어 개발), 이기헌 이사(UX, GUI)가 바로 그들이다.

삼성소프트웨어 멤버십은 삼성전자가 소프트웨어 관련 실무 능력이 있는 대학(대학원)생을 대상으로 연구개발을 지원하는 프로그램으로, 졸업 후 삼성전자 입사의 기회가 주어져 학생들에게 인기가 높다.

"그때 그들과 함께한 프로젝트 중 몇 개는 노트 3에 채택됐어요. 예컨대 전화번호를 메모에 적으면 전화가 걸리는 기능 같은 거요. 삼성소프트웨어 멤버십은 등급별로 월급을 책정하는 구조였는데, 저는 그 친구들한테 최고 등급인 'S등급'을 줬어요."

우리의 창업은 현재 진행 중

자유롭게 개발하여 이를 비즈니스로 연결하고 싶은 열망을 품고 있던 그녀는 2015년 삼성전자 사내 벤처 육성 프로그램인 C-Lab에 공모 신청을 했다. 삼성전자가 지난 2012년 말 도입한 C-Lab(Creative Lab)은 임직원의 혁신적 아이디어를 발굴하기 위한 프로그램으로, 아이디어 공모전에 자신의 아이디어를 출품하고 그 아이디어가 당선되면 사업화할 수 있도록 지원해준다. 매년 2,000여 명의 임직원들이 C-Lab 공모전에 아이디어를 출품하는데, 아이디어가 선정되면 그 임직원은 3~4명으로 팀을 꾸려 6개월에서 1년 정도를 아이디어 실현에 집중할 수 있다.

"스마트폰 카메라를 이용하여 사물을 인식하는 기술이었어요. 출퇴근 시간이 정해지지 않은 데다 월급은 월급대로 나오고 연구비가 1억 원 이상 지원되니까, 개발자로서 진짜 행복하게 하고 싶은 일을 할 수 있는 시간이었죠. 진행하다가 아이템이 쓸 만하면 다른 사업부로 이관

스마트폰 카메라를 이용해 사물을 인식하는 기술 개발을 위해 C-Lab 회의를 연 김화경 대표.

로켓뷰의 대표 서비스인 라이콘의 작동 원리.

하기도 하고, 스핀오프(회사 분할)를 하기도 하고, 그게 아니면 원래 팀으로 복귀하지요. 1년간 정말 재밌게 일했습니다."

그녀에게 주어진 길은 두 번째 길이었다. 그녀는 회사에서 스핀오프 교육을 받고 2016년 11월 '로켓뷰'라는 사명으로 법인을 설립했다. 누구나 해외여행을 떠나서 숙소의 낯선 기기를 작동하지 못해 곤란했던 경험이 있을 것이다. 로켓뷰는 이러한 불편을 해소하기 위해 라이콘(LiCON, Lightly Control)을 개발했다. 스마트폰 카메라로 특정 기기를 찍으면 컨트롤러, 사용 매뉴얼, 제품 정보 보기 기능 등이 화면에 나타난다. 처음 보는 제품이라도 손쉽게 작동할 수 있게 도와주는 것이다.

현재 라이콘은 삼성과 LG의 에어컨, TV는 모두 인식할 수 있고, 샤오미나 필립스 제품들로 영역을 넓히고 있다. 특히 현재 인식되지 않는 제품이라도 스마트폰을 통해 모델링 과정을 거치면 사용자가 직접 라이콘에 등록해 인식하도록 할 수 있다. 더불어 인공지능의 한 분야인 딥러닝 기술을 적용하였다. 라이콘이 사진을 인식하고 스스로 정확도를 높이는 방식이다. 비즈니스 모델은 B2B(Business to Business)다. 개인 고객을 겨냥한 게 아니라 숙박 O2O(Online to Offline) 플랫폼과 체험형 IT 기기 매장을 타깃으로 삼았다.

"라이콘 아이디어는 제 개인적인 경험에서 나왔어요. 말레이시아에 출장을 갔는데 호텔에 있던 기기를 작동시키지 못해서 호스트를 불렀거든요. 전 세계 어디를 가더라도 혹은 신제품이라도 작동이 수월하면 좋지 않을까 생각했던 거죠."

2017년 초에는 B2C(Business to Consumer) 모델인 찍검(찍고 검색) 베타 서비스를 내놓았다. 스마트폰으로 상품명을 찍으면 최저가를 검색해주는 서비스다. 가격뿐만 아니라 해당 제품에 대한 리뷰와 추천 글까지 함께 뜬다. 로켓뷰는 먼저 올리브영, 마트, 전자제품 매장을 대상으로 찍검 서비스를 하고 있다. 그중에서도 올리브영과 화장품 로드숍을 대상으로 한 서비스에 집중하고 있으며 화장품 온라인 쇼핑몰들과 함께 가격 비교 플랫폼을 준비 중이다. 이용자를 늘려 화장품 가격 비교 플랫폼으로 입지를 굳히고 광고와 수수료를 통해 수익을 창출하는 것이 김화경 대표의 1차 목표다.

마음이 잘 맞는 창업 파트너가 있나요?

저는 팀원을 잘 만난 게 큰 행운인 것 같습니다. 이들이 자신의 분야에서 출중한 능력을 갖고 있고 창업에 대한 갈증도 있었던 터라 순조롭게 여기까지 오게 된 거죠. 혹시 현재 하고 있는 서비스가 당초 기대한 만큼 성과를 내지 못하더라도 이들과 함께라면 뭐든지 할 수 있을 것 같은 확신이 있거든요. 그래서 창업하려는 분들에게는 마음이 맞는 파트너가 있으면 도전해보라고 얘기하고 싶습니다.

하지만 단단히 각오를 해야 합니다. 저희 아버지가 '필요에 의해 배우는 게 가장 빠르다'는 말을 자주 하셨는데, 창업 현장에 있어보니 그 말이 어떤 뜻인지 알겠더라고요. 몸으로 배우면서 하나씩 터득하고 있습니다. 만약 치킨 장사를 하려고 마음을 먹었더라도 치킨을 튀기든, 서빙을 하든 뭐라도 관련된 일을 해보지 않았다면 창업하지 마세요! 창업을 꼭 하고 싶다면 스타트업에서 창업이 어떤 건지 직접 경험한 후에 뛰어들기를 바랍니다. 월급이 적어도, 상사가 나이가 어려도 거기에 연연하지 말고 열린 자세로 배운다고 생각하고 도전해야 합니다.

서숙연 해빛 대표

아이와 부모 모두
행복한 교육 서비스。

동남아시아 넘버원 놀이 교육 콘텐츠 전문 기업을 꿈꾸는 서숙연 해빛 대표. 그녀에게 책은 어릴 적부터 가장 친한 친구이자 인생의 멘토였다. 단조로운 일상 속 가장 행복한 시간은 도서관에서 보내는 일요일이었다. 아침부터 저녁까지 도서관에서 책을 읽었고, 그녀의 손을 거쳤던 위인전은 자연스럽게 세상에 대한 도전 의식을 심어줬다. 중·고등학교 시절에는 여느 입시생처럼 죽도록 공부했다.

사교육 없이 외국어고등학교에 입학했고, 언어보다는 수학과 과학 성적이 좋아 한국정보통신대학 경영학과를 선택했다. 글로벌 정보기술 기업에서 인턴 생활을 하면서 인사 관리에 흥미를 느끼고 이에 대한 공부를 더 하고자 유학을 결심했다. 영국 런던대에서 석사 학위를 딴 후 한국으로 돌아와 외국계 기업에서 컨설턴트로 활동하다가 스타트업 인큐베이팅 전문 업체에 들어가 스타트업 생태계의 매력에 흠뻑 빠졌다. SNS 빙글에서 미취학 아동을 위한 교육 콘텐츠를 개발하다가 시장성을 발견했고 스스로 창업에 나섰다.

"해빛의 '차이의 놀이'만으로 저도, 아이도 충분히 만족하고 있습니다. 이런 만족감을 다른 엄마, 아빠 들과도 공유해야죠."

창업 초기라 일이 많아서 주중에는 아이의 자는 얼굴만 볼 수 있다는 해빛 서숙연(32) 대표의 말이다. 그녀는 주말에 차이의 놀이 콘텐츠를 이용해 아이와 애착을 형성하고 있다. 차이의 놀이는 유아교육 콘텐츠 전문 기업 해빛이 제공하는 서비스로, 육아 정보를 얻을 길이 막막한 초보 엄마들에게 큰 인기를 얻고 있다.

서숙연 대표는 그 자신도 차이의 놀이 서비스를 이용하는 워킹맘 중 한 사람으로서 바쁜 엄마, 아빠도 좋은 엄마, 아빠가 될 수 있다고, 중요한 것은 아이와 함께하는 시간의 양이 아니라 질이라고 확신한다.

퀴리 부인과 신사임당을 좋아했던 소녀

서숙연 대표의 부모님은 둘 다 고향이 대구다. 기업은행에 근무했던 아버지는 친구의 소개로 네 살 아래 어머니를 만나 부부의 연을 맺었다. 중소기업에서 경리로 일했던 어머니는 결혼과 함께 일을 그만뒀다. 머리가 좋아 공부를 곧잘 했지만 보수적인 집안 분위기 탓에 여자상업고등학교(현재의 특성화고)에 진학한 게 평생에 한이라고 했다. 하고 싶은 공부를 맘껏 하지 못했기 때문인지 어머니는 어린 자녀들에게 항상 책을 읽혔고, 자신도 늘 책을 읽거나 공부하는 모습을 보여주었다.

그녀의 기억 속에 남아 있는 대구 친가는 다소 위압적이고 보수적이었다. 결혼하자마자 시댁에 들어가 살았던 어머니는 아버지가 전근하여 서울로 둥지를 옮길 때까지 7년간 시집살이를 했다. 어릴 때부터 유난히 호기심이 많아 여기저기 뛰어다니며 사고를 치는 그녀 때문에 야단을 맞는 것도 어머니의 몫이었다. 할머니는 당신 아들은 그렇지 않다며 며느리에게 잘못을 돌렸고 어머니는 대꾸 한마디 못하고 속상한 마음을 끌어안고 살아야만 했다. 어린 그녀의 눈에도 할머니에게 항상 야단맞는 어머니가 불쌍하게 보였고, 서울로 이사 가게 됐을 때는 해방감마저 느꼈다.

그녀가 여섯 살 때 서울로 올라온 후에는 도봉구 창동, 노원구 중계동 등 강북 지역에서 자랐다. 직장 생활을 하면서도 손에서 책을 놓지 않았던 아버지는 학원에 다니면서 여러 자격증을 땄고 영어는 물론 중국어도 배웠다. 어머니 역시 독서를 즐겼으며, 자녀들이 웬만큼 성장한 후에는 방송통신대 국어국문학과를 다녀 학위를 받았고 공인중개사 자격증도 취득했다.

부모님이 항상 책을 읽는 모습을 보고 자란 서숙연 대표는 집에 돌아오면 응당 책을 읽어야 하는 것으로 알았다. 어린 시절 그녀가 가장 기다렸던 날은 일요일이었다. 어머니 손을 잡고 도서관에 갔기 때문이다. 고전소설, 명작동화 등을 손에 잡히는 대로 읽었는데 철이 들면서는 위인전에 손이 더 갔다. 여성 리더의 삶을 배우라는 어머니의 당부가 계기였지만 스스로도 그들처럼 진취적으로 살고 싶었다.

"가장 즐겨 읽은 책은 『퀴리 부인』과 『신사임당』이었습니다. 둘 다 10번 이상 읽었을 거예요. 어떤 구절은 거의 외우다시피 했죠. 제가 다소 보수적인 집안에서 나고 자란 탓인지 남자보다 더 멋지게 살아가는 두 사람의 모습에 놀랐고, 나 역시 그렇게 살고 싶다는 생각을 했지요."

사교육 도움 없이 대학에 진학하다

독서를 좋아하는 것 빼고는 또래 아이들과 비슷했다. 대구에서 나고 자랐던 만큼 강한 억양의 경상도 사투리가 입에 남아 있었는데, 특히 말다툼을 할 때는 사투리를 속사포처럼 쏟아냈다. 화끈한 성격에다 리더십이 있었던 덕분인지 친구들 사이에서 인기도 많아 초등학교 내내 반장, 부반장을 놓치지 않았다.

초등학교, 중학교를 다니는 동안 그녀는 사교육을 받은 적이 없었다. 어머니는 자식을 잘 키우기 위해선 한 가지에 집중하면 된다고 믿었고, 그 한 가지는 도서관에서 책을 읽히는 것이었다. 그리고 영어나 수학 학원에 보내는 대신 매주 학습지를 받아 직접 자녀들을 가르쳤다. 그녀의 기억에 어머니는 가장 엄한 선생님이었다.

"어머니의 칭찬을 듣고 싶어서 공부에 열을 올렸던 것 같아요. 하나도 틀리지 않고 만점을 받으면 어머니가 칭찬해주셨거든요. 그러는 사이 저도 모르게 남에게 조금이라도 트집 잡히고 싶지 않은 마음, 남보다 뒤처지고 싶지 않은 마음이 커지면서 승부욕이 생겼던 것 같습니다."

어머니와 함께하는 학습지로 초등학교 공부는 그럭저럭 해냈지만 중학교 공부는 달랐다. 그녀는 입학하자마자 큰 충격에 휩싸였는데, 알파벳을 깨치지 않고 중학교에 올라온 학생은 반에서 그녀가 유일했던 것이다. 혹여 뒤처질까 두려움이 밀려왔고, 그래서 누구보다 열심히 공부했다. 게다가 중학교는 반 등수, 전교 등수가 나오니까 그녀는 거기에도 엄청나게 신경을 썼다. 열심히 하는 만큼 등수가 올라가는 재미도 느낄 수 있었다. 그녀는 강북에서 사교육으로 유명한 중계동에서 살았는데도 학원을 다니지 않았다. 지금 돌이켜보면 주변에서 들리는 소리에 꿈쩍도 하지 않은 어머니의 남다른 고집 때문이었던 것 같다.

한번 꽂히면 끝장을 보는 성격 덕에 중학교를 졸업할 즈음에는 전교 10위권에 들었다. 그렇게 서울외국어고등학교에 무난히 입학했다. 전교 상위권에 있던 학생들 사이에서 과연 잘 해낼 수 있을까 불안감이 컸지만 그럴수록 더욱 열심히 공부에 매진했다. 그 무렵 그녀는 PC 게임 스타크래프트에 푹 빠졌다.

"고등학교 때 시작한 스타크래프트를 사회생활을 할 때까지도 즐겼지요. 독서 외에 유일한 취미였어요. 공부에 따른 스트레스가 심해질수록 게임에도 몰입해서 고교 2, 3학년 때는 스타크래프트 없는 살 수 없을 정도였죠. 다행히 공부 5시간을 마치면 1시간의 게임 시간을 저에게 보상처럼 주는 방식으로 조절했어요. 덕분에 마라톤 같은 입시 전쟁에서 살아남을 수 있었지요."

서숙연 대표는 고려대 영문과와 한국정보통신대학(ICU) 경영학과에 동시 합격했는데, 한국정보통신대학(지금의 카이스트 문지 캠퍼스)이 더 매력적으로 느껴졌다. 집에서 벗어나 대전에서 기숙사 생활을 하며 자유로움을 느끼고 싶었던 것이다.

인턴 프로그램 '썬스타'

자유로운 생활에 매력을 느껴 한국정보통신대학을 선택했지만 공대 분위기가 강한 데다 학교 주변에 변변한 문화 공간이 없어서 정말 다들 공부만 했다. 남학생이 70~80퍼센트에 달해서인지 유일한 놀이 문화는 저녁 술자리 정도였다.

"제가 생각보다 술이 세더라고요. 하루 종일 수업 듣고 도서관에서 공부하다가 저녁에 과 친구들과 술집에 모여 술을 마셨지요. 대학 2학년 때인가, 소주 2병을 마시고 취해서 기숙사 침대에 누워 있는데 어머니, 아버지가 오신 거예요. 그날 온다고 말씀하셨는데 까맣게 잊고 있었던 거죠. 두 분 모두 놀라신 듯했지만 별말씀 안 하셨지요."

그러다 2학년 말쯤 되니 이렇게 살면 안 되겠다는 생각이 들었다. 매일 공부만 했으니 학점은 좋았지만, 동아리 활동을 한 것도 아니고 대전에만 틀어박혀 있어서 세상이 어떻게 돌아가는지 전혀 몰랐다. 대학 3학년 때는 휴학을 하고 서울로 올라와 진로 탐색에 나섰다.

그녀의 눈에 한국썬마이크로시스템즈의 인턴 프로그램 '썬스타'가 들어왔다. 6개월 동안 실제 업무를 하면서 업무 처리, 수행 능력, 핵심 역량 등을 향상시키기 위한 교육 프로그램을 통해 업무 역량을 키울 기회를 제공한다고 했다. 그녀는 설레는 마음으로 지원했고, 2005년 7월부터 6개월간 인턴 생활을 했다.

"제 전공이 기술경영학이기 때문인지 고객사 커뮤니케이션 등 고객 만족 업무를 담당했어요. 기술 고객은 일반 고객과 달라 대응 방식도 전문적이고 섬세해야 하는데, 그런 부분을 많이 배웠습니다. 특히 고객 만족과 마케팅을 연계한 업무가 제 적성에도 맞아 재미있더군요. 인턴 정원이 30명이었는데, 여러 학교에서 온 다양한 친구들을 만날 수 있었던 것도 즐거운 경험이었어요. 고려대 친구는 응원단 출신이어서 인턴 기간 중에 응원 프로그램을 짜기도 했고, 카이스트 친구는 컴퓨터 덕후였고, 성신여대 친구들은 친근한 매력이 있었지요. 사람들이 정말 다양하구나 싶었고, 세상 사람들 속으로 들어가야겠다고 결심하게 됐죠. 저의 첫 사회생활이었는데, 돌이켜보면 썬스타 인턴을 계기로 인생의 전환점을 맞았던 것 같아요."

그러던 어느 날 인턴 동기가 그녀에게 괜찮은 녀석이라며 학교 동기를 소개해주었다. 그녀는 커피숍이나 레스토랑에서 만나는 평범한 만남보다는 색다른 만남을 갖고 싶었다. 그녀의 첫 번째 소개팅이었기 때문이다. 마침 선물로 받은 에버랜드 이용권이 4장 있어서 주선자 커플과 소개팅 남학생과 다 같이 놀러가자고 제안했다. 아침 일찍 만나 저녁에 헤어질 때까지 하루 종일 같이 있었는데, 좀 못생겼지만 얘기가 잘 통했다. 특히 그녀의 마음을 움직인 것은 그녀가 스타크래프트 광팬이라는데도 전혀 놀라지 않고 오히려 재미있게 대화를 이어갔던 점이다. 그가 바로 지금의 남편이다.

인사 관리 컨설턴트의 길

대학 졸업 후 서숙연 대표는 영국으로 유학을 떠났다. 런던대 인사 조직학과에서 석사 과정을 밟았다. 썬스타 인턴을 하면서 자연스럽게 사람 사이의 커뮤니케이션에 관심이 생겼고 이것이 인사 관리에 대한 관심으로 옮아갔던 까닭이다.

그리고 몇 년 후 석사 논문 주제를 고민하던 중 지금의 남편이 병역 특례로 근무하던 IT 기반 스타트업에서 석사연구원으로 지내기로 했다. 회사 대표의 허락 아래 한 달 동안 회사에 출근해 직원들의 근무 행태를 관찰하고 회의에 참관하고 직원들을 개별적으로 인터뷰하면서 논문을 완성했다. 논문 주제는 '개발자 중심 IT 중소기업의 성과 관리'였다.

이때 처음으로 맞닥뜨린 스타트업의 열정과 패기는 그녀에게 깊은 인상을 남겼다. 직원이 몇 명밖에 안 되는 작은 회사였지만 성과 관리를 체계적으로 하기 위해 노력했고, 구성원 모두가 열정으로 가득 차 있었다. 이때의 경험은 나중에 그녀가 스타트업계로 이직하는 중요한 요인으로 작용했다.

영국에서 공부를 마치고 돌아온 그녀는 2008년 10월 IBM코리아에 컨설턴트로 입사했다. 인사 관리 분야의 막내로 들어간 만큼 선배들과 팀을 이뤄 일했다. 삼성, LG, SK, 대한항공 등 대기업이 맡긴 인사 관리 프로젝트에 참여하면서 현업 부서 조직원들의 대면 인터뷰를 주로 맡았다. 그녀가 인터뷰 내용을 바탕으로 세부 실행 사항을 정리하면 팀장이 해당 기업의 인사 관리 전략을 구성해 보고서를 만드는 방식이었다.

내로라하는 기업의 조직 문화를 직접 맞닥뜨리면서 '나는 절대로 저런 대기업에 들어가서는 안 되는 사람이구나' 하는 느낌을 강하게 받았다. 누구나 들어가고 싶어 하는 일류 회사인데도 조직 문화는 후진적이어서 실망이 컸던 것이다. IBM코리아에서 인사 관리 전략을 제안해도 대부분은 수용되지 않고 그냥 종이 뭉치로 버려지는 느낌이었다.

"밤을 새서 열심히 보고서를 작성해도 결과적으로 실행이 안 된다는 사실을 깨달았죠. 또 컨설턴트로서 내가 할 수 있는 일이 생각보다 적다는 한계도 느꼈어요. 하지만 조직원들과의 인터뷰를 통해 조직의 문제점을 발견해 개선 방안을 제시하는 일련의 업무는 무척 즐거웠습니다."

인사 관리 영역에서 그녀가 할 수 있는 역할이 커졌으면 좋겠다는 생각이 강해지고 있던 시점에, 한국생산성본부로부터 선임 컨설턴트 스카우트 제의를 받았다. 2009년 IBM코리아를 그만두고 그해 12월 생산성본부로 자리를 옮겼다. 선임 컨설턴트로 들어간 만큼 자유롭게 의견도 펼치고 능력도 발휘할 수 있을 거라 기대했지만, 공기업의 특수성을 잘 몰라서 가졌던 기대라는 사실을 얼마 지나지 않아 깨달았다. 수직 체계가 강한 조직 특성상 선임 컨설턴트라고 해도 운신의 폭이 좁았고 종종 센터장과 마찰을 빚기도 했다. 그럼에도 주어진 일에 최선을 다하며 2년을 버텼고, 재직 중이던 2011년에 결혼식도 올렸다.

스타트업 세계로 들어오다

무미건조한 직장 생활에 지쳐갈 즈음 그녀에게 새로운 제안이 들어왔다. 스타트업 인큐베이팅 전문 기업인 패스트트랙아시아가 설립 준비를 하면서 인사 관리 전문가를 찾았던 것이다. 포항공과대 출신인 남편을 통해 박지웅 창업자가 러브콜을 했고, 2012년 1월 그녀는 스타트업 세계에 발을 담갔다.

　패스트트랙아시아는 '티켓몬스터 3,000억 빅딜'의 주역인 박지웅 대표(당시 스톤브릿지캐피털 투자팀장)와 신현성 티켓몬스터 대표, 노정석 파이브락스 대표, 미국 인사이트벤처스 등이 한국판 버크셔 해서웨이를 꿈꾸며 공동 창업한 곳이다. 패스트트랙아시아에는 투자 심사 인력보다 재무, 사업 개발, 홍보, 해외 진출 등 투자한 회사를 육성하고 관리하는 인력이 훨씬 더 많았고, 서숙연 대표 역시 인사 관리 전반을 맡는 조건으로 합류했다.

　서숙연 대표는 애정을 갖고 일을 추진했고, 패스트트랙아시아가 신생 조직인 만큼 수평적인 커뮤니케이션도 만족스러웠다. 아이디어를 제안하면 채 몇 시간도 지나지 않아 채택되는 탄력적인 조직 문화도 마음에 들었다.

　"인사 관리 분야의 리더로 들어갔던 만큼 의미 있는 수준의 발언권을 가질 수 있었고, 내 아이디어가 어떻게 적용되고 진화되는지 눈으로 확인하는 즐거움도 짜릿했어요. 밤 11시까지 야근을 해도 지겹지 않은 경험을 그때 처음 했던 것 같아요. 이전 직장에서는 보고서를 작성하면서도 '어차피 반영도 안 되는데 내가 뭘 하고 있나' 하는 회의감이 들었지만, 이곳은 전혀 달랐습니다. 그게 고된 업무조차 즐겁게 임하게 하는 원동력이 되었죠."

　2013년 그녀가 딸 채민이를 출산하고 산후 조리를 하던 중 새로운 기회가 찾아왔다. 임지훈 케이큐브벤처스 대표(현 카카오 대표)가 그녀에게 스카우트 제의를 한 것이다. 임지훈 대표는 스타트업 육성을 위해 다양한 아이디어를 실행하고 크고 작은 컨퍼런스를 기획했던 그녀의 열정을 높이 사서 조심스럽게 러브콜을 보냈다. 새로운 일에 매력을 느낀 그녀는 출산 2개월 만에 새로운 자리에 섰다.

"패스트트랙아시아에서 많이 배웠고 즐겁게 일했지만, 스타트업에 보다 충분한 지원을 할 수 있는 곳으로 옮기고 싶은 생각이 들었어요. 스타트업 지주회사 성격상 지원 기업의 지분을 어느 정도 확보하는 게 중요한데, 저는 그것보다는 스타트업 육성에 초점을 둔 일을 하고 싶었거든요."

몸이 채 회복되지 않은 상태에서 일을 시작한 만큼 남모를 고충도 있었다. 배가 안 꺼진 것은 물론이고 젖도 계속 돌아 6개월 동안 유축기를 갖고 다니면서 버텼다. 하지만 집에서 아기와 하루 종일 있는 것보다는 직장에서 자신의 능력을 펼치는 게 좋았던 것도 사실이다. 케이큐브벤처스는 왓차, 키즈노트, 두나무, 빙글 등 다양한 스타트업에 투자하면서 업계의 큰손으로 떠올랐고, 그녀도 다양한 업무를 할 수 있었다.

그렇게 몇 년간 스타트업 지원 업무를 하던 서숙연 대표의 마음에 나만의 콘텐츠를 갖고 사업을 하고 싶은 욕구가 조금씩 커져갔다. 그러던 중 빙글의 문지원 대표가 스카우트 제의를 했고, 새롭게 떠오르는 플랫폼에서 창의적인 일을 할 수 있으리라는 기대감을 갖고 빙글에 합류했다. 그때가 2014년 7월이었다.

남편과 딸 채민이와 함께 활짝 웃고 있는 서숙연 대표.

교육 콘텐츠, 운명처럼 다가오다

빙글은 '관심사'를 기반으로 한 SNS다. 페이스북, 인스타그램, 카카오스토리 등이 지인들과 친구를 맺고 공유한 콘텐츠를 자신의 피드에서 볼 수 있게 하는 방식이라면, 빙글은 자신이 관심을 갖고 있는 주제를 등록하면 해당 커뮤니티에 올라온 글들이 자신의 피드에 보이는 방식이다.

그녀가 합류할 당시 빙글은 10~20대 중심의 사용자에서 연령대를 넓히는 프로젝트에 시동을 걸고 있었다. 문지원 대표 자신이 40세였던 데다 서숙연 대표도 아이를 낳은 엄마라는 공통점이 있어서 엄마 고객을 대상으로 마케팅을 펼치기로 했다.

"제가 엄마가 된 지 몇 년 안 돼서 엄마들의 생각이나 생활양식을 잘 모르겠더라고요. 우선 웬만한 맘카페는 다 가입하고 죽순이처럼 상주했죠. 그리고 엄마들 사이에 화제가 된 토픽을 선정해서 빙글에 올리기 시작했어요. 예컨대 '아이 배변'이 주제로 오르면 관련 내용을 육아 서적이나 인터넷에서 찾아 읽기 쉽게 구성해서 올렸어요. 그렇게 올린 콘텐츠에 엄마들이 몰리기 시작했어요. 콘텐츠를 올리기 시작하던 초기에는 빙글 가입자 중에 엄마가 몇 만도 채 되지 않았는데 제가 회사를 나올 때는 30만까지 늘었어요. 엄마들이 관심을 가질 만한 콘텐츠를 밤낮없이 구성해서 올리니까 나중에는 회사에서 교육 전공자를 시간제 근무자로 고용해줬어요. 이분이 나중에 저희 창업 멤버가 됐죠."

그녀가 빙글에서 엄마 대상 마케팅을 하면서 느낀 점은 육아 콘텐츠에 분명한 수요가 있다는 사실이었다. 콘텐츠 자체가 적은 것도 아니고 찾아보면 어디에나 있는 게 육아 정보지만, 아이의 연령에 맞는 맞춤형 콘텐츠를 찾기는 힘들었다. 바로 이것이 서숙연 대표가 창업의 키포인트로 잡은 지점이다.

"엄마들은 맘카페에서 필요한 정보를 찾는데, 정작 신뢰성이 있는 모바일 콘텐츠는 부족한 게 현실이었습니다. 일례로 자녀의 배변 훈육에 대한 질문에 '엉덩이를 때리면 된다'는 엉터리 답변이 올라오기도 하죠. 엄마들의 궁금증은 차고 넘치는데 믿을 만한 콘텐츠는 부족하다고 판단했고, 그런 미스매칭을 해결하는 서비스를 하면 되지 않을까 생각했어요. 이미 양질의 콘텐츠가 수많은 육아 서적 등에 있으니까 좋은 콘텐츠를 찾아 정리해서 이용자에 맞게 제공하면 되는 거였지요. 5세 아이를 키우는 엄마한테 0세 갓난아기에 대한 정보는 노이즈나 마찬가지거든요. 아이의 생년월일을 기반으로 성장 속도에 맞는 정보를 제공하는 사업을 해보자는 생각에 회사를 나왔죠."

엄마와 아이들을 위한 콘텐츠 세상 '해빛'

2015년 9월 서숙연 대표는 교육 콘텐츠 전문 기업 '해빛'을 설립했다. 해빛은 해처럼 빛나는 아이들을 위한 교육 서비스란 의미와 함께 습관(habit)의 영어 발음을 차용해 어릴 적부터 부모와 놀면서 애착과 자존감을 형성하는 습관을 길러준다는 의미도 갖고 있다.

그녀는 빙글에서 근무하면서 해빛의 핵심 창업 멤버를 만난 것을 큰 행운으로 여긴다. 빙글에서 일하던 개발자가 아이를 키우고 있는 아빠라 교육 서비스에 관심을 보인 것이다. 또 시간제 근무를 하던 교육 전

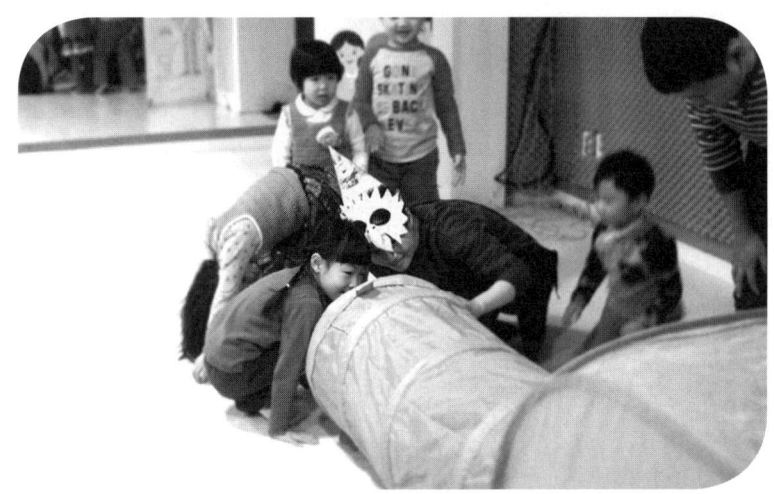

2016년 초 '차이의 놀이' 오프라인 프로그램을 진행하면서 아이들과 즐거운 시간을 보냈다.

공자도 초기 멤버로 합류시킬 수 있었다.

"창업을 결심하고 회사를 나오기 한 달 전, 이미 핵심 멤버를 다 만난 상태였어요. 모두 교육 서비스의 성장 가능성을 확신했고, 우리끼리 호흡을 맞추면 뭔가 이룰 수 있다는 믿음도 있었죠. 물론 스타트업 인큐베이팅을 하는 업무를 해왔던 만큼 스타트업 창업이 얼마나 힘들고, 망하기도 얼마나 쉬운지 잘 알고 있었어요. 열 곳에 투자하면 그중 두세 곳은 망하고, 네댓 곳은 이도저도 아니고, 성공했다고 볼 수 있는 곳은 한두 곳에 불과합니다. 그럼에도 꼭 하고 싶은 서비스가 명확하게 있었던 만큼 한번 해보자는 도전 정신이 크게 작용했죠."

아이만 성장하는 것이 아니다. 엄마도 아이를 낳는 순간부터 아이가 한 살, 두 살 커가는 동안 같이 성장해야 한다. 엄마의 성장을 위한 정보를 제공하는 게 해빛의 비즈니스 모델이다. 따라서 해빛은 아이들을 위한 콘텐츠가 아닌 부모를 위한 콘텐츠를 지향한다. 교육 서비스 앱 '차이의 놀이'는 이런 해빛의 정신을 고스란히 담았다. 처음 가입할 때 아이의 생년월일을 입력하면 아이의 나이에 따라 성장 발달에 도움을 주는 놀이를 쉽게 찾아서 아이에게 적용할 수 있도록 돕는다. 모든 놀이는 교육학에 근거해 체계적으로 만들어져 있기에 초보 부모도 안심하고 적용할 수 있다.

합리적인 가격으로 연령별, 영역별 교육 패키지를 출시하고 있는데, 엄마·아빠 활용법, 아이와 함께 노는 상세한 방법 등을 모바일 콘텐츠로 제공한다. 종이접기나 색칠놀이 등 놀이 학습의 경우 필요한 도구를 일일이 구입하는 게 번거롭다는 데 착안해 해당 교재와 교구를 패키지로 판매하고 있다. 물론 상당수 콘텐츠는 스타킹이나 냄비 뚜껑 등 일상 속 다양한 도구를 활용하면 충분히 즐길 수 있다.

차이의 놀이 서비스는 퇴근길에 스마트폰으로 확인하고 집으로 돌아가 바로 아이와 즐길 수 있다는 점이 큰 장점이다. 딸 채민이가 2개월이 되자마자 친정어머니에게 맡기고 직장에 복귀한 그녀 역시 아이와 노는 게 서툰 초보 엄마였다. 아이가 이유 없이 울고 떼를 쓰면 자신도 모르게 소리도 질렀고 짜증을 냈다. 하지만 차이의 놀이 앱을 이용하면서 아이와 눈을 맞추며 대화하기 위해 노력했고, 다양한 놀이를 제안했을 때 아이가 흥미를 느끼는 모습을 보면서 육아가 행복한 경험이라는 사실을 깨달았다.

"평일에는 밤늦게 들어가 아이의 잠든 얼굴만 보거든요. 그래서 토요일에 한두 시간, 일요일에 두세 시간은 무조건 아이와 함께 놀기로 했어요. 육아 전집도, 육아 교구도 거의 안 샀지만 차이의 놀이만으로 충분히 만족스러워요."

차이의 놀이 가입자 수는 가파르게 늘고 있다. 전체 이용자 수는 8만 명, 한 달에 한 번 이상 들어오는 활성 사용자는 5만 명, 1일 활성 사용자는 1만 5,000명에 달한다. 특히 초보 엄마들이 많이 애용하는데, 산후조리원에서 엄마들 사이에 입소문이 나면서 현재 만 1세 엄마가 전체의 70퍼센트를 차지하고 있다.

햇빛은 2017년 또 다른 도전을 준비하고 있다. 영유아 시장이 큰 인도네시아에 진출하는 것이다. 단적으로 국내 신생아 수는 43만 명 정도지만 인도네시아는 500만 명에 달한다. 한국보다 10배 이상 큰 시장이라는 얘기다. 이에 한국어에 능통한 인도네시아 직원을 고용하여 차이의 놀이 콘텐츠를 현지 언어로 번역하는 작업을 진행 중이다.

"인도네시아는 시장성은 높고 중국보다 진입 장벽이 낮다는 장점이 있습니다. 우선 페이스북으로 유저를 모아 차이의 놀이 앱을 알릴 거예요. 그리고 8~9월께 정식 인도네시아판 앱을 오픈한 후 회원이 일정 규모 이상 확보되면 유료 서비스를 시작할 예정입니다."

해외 진출이 계획대로 잘 이루어지면 2017년 매출은 5억 원, 해외 성과가 가시화되는 2018년에는 매출이 30억 원 수준으로 확대될 것으로 기대하고 있다. 인도네시아 지사 설립을 통해 현지화 서비스를 안착시킨 후에는 베트남, 말레이시아 등 영유아 시장이 큰 다른 국가로도 진출할 계획이다. 이를 통해 동남아 넘버원 놀이 교육 콘텐츠 전문 기업으로 우뚝 선다는 게 서숙연 햇빛 대표의 포부다.

 실패해도 후회하지 않을 확신이 있을 때 창업하라

창업해서 돈을 많이 벌겠다는 그런 목표보다는 망하더라도 후회하지 않을 확신이 설 때 사업을 시작하세요. 아무리 잘 준비해서 시작해도 스타트업의 성공을 가로막는 요인이 너무 많습니다. 그리고 최악의 경우를 생각하세요. 내 모든 에너지와 동원할 수 있는 자금을 다 끌어모았는데도 망할 수 있거든요. 실패해도 후회하지 않을 거라는 확신이 중요해요.

나의 절박함을
성공 포인트로!

03
Part

정미현 데코뷰 대표

월급 70만원 디자이너의 리빙 산업 정복기。

홈 인테리어 전문 기업 데코뷰의 정미현 대표. 그녀는 어렸을 때부터 홈 스타일링에 유달리 관심이 많았다. 가구 위치를 바꾸거나 커튼을 새로 달고, 때로는 친구 방을 꾸며주며 무척 즐거워했다. 자신의 재능을 살려 대학에 들어갔고, 평생 디자이너로 살고 싶었다.

    대학 졸업 후 패브릭 전문 기업 디자인팀에 들어가 월급 70만원을 받으며 온갖 잡무를 도맡아 했지만, 정작 하고 싶었던 디자인 업무는 못했다. 견디다 못해 다른 패브릭 기업으로 옮겼다. 백화점 영업부터 판촉 행사 진행, 공장 섭외와 원단 관리 등 회사의 모든 업무가 그녀의 손을 거쳐 진행됐다. 매일 새벽 2~3시에 들어왔고, 그마저도 밀린 일을 하느라 제대로 잠을 자지 못했다. 성과를 내면서 보람은 컸지만, 어느 순간 자신에게 주어진 일의 무게를 견딜 수 없었다. 홈 인테리어 디자인만큼은 누구보다 잘할 수 있다는 자신감이 생겨 27세에 사표를 냈다.

2017년 현재 그녀가 키워낸 회사 데코뷰는 연 매출 330억원을 내다보는 홈 인테리어 전문 기업으로 성장 중이다.

데코뷰 창업 초기에 정미현(38) 대표는 컴퓨터 하나 들여놓고 집에서 일했다. 디자인을 해서 완제품이 나오면 사진을 찍어 데코뷰 온라인 사이트에 신제품 등록을 하고 상품설명서를 올렸다. 주문 제작인 만큼 상담도 직접 했고, 공장에서 제품이 도착하면 깔끔하게 택배 포장해서 고객에게 보냈다.

"사실 웹 기술을 제대로 배운 적이 없어요. 그래도 어느 순간 HTML이 눈에 들어오더라고요. 닥치니까 했고, 해야 하니까 끝까지 버텼어요."

그녀는 2007년 초 택배 발송 수량이 50개가 되던 날을 지금도 잊지 못한다. 2006년 12월 혼자 힘으로 회사를 시작해 억척스럽게 일궈낸 성과였기 때문이다. 그리고 이제 데코뷰는 그녀가 일일이 주문 수량을 세지 못할 정도로 큰 성장을 이루었고, 디자인의 본고장 유럽으로의 진출까지 꿈꾸고 있다.

아버지의 고집스러운 성격을 꼭 빼닮다

아버지는 사업에 모든 것을 쏟아부은 열정적인 분이었다. 장녀인 정미현 대표 밑으로 여동생과 남동생이 있었지만, 아버지를 가장 많이 닮은 자식은 그녀였다. 앰프나 스피커 등 음향기기 제조 및 유통업을 하시던 아버지는 주말이 따로 없을 정도로 일에 몰입했고, 어쩌다 하루 쉬는 날에는 온종일 밀린 잠을 잤다.

"일이라는 건 내가 미쳐야 한다. 즐거워야 한다." 아버지는 이 말을 항상 입에 달고 살았다. 자신의 열정을 자녀들이 이어받기를 원했다. 하지만 그런 아버지를 지켜보는 어머니는 불만이 컸다. 어머니는 그녀와 여동생에게 사업할 생각은 아예 하지도 말고, 사업하는 남자와는 결혼도 하지 말라고 귀에 못이 박히도록 말씀하셨다.

"사업이라는 게 워낙 기복이 심한 데다 가족에게 충실하지도 못하잖아요. 사업가의 부인으로 살면서 어머니는 항상 불안해하셨고, 자식들은 그러한 삶을 살게 하고 싶지 않았던 것 같아요. 게다가 공대 출신으로 사업적인 감각보다는 개발자 성향이 강했던 아버지는 동료의 배신도 많이 겪었고 납품하고도 돈을 자주 떼이면서 손해를 많이 보셨어요."

그녀의 집이 가장 편했을 때는 IMF 외환위기 직전에 친한 분과 동업하면서 아버지가 개발만 맡았을 때였다. 그땐 월급을 꼬박꼬박 가져오셔서 어머니가 안정적으로 살림을 하실 수 있었다. 하지만 그런 안정적인 생활은 몇 년 못 갔고, 그녀가 대학에 입학할 때쯤엔 경제적으로 많이 힘들어졌다.

어머니의 간절한 바람에도 불구하고 그녀는 하나에 꽂히면 다른 것은 쳐다보지도 않는 아버지의 성향을 고스란히 이어받았다. 특히 그림은 누구보다 잘 그린다고 자신했던 만큼 그에 대한 애착이 남달랐다.

"초등 3학년 때 미술대회를 앞두고 부문별 상 3개를 모두 타기 위해 밤새 그림에 매달렸던 기억이 아직도 생생해요. 국어나 수학 등 공부에는 전혀 관심이 없었지만 미술만큼은 내가 어느 누구보다 잘해야 한다는 생각이 어린 나이에도 강했던 것 같아요."

남다른 재능을 보였음에도 미술에만 매달리는 큰딸이 못마땅했던 어머니는 전문적으로 미술 공부를 시키지는 않았다. 그녀는 목표한 것만큼 상을 못 받거나 그림이 잘 안 그려지면 스트레스를 받아 울곤 했는데, 그런 모습을 보며 어머니는 무척 속상해했다. 아버지의 집요한 면을 물려받은 게 싫었던 것이다. 반대로 아버지는 그렇게 해야 뭐라도 이룬다며 될 때까지 하라고 부추기곤 했다. 두 분의 생각이 이렇듯 많이 다르다보니 크고 작은 다툼은 당연한 결과였다.

고등학교에 진학한 후 미대에 들어가고 싶어서 입시학원에 보내달라고 졸랐을 때 어머니는 극렬히 반대했다. 미술, 그중에서도 디자인을 전공하겠다고 결심한 그녀는 어머니와 전면전을 펼쳤다. 절대로 포기하지 않는 딸과 그런 딸을 꺾으려는 어머니가 부딪히면서 집안 분위기는 냉랭해졌다. 어머니가 끝내 허락할 기미를 보이지 않자 그녀는 가출을 감행했다. 어머니한테 선전포고를 하고 집을 나가버린 것이다. 하지만 몇 시간 만에 붙잡혀 들어왔다. 막상 집을 나왔지만 홧김에 가출했던 만큼 돈도 없고 멀리 가는 건 겁이 나서 인근의 아파트 단지 안 놀이터와 슈퍼마켓 등을 배회하다가 어머니 눈에 띈 것이다.

집밖에 모르던 고지식한 딸의 가출에 충격을 받은 어머니는 결국 미대 진학을 허락했고, 그녀는 이튿날 입시학원에 등록할 수 있었다. 고등학교 졸업 후 상명대 공예학과에 진학한 그녀는 세부 전공으로 섬유공예를 선택하며 자신의 인생길에 한 걸음 다가갔다.

일당백으로 일하다

2003년 대학 졸업 후 정미현 대표는 커튼을 제조하는 회사에 입사하면서 사회에 첫발을 내딛었다. 홈쇼핑에 납품할 커튼을 제조하는 중소기업이었다. 디자인팀 수습사원으로 입사했지만 정작 디자인 업무를 맡지는 못했다. 오전 5시까지 당일 방송이 예정된 홈쇼핑 방송국으로 출근하여 커튼을 다림질하고, 카메라에 잡혔을 때 화면발 잘 받을 위치에 커튼을 디스플레이하고, 상품설명서를 작성하는 등의 일을 했다. 그런 다음 회사에 돌아와서는 디자인 팀장이 지시하는 갖은 잡무를 도맡아 했다.

한 달, 두 달이 지나도 그녀의 업무는 전혀 달라지지 않았다. 옆 부서 동기가 정직원으로 전환됐다는 말을 들었지만, 그녀에게 언제 정직원이 될 수 있다고 말해주는 사람은 없었다. 다림질을 꼼꼼하게 못했다고 혼이 났고 상품설명서가 엉성하다고 핀잔을 들었다. 하루 12시간 이상 이런저런 잡무를 하면서 받았던 월급은 고작 70만원이었다.

그녀는 자신의 능력을 보여주고 싶었다. 일주일 중 유일하게 쉴 수 있는 일요일이 되면 백화점에 나가 시장조사를 했고, 이를 바탕으로 정성 들여 신제품을 디자인했다. 몇 번이나 디자인 시안을 팀장에게 보여줬지만 별다른 반응이 없었다. 그렇게 6개월을 보내고 더 이상 여기서는 희망을 가질 수 없다고 판단하여 사표를 냈다. 첫 직장과의 인연은 그렇게 덧없이 끝이 났다.

몸과 마음을 추스른 그녀는 그해 말 패브릭 전문 기업에 들어갔다. 유명 백화점에 식탁보와 앞치마 등 리빙 제품을 납품하는 중소기업이었다. 첫 출근 날 그녀는 회사 지하에 원단 재고가 가득 쌓여 있는 것을 보고 신이 났다. 원단을 사용해도 된다는 사장의 허락을 받고 곧바로 디자인에 들어갔다. 방석, 쿠션, 앞치마 등 그녀가 머릿속으로 상상하고 손으로 그린 디자인이 완제품으로 나오기 시작했다. 입사한 지 얼마 안 된 사원이 디자인한 제품이어서 공장에서는 최소 수량만 만들었다. 하지만 백화점에서 먼저 알아보고 추가 주문을 해오자 회사에서는 난리가 났다.

디자인팀에 소속돼 있었지만 백화점 매장과 소통하는 일도, 백화점을 상대로 영업하는 것도 어느덧 그녀의 업무가 됐다. 마치 블랙홀처럼 일을 하면 할수록 욕심이 났고, 자신의 고유 업무를 벗어나 제품이 만들어지는 모든 과정에 관심을 갖고 참여했다. 중견 기업만 됐어도 경력이 일천한 사원한테 그런 업무를 주지는 않았을 텐데, 이 회사는 오히려 해보라고 등을 떠미는 분위기였다.

"처음에는 너무 재미가 있었어요. 제가 디자인한 시안들이 샘플로 나오고 회의를 거쳐 완제품으로 생산돼 백화점 매장에 진열되는 걸 보면서 희열을 느꼈죠. 그러다 어느 순간 정신을 차리고 보니까 제가 원단 롤을 가득 실은 트럭을 끌고 공장으로 향하고 있더라고요. 공장에서 원단을 보내달라고 했는데 그걸 운반할 직원이 자리에 없어서 제가 직접 동대문에서 원단 롤을 건네받아 일산에 있는 공장으로 갔던 거죠. 제 면허가 2종 오토였어요. 어떻게 트럭을 운전할 생각을 했는지 지금도 이해가 되지 않아요."

그러는 사이 제품을 디자인하고, 공장 사람들에게 디자인 시안대로 재단하고 봉제하라고 오더를 넣고, 샘플이 나오면 백화점 매장 담당자를 만나고, 판촉 행사를 기획하고, 이벤트를 진행하는 것까지 모두 그녀의 몫이 됐다. 날이 갈수록 일이 늘었다. 이동 중에도 일을 했고, 새벽 2시 넘어 집에 돌아와서도 컴퓨터를 켜놓고 일을 해야 했다. 그녀는 조금씩 지쳐갔다. 게다가 그렇게 밤낮없이 일해도 그녀의 월급은 120만~130만원을 벗어나지 못했다.

그녀가 가장 힘들었던 점은 언제부터인가 사장이 회사의 모든 일을 그녀에게 상의하기 시작한 것이다. 사장은 그녀가 해결책을 가져오면 만족했고 다시 새로운 업무를 떠맡겼다. 정말 미친 듯이 일했음에도 일은 줄어들 기미가 없고, 그녀는 그저 막막했다.

그즈음 경쟁사에서 그녀에게 끊임없이 러브콜을 보내왔다. 정미현 대표는 다시 이직을 결정하면서 그 기준을 디자인에 전념할 수 있는 곳으로 정했다. 2005년 가구 품목을 메인으로 하는 인테리어 전문 기업에 들어갔다. 패브릭 담당자가 없었던 만큼 그녀는 자신의 전문성을 살려 디자인을 할 수 있었다. 하루 평균 디자인 시안만 10개를 냈고, 원가와 판매가를 함께 고려해 상품화했다. 사장은 일벌레인 그녀를 아꼈고, 어느 순간 그녀의 일이 늘어나기 시작했다.

"제가 디자인한 패브릭 제품이 잘 팔리니까 너무 기뻤습니다. 더 많은 고객을 만나고 싶은 욕심에 사장님한테 대리점 오픈을 제안했더니 한번 해보라고 하시더군요. 그래서 직원 몇 명 데리고 대리점 오픈을 맡아서 진행했죠. 회사가 커지면서 대리점 수도 늘었고, 디자인 업무를 하면서 대리점 오픈 진행까지 도맡아 하느라 너무 바빴어요."

몸은 힘들었지만 당시 대리점 오픈 업무를 진행했던 경험이 지금 정미현 대표에게 많은 도움이 되고 있다. 그래서인지 그녀는 뭐든 배우면

써먹을 일이 언제든 생기는 법이라고 믿는다.

세상에 데코뷰를 내놓다

직장 생활 4년차가 되자 그녀의 머릿속에는 어떤 디자인이 고객의 마음을 사로잡는지에 대한 그림이 그려졌다. 그리고 어떤 원단으로 공장에 오더를 넣었을 때 마진이 많이 남는지 자연스럽게 계산이 나왔다. 혼자 해도 자신이 받고 있는 월급 이상 영업이익을 낼 수 있을 것 같다는 판단이 서자, 주저 없이 사표를 던졌다. 그때가 2006년 11월 말이었다.

정미현 대표는 자신의 집을 사무실 삼아 혼자서 일을 시작했다. 자신의 디자인을 바탕으로 동대문 도매상가에서 원단을 구매해 공장에 주문 제작을 맡겼고, 완제품 사진을 옥션에 올려 팔기 시작했다. 디자인부터 원단 공수, 공장 오더, 다림질까지 모든 과정에서 자신의 손을 거친 제품을 판매한다는 사실이 무척 감격스러웠다. 고객 반응도 좋아서 이만하면 창업을 해도 되겠다는 확신이 들었다.

그해 12월 정미현 대표는 '데코뷰'라는 이름으로 개인사업자 등록을 했다. 데코레이션(decoration)을 선도하면서 데코의 뷰(view)를 제시하겠다는 철학을 담은 이름이었다. 옥션을 통해 고객의 반응에 자신을 얻은 그녀는 웹호스팅업체 카페24를 통해 데코뷰 사이트를 열었다. 첫 아이템은 주문 제작 커튼으로 정했다.

"당시 30평 집 기준으로 거실과 방 3개를 꾸밀 커튼을 주문 제작하려면 150만원 정도가 들었어요. 하지만 데코뷰가 내놓은 주문 제작 커튼은 50만원 선으로 시중가의 3분의 1 수준이었지요. 게다가 포인트

커튼을 트렌디한 디자인으로 내놓으니까 고객 반응이 정말 좋았어요."

기존 인테리어 회사들이 버티고 있는 시장에 진입하기 위한 데코뷰의 전략은 차별화된 디자인과 가격 경쟁력이었다. 트렌디한 감성을 담기 위해 자카드나 자수지 중심의 천편일률적인 원단 선택과 제한적인 디자인에서 벗어나 면이나 시폰 등으로 원단을 다양화하면서 디자인의 선택지를 넓혔다. 또한 대량 생산 체제에 비해 생산 비용이 클 수밖에 없는 주문 제작을 선택하면서도 가격 경쟁력을 확보했다.

"주문 제작이란 영역을 대중적으로 풀기 위해선 원단비, 재단 시간, 봉제 시간, 인건비 등을 전체적으로 고민해야 합니다. 개별 비용의 구조를 정확하게 파악하고 있어야 원가 계산이 가능하지요. 직장 생활을 하면서 어느 누구보다 그것을 확실히 익혔고, 그게 창업 과정에서 소중한 자산으로 작용할 수 있었던 거죠. 덕분에 주문 제작 시장에서 기존에는 없던 단가가 가능했던 거예요."

물론 누구도 도전하지 않았던 첫 시도에 어려움도 적지 않았다. 가장 큰 난관은 공장을 설득하는 일이었다. 처음부터 무조건 할 수 없다고 버티는 공장들이 많았다. 아무리 애를 써도 설득이 안 되면 결국 같이할 수 없다고 결론을 내렸다. 다행히 그녀와 호흡이 맞는 공장을 만나서 지금까지 인연을 이어가고 있다. 정미현 대표가 자신의 기준을 지키기 위해 다른 사람에게 끌려다니면 안 된다는 생각을 고집한 결과다.

그러던 어느 날, 아버지가 팩스를 하나 사서 들고 오셨다. 매일매일 공장에 작업지시서를 넣어야 하는데 팩스 살 돈도 아까워서 전화로 작업 지시를 하는 딸이 안타까웠던 것이다. 실밥에다 먼지까지 뒤집어쓴 채 원단 갖고 씨름하는 그녀를 보고 차라리 자신의 회사에 들어와서 경리를 하는 게 어떠냐고 제안했던 아버지였지만, 아무리 힘들어도 깡으로 버텨내는 딸의 모습을 보면서 마음을 비우셨다.

단골이 하나둘 늘면서 사업도 조금씩 안정됐다. 2007년 봄 일산 행신동에 쇼룸을 겸한 사무실을 얻었다. 직원 1명을 두고 사무실까지 얻어 사업에 나선 만큼 그녀의 어깨는 더욱 무거워졌다. 다행히 사업이 나날이 성장해 그해 말에 사무실을 화정동으로 옮겼고, 이듬해에는 30평대 넓은 공간으로 옮길 수 있었다. 커튼으로 시작한 사업이 지금은 이불과 매트커버 등 침구류, 쿠션과 방석 등 데코레이션, 앞치마와 식탁보 등 주방 소품, 실내화와 티슈커버 등 인테리어 소품, 낮잠이불과 범퍼 등 키즈 제품 등으로 다양해졌다.

다음 목표는 블루밍빌레를 넘어서는 것!

정미현 대표는 디자인을 가장 중요하게 여기는 만큼 회사가 자리를 잡아가자 2012년에 디자인연구소를 설립했다. 데코뷰는 빠르게 성장하여 2016년에는 170억원의 매출을 올렸으며 올해는 330억원을 목표로 삼고 있다.

그동안은 데코뷰 사이트를 통해 주로 온라인 판매를 했지만 최근에는 오프라인 비중도 높아지고 있다. 특히 2016년에는 롯데백화점 잠실점과 평촌점에 입점했고 올해는 5곳에 더 입점할 예정이다.

"지난해 한 백화점에서 봄과 여름에 팝업스토어를 진행했는데 하루 매출이 1,000만원을 넘었어요. 백화점 담당자가 깜짝 놀라서 저희에게 입점을 제안했지요. 그 일이 소문이 났는지 백화점 3사에서 동시에 제안이 들어왔고, 좋은 조건을 제시한 롯데와 손을 잡았습니다."

데코뷰는 창업 초기부터 하나의 제품을 4가지 콘셉트로 디자인했다. 디자이너가 제시하는 스타일링이 고객 각자의 개성과 취향에 맞추어 집을 꾸미는 다양한 선택지가 될 수 있도록 하기 위해서였다. 그래서 데코뷰의 상징도 카멜레온이다. 세상의 흐름을 발 빠르게 읽어서 고객의 개성과 라이프 스타일에 맞는 디자인을 제시하겠다는 의지를 담고 있다.

"비싼 원단으로 좋은 디자인을 하는 건 누구나 할 수 있어요. 데코뷰는 합리적인 가격으로 좋은 디자인을 제시함으로써 차별성을 확보합니다. 트렌디하면서도 베이직해요. 계속 보면 질리는 트렌디함이 아니라 3년이 지나든, 5년이 지나든 베이직하게 다가서는 디자인이지요. 그래서 우리 디자이너들한테 중산층의 집에도 어울리고 고시원 원룸에도 어울리는 디자인을 고민하라고 주문합니다."

정미현 대표는 몇 년 안에 우리나라 패브릭 브랜드도 유럽이나 미국

베이직하면서도 세련된 디자인 감각이 돋보이는 데코뷰의 거실 스타일링.

2016년 데코뷰 물류센터 준공식 때 정미현 대표는 잠시나마 직원들과 즐거운 시간을 보냈다.

의 유명한 업체를 따라잡을 수 있을 거라고 확신한다. 그동안은 유럽에서 주도하는 리빙 스타일이 글로벌 트렌드였지만, 최근 들어 한국 기업의 디자인 역량이 높아지면서 그들과 어깨를 겨눌 수준까지 왔다는 판단에서다. 머지않아 오히려 그들을 제치고 글로벌 트렌드를 선도할 수도 있을 거라고 본다. 그리고 그 선두에 데코뷰가 있을 것이라고 확신한다.

"글로벌 리빙 시장을 선도하는 덴마크 리빙 브랜드인 블루밍빌레(Bloomingville)나 하우스닥터(House Doctor)를 넘어서고 싶습니다. 현재 데코뷰는 패브릭 중심이지만 향후 영역을 넓혀서 고객의 홈 스타일링 전반에 녹아드는 브랜드로 성장할 거예요. 그래서 디자인의 본고장 유럽으로 역진출하겠습니다."

 어제의 내가 오늘의 나를 만든다

누군가의 말처럼, 어제의 내가 오늘의 나를 만듭니다. 힘들지만 참고 열심히 일하면 결국 내 몸에 체득되기 마련입니다. 직장 생활부터 창업 이후 지금까지 주어진 일에 몰입했기 때문에 오늘의 제가 있다고 생각합니다. 남보다 많은 시간을 할애하고 고민한 것들이 내 몸에 체득되고 실력을 발휘하게 만드는 법이니까요. 땀은 결코 거짓말을 하지 않는다는 사실을 믿고 도전하세요.

윤자영 스타일쉐어 대표

'SNS와 길거리 패션의 만남'을 사업으로.

길거리 패션 정보를 공유하고 싶어서 창업의 문을 두드린 대학생 윤자영. 그녀가 친구, 선후배를 모아 창업한 스타일쉐어는 올해 연 매출 200억원을 예상할 정도로 크게 성장했다.

어릴 적 그녀는 중학교 교사인 어머니의 그늘에서 벗어나고 싶었다. 어머니가 근무하는 중학교와 재단이 같은 고등학교로 진학하는 게 싫어서 공부에 힘을 쏟았고, 운 좋게도 집에서 먼 거리에 있는 대일외고에 입학했다. 고교 1학년 때는 공부와 담을 쌓고 살았다. 일주일에 사나흘은 돈암동 번화가로 나가 노래방을 들락거리거나 옷을 사 입고, 음악을 들으며 스트레스를 풀었다. 2학년이 됐을 때 아이팟을 갖게 됐다. IT 기기가 이렇게 예쁠 수 있을까 감탄했고, 당시의 감동은 대학 전공을 전기전자공학과로 선택하는 중요한 계기가 됐다.

대학생이 된 후에는 길거리 패션에 꽂혔다. 평범한 사람들의 옷차림을 보면서 길거리 패션 정보를 공유하고 싶다는 생각이 들었다. 철부지 대학생의 아이디어로 끝나는 게 싫어서 사람들을 만나 길을 모색했고, 결국 스타일쉐어를 창업했다.

2010년 대학에서 주최한 벤처 최고경영자 강연에 권도균 프라이머 대표가 초청되었다. 원래 프라이머 권도균 대표와 창업지원센터에 입주한 스타트업 대표들의 만남을 위해 마련된 자리였지만, 아직 학생으로서 창업의 길을 모색하던 윤자영(29) 대표는 간절한 마음에 저녁 모임까지 쫓아가 권도균 대표의 말을 경청했다. 그녀의 반짝이는 눈빛에 권도균 대표가 말을 걸자, 그녀는 무작정 가져간 사업계획서를 내밀었다. 사업계획서를 살펴본 후 권도균 대표는 "젊은 창업자에게 노하우를 전수하고 자금을 투자하기 위해 프라이머를 만들었다"면서 투자 프로그램에 지원하라고 제안했다.

"그때는 액셀러레이터라는 개념이 국내에 정립되지 않았던 시기인데다 저도 벤처캐피털 쪽으로는 정보가 없어서 연락을 하라는 말씀이 어떤 의미인지 알지 못했어요. 무조건 도움 받기도 싫어서 전화를 안 드렸더니 몇 달 뒤 지원서를 보냈냐고 이메일이 왔더군요. 이후 지분 10퍼센트에 2,000만원을 투자받았어요. 그해 프라이머가 투자한 마지막 회사가 저희였던 겁니다. 아직 회사도 설립하지 않은 상태였는데, 비즈니스 모델만 보고 투자를 결정해주신 거죠."

윤자영 대표는 그렇게 스스로 기회를 만들어 '스타일쉐어'를 시작했다.

엄마의 그늘을 벗어나고 싶던 소녀

윤자영 대표의 부모님은 고려대 캠퍼스 커플이었다. 법학도로 총학생회장까지 했던 아버지는 간호학과 학생회장이었던 어머니에게 반해 열렬한 구애 끝에 결혼에 골인했다. '정치를 하지 않는 것'이 결혼 조건이었기에 아버지는 민간 기업인 금성사(지금의 LG)에 입사했다. 간호사로 일하던 어머니는 보건교사 임용고시에 합격한 후 상명여자중학교에서 근무했다.

윤자영 대표는 어린 시절 꽤 외향적인 아이였다. 친구들과도 두루두루 잘 어울렸고 초등학교 6년 내내 반장을 놓치지 않았다. 초등학교 4학년 때 전학을 하면서 잠시 의기소침해지기도 했지만 이내 자신감을 되찾아 5학년 때는 전교 부회장, 6학년 때는 전교 회장이 되었다.

"어릴 때부터 반장을 하다보니까 언제부터인가는 으레 '내 자리'라는 생각까지 했던 것 같아요. 어려서인지 친구들의 주목을 받고 선생님들의 사랑을 받는 게 너무 좋았던 거죠."

초등학교를 졸업한 그녀는 상명여자중학교에 입학했다. 매일 어머니와 함께하는 등교가 처음에는 자랑스러웠지만 점차 부담스럽고 불편하게 느껴졌다. 사춘기까지 겹치면서 어머니의 딸이 아닌 윤자영으로 살고 싶다는 욕구도 커졌다.

1989년 '세기의 로맨스'를 주제로 잡지 표지에 실린 가족 사진. 윤자영 대표는 당시 한 살 아기였다.

한번은 그녀가 새로 친해진 친구들에게 시간이 날 때마다 공부를 가르쳐주었는데, 담임선생님이 어머니에게 나쁜 친구들이랑 어울린다고 말해 잔소리를 들어야 했다. 사실 그 친구들은 공부만 못할 뿐 심성이 착한 애들이었는데 말이다. 그때 처음으로 다른 사람들의 시선에서 자유롭고 싶다는 생각을 하였다.

중학교 3학년 때는 전교 회장을 맡았지만 학교의 엄격한 규율이 도통 마음에 들지 않았다. 앞머리 없는 귀밑 1센티미터 단발머리만 허용될 정도로 규율이 엄격해서 학생들의 불만이 적지 않았다. 어느 날 그녀는 미용실에 가서 앞머리가 이마를 살포시 덮을 정도로 자르고 등교했다. 전교 회장의 일탈로 학교가 발칵 뒤집어졌다. 덕분에 한 달 내내 교무실 앞에서 1시간 동안 서 있는 벌을 받았다. 다리가 아팠지만 속이 뻥 뚫리는 것처럼 시원했다.

그녀는 고등학교까지 어머니 그늘 아래서 선생님들의 주목을 받으며 생활하고 싶지 않았다. 상명여자고등학교를 피하기 위한 방법을 애타게 찾던 그녀는 외국어고등학교를 알게 되었다. 외고는 교복도 예쁘고 머리나 복장 규정도 엄하지 않다고 했다. 당장 입시학원에 등록했다.

천국 같은 시간 속에서 아이팟을 만나다

"어머니는 선행학습은 안 시키셨어요. 그런데 입시학원에서 이렇게 선행이 안 된 상태에서 어떻게 외고 시험을 보냐고 하더군요. 오기가 생겼죠. 몇 달 정말 열심히 공부했더니, 운이 좋게도 대일외국어고등학교에 들어갈 수 있었습니다."

'익명성'이 보장된 고등학교 생활은 너무나 즐거웠다. 서로 다른 학교에서 왔기 때문에 패거리 문화도 거의 없었고 중학교보다도 규율이 엄격하지 않았다. 남녀공학인 데다 선생님들도 그녀에게 특별히 관심을 갖지 않았기 때문에 그야말로 천국 같은 시간이었다.

학교 근처의 돈암동 번화가를 찾는 재미도 쏠쏠했다. 몇몇 친구들과 무리를 지어 돈암동 노래방에서 몇 시간씩 노래를 부르거나 길거리 옷들을 사 입으며 자유를 만끽했다.

"부모님은 지금까지도 제가 고등학교 생활을 착실히 한 걸로 아실 거예요. 하지만 아침에 스쿨버스를 타고 학교에 가서 정규 수업이 끝나면 야간자율학습은 땡땡이를 치고 돈암동으로 직행했답니다. 집으로 오는 차편이 많지 않아 오후 10시에 다시 학교로 가서 스쿨버스를 타고 집에 갔으니 그 시간까지 열심히 공부한 것으로 생각하셨겠죠. 지금 돌이켜 생각해도 '완전 범죄'였던 것 같아요."

중학교에서는 반에서 1, 2등을 놓치지 않았던 그녀지만, 고등학교에서는 중간 정도 등수에 머물렀다. 중학교 때 못 놀았던 것을 고등학교 때 몰아서 놀았으니 당연한 결과였지만, 부모님은 공부 잘하는 애들이 모인 학교라 그런가보다 이해하고 넘어가주셨다.

문과, 이과를 선택해야 하는 고등학교 1학년 때는 나름 고민이 적지 않았다.

"2004년 말 교차 지원이 없어지면서 외고에서는 이공계 기피가 대세였지요. 대부분의 아이들이 문과를 선택하는데 나까지 그래야 하나 하는 반항심이 솟구치더라고요. 사춘기 때 갑작스럽게 터져 나오는 반항심 같은 거였죠. 그래서 이과를 지망했고, 그 선택은 제 인생을 크게 변화시켰어요."

이과를 선택하고 2학년에 올라가자 대학에 가려면 이제부터라도 공부를 해야겠다는 생각이 들었다. 공부에 전념하겠다고 굳게 결심하고, 어머니에게 MP3 플레이어를 사달라고 졸랐다. 공부하겠다는 딸의 부탁을 마다할 부모가 있을까. 어머니는 직접 그녀를 전자제품 매장에 데리고 나갔다.

여러 제품을 둘러보던 그녀를 단번에 사로잡는 기기가 있었다. 바로 애플의 '아이팟'이었다.

"솔직히 그때는 애플이 만든 제품이라는 건 몰랐습니다. 그냥 너무 예뻤고, 꼭 갖고 싶다는 생각을 했어요. 아이팟을 갖고 학교에 갔는데 반 친구들이 너도나도 몰려와 한번만 구경하자고 조르더군요. 친구들의 눈에도 이게 예쁜가 싶었고, 어떻게 IT 기기를 이렇게 예쁘게 만들 수 있을까 감동했죠. 이걸 만든 사람은 누군지 정말 좋겠다, 나도 이런 제품을 만들어서 사람들에게 인정을 받으면 행복하겠다는 생각을 막연하게 했었던 것 같아요."

아이팟의 매력에 빠지면서 애플 창업자 스티브 잡스를 알게 됐고, 그에 대한 책을 찾아 읽었다. 하지만 어떤 직업을 선택해야 잡스처럼 될 수 있는지는 정확히 몰랐다. 그런 상태로 시간은 흘러 고교 3학년이 됐다.

고교 3학년 첫 모의고사를 치렀다. 결과는 참담했다. 1~2학년 때 맘껏 놀았던 대가였을까. 과학탐구와 수학이 7~8등급이 나왔다. 윤자영 대표는 이때 처음으로 수능이 9등급 제도라는 것을 알게 됐다고 했다.

서울에 있는 대학에 들어가긴 영 글렀다는 생각에 실망이 컸지만 이

대학생으로서 창업을 하고 얼마 되지 않아 맞이한 대학 졸업식 날의 윤자영 대표(오른쪽).

내 잊고 끝까지 해보자 결심했다.

"제가 태생적으로 낙천적인 성격이긴 한 것 같아요. 그 정도 등급이면 자포자기할 만도 한데 하루, 이틀 지나니 기분이 나아지고 용기도 생기더군요. 공부라는 게 어차피 달달 외우는 건데 앞으로 열심히 하면 이거보단 나아질 거라 생각했어요. 1년이나 남았으니 제대로 해보자고 결심한 거죠."

이후 모의고사를 볼 때마다 성적이 조금씩 올랐다. 여름방학 직전 모의고사에서는 이화여대 간호학과에 갈 수 있는 점수를 받았다. 어머니에게 성적표를 보여주며 이야기하니 실망스런 표정으로 조용히 방으로 들어가셨다. 당신처럼 간호학과에 들어가는 것은 바라지 않으셨던 것이다.

IT 세상 속 '혁신'에 주목하다

대학 입시를 준비하던 중 윤자영 대표는 10월에 연세대 글로벌 리더 전형이 있다는 것을 알게 됐다. 외국어 실력이 바탕이 돼야 하는 전형으로, 주어진 수학 문제를 영어로 논리에 맞게 푸는 특이한 형식이었다.

수능이 코앞이었지만, 밑져야 본전이라는 생각으로 도전장을 내밀었다. 아이팟에서 느꼈던 감동을 가슴속 깊이 품고 있던 터라 학과는 전기전자공학과를 선택했다.

"우리가 사는 시대가 IT 세상이잖아요. 아이팟 같은 혁신적인 제품을 만들려면 IT 문법은 이해해야 한다고 생각했어요. 그게 제가 전기전자공학을 전공으로 선택한 가장 큰 이유였죠."

운 좋게도 서류 전형을 통과했고 면접을 보게 됐다. 최종 4명을 선발하는 전형이었는데 800여 명이 서류를 넣었으니 경쟁률이 어마어마했다. 최종 면접에 오른 학생은 그녀를 포함해 총 12명, 이 중에는 민족사관고등학교 출신이 8명이나 있었고, 과학고, 영재고 출신도 있었다. 당찬 성격의 그녀도 이날만큼은 기가 팍 죽었다. 그러나 욕심을 버리고 차분하게 면접에 임했던 덕분인지, 연세대 전기전자공학과 합격의 기쁨을 맛볼 수 있었다.

대학 생활은 그리 녹록치 않았다. 이공계 쪽으로 지식도 많지 않고 흥미도 거의 없었던 그녀가 전공 수업을 따라가는 것은 역부족이었다. 자신에게 안 맞는 옷이라는 결론을 내렸지만, 전공에 얽매여 있는 상황이기에 정체성에 혼란이 왔다. 그녀는 곧 자신이 뭘 좋아하고, 어떤 걸 하면서 살아야 할지 시간을 투자해 열심히 탐구하자고 마음먹었다. 무엇보다 전공 외에 관심을 둘 만한 다른 뭔가를 찾아야 했다.

윤자영 대표의 눈에 디자인경영학회 포스터가 들어왔다. 약자를 위해 영화관 의자 디자인 개선을 제안하는 등 디자인을 통해 사회적 문제를 해결하고자 하는 학회였다.

"때마침 교양 수업에서 아이데오(IDEO)에 대한 강의를 들었어요. 가장 혁신적인 기업의 대명사로 꼽히고 있는 아이데오는 나이키나 애플 같은 대기업이 일을 의뢰하는 디자인 에이전시라고 하더군요. 소비자 중심의 접근 방식이 돋보였고, 디자인 브랜드 파워보다는 혁신적인 발상으로 높게 평가받고 있다는 게 매력적으로 느껴졌어요. 제가 아이팟에서 받았던 감동도 그런 류의 혁신이니까요. 더 깊이 알고 싶었죠."

해외 문화를 깊이 동경했던 그녀는 방학 때면 어떻게든 방법을 찾아서 외국으로 나갔다. 언론사에서 진행하는 영어 캠프에 인솔 교사로 자원하기도 했고, 기업체에서 대학생 대상으로 해외 연수를 보내주는 프로그램에도 빠짐없이 응모했다.

길거리 패션에서 찾은 창업의 길

어느 대학생처럼 바쁘게 살던 그녀는 어느 날 문득 이런 생각이 들었다. '매일 어떤 옷을 입을지 선택해야 하고 유행에 뒤처지지 않게 옷을 구매해야 하는데, 나한테 맞는 옷을 추천해주는 서비스가 있으면 어떨까? 늘씬한 모델이 입는 옷이 아닌 나처럼 평범한 체형을 갖고 있는 또래 여성들이 어떤 옷을 입는지, 그런 옷은 어디서 살 수 있는지 알려주는 서비스가 있으면 어떨까?'

방학 때마다 해외에 나가면 패션의 중심지라는 곳을 빠짐없이 둘러보았는데, 그 어느 도시에서도 서울만큼 멋진 길거리 패션은 볼 수 없었다. 서울의 감성과 패션 감각이면 충분히 승산이 있을 것 같았다.

이때부터 윤자영 대표는 자신이 상상하는 서비스를 제공하는 해외 사이트를 찾아다녔다. 당시는 '스트리트 패션(길거리 패션)'이 세계적으로 핫 키워드였다. 카메라를 들고 다니면서 길거리에서 만난 사람을 찍어 인터넷에 올리거나 자신의 사진을 올리는 식이었다. 그러던 어느 날 해외의 한 사이트가 길거리 패션 정보를 올리고 그 상품을 판매하는 쇼핑몰로 링크를 해놓은 걸 발견했다.

"바로 이거라는 생각이 들었어요. 이게 사업적으로 유의미한지 알고 싶었는데, 블로그 주소를 보니까 영국이더라고요. 어떻게든 그 블로그 주인을 만나 이야기해보고 싶었던 차에, 2학년 여름방학 때 MCM에서 여대생을 대상으로 영국 큐레이터 교육 연수를 보내준다는 공고를 봤어요. 1인당 100만원 지원이었고, 나머지는 각자 부담하는 조건이었지요. 묻지도 따지지도 않고 응모했어요. 영국으로 떠나기 전에 그 블로거한테 이메일을 보내놨는데, 떠나기 전날까지 답신이 없어서 불안했어요."

2주의 연수 기간이 끝날 때까지도 블로거에게서 연락이 없었다. 그녀는 아쉬운 마음에 이왕 영국까지 왔으니 일주일 더 머물자는 생각으로 민박집을 구했다. 그런데 민박집에 짐을 푼 다음 이메일을 열어보니 답신이 와 있는 게 아닌가. 자신의 휴대폰 번호까지 알려주며 그다음 날 카나비 스트리트에 있는 카페에서 보자고 제안했다.

영국인 블로거와의 만남은 유쾌했다. 금융사에 몸담고 있는 직장인인데, 패션에 관심도 많고 길거리 패션으로 창업을 준비 중이라고 했다. 성공 가능성은 잘 모르겠지만 도전해볼 만한 사업이라고도 했다. 그와의 대화는 그녀에게 강렬한 인상을 남겼다. 그녀 또한 길거리 패션이 뛰어들 만한 사업이라는 확신이 들었다. 그러한 생각을 가슴 깊이 안고 한국으로 돌아왔고, 다시 평범한 대학생으로 돌아갔다.

그로부터 2년쯤 지난 2010년 여름 어느 날이었다. 친한 친구를 붙잡고 영국 블로거와의 만남과 길거리 패션 사업에 대해 얘기했더니, "작년에도 그 얘기 했잖아. 그렇게 하고 싶으면 한번 도전하는 게 어때?"라고 말했다.

윤자영 대표 스스로도 지금 하지 않으면 1년 후에도, 5년 후에도 후회할 것만 같았다. 사람들이 필요로 하는 서비스가 있는데, 그 서비스는 아직 시장에 안 나왔고 시장에 나오기만 하면 잘될 것 같았다. 그리고 그 누구보다 자신이 잘할 수 있을 것 같았다.

2010년은 국내에 스마트폰이 본격 출시되면서 모바일 환경이 급속도로 바뀌고 있을 때였다. 때마침 페이스북이 국내에 진출하면서 가입자들이 늘어나고 있었다. 페이스북을 통한 정보 공유의 시대가 열리면서 자신이 가고자 하는 방향이 이 흐름과 맞아떨어진다는 판단이 섰다. 그때가 8월이었다.

"그 무렵 연세대 창업지원단이 출범하면서 대학생 창업을 지원한다는 포스터가 붙었는데, 알아보니까 사업제안서가 필요하다고 하더군요. 그래서 동아리와 학회 활동을 하면서 만난 경영학과 선배들에게 부탁했지요. 기술 개발과 관련된 전문적인 내용은 과 동기들에게 도움을 받았어요. 그렇게 사업제안서를 채우다보니까 사업 아이템에 대한 생각이 하나둘씩 정리되더군요."

그즈음 그녀는 자신의 창업 과정에서 중요한 인연을 만난다. 대학 측에서 주최한 벤처 최고경영자 강연에 이니시스 창업자이기도 한 권도균 프라이머 대표가 초청을 받은 것이다. 그녀는 그 강연회에 참석했고, 저녁 모임까지 찾아가 무턱대고 그에게 사업계획서를 내밀었다. 그날의 인연으로 윤자영 대표는 프라이머의 투자를 받아 창업을 할 수 있었다.

SNS+1020+길거리 패션=스타일쉐어

2011년 초 대학 선배와 학회 선후배 등 6명으로 팀을 구성했고, 6월에 회사를 설립했다. 패션 스타일을 공유한다는 의미를 담아 '스타일쉐어'라고 회사 이름도 정했다. 일단 시작만 하면 대박이 날 아이템인 줄 알았는데 생각 외로 일이 전혀 진척되지 않았다.

사업 초기 단계에서 한창 고민에 빠져 있을 때 매스챌린지에 지원하면 어떻겠냐는 제안을 받았다. 매스챌린지는 매사추세츠 주정부가 지원하고 보스턴대학이 주관하는 대회로, 최종 100팀을 뽑아 사무실을 무상 지원하고 네트워킹을 해주는 스타트업 육성 프로그램이다. 다행히 합격했고 4개월간 보스턴에서 개발에 몰두할 수 있었다.

드디어 9월 스타일 공유 애플리케이션 '스타일쉐어'가 첫선을 보였다. 개인이 스스로 코디한 사진을 찍어 올리면 스타일에 관심 있는 사람들이 댓글로 반응하고 옷 판매처 등 관련 정보를 묻는다. 인터넷상에서 유행한 'ㅈㅂㅈㅇ(정보좀요)'라는 용어도 스타일쉐어를 통해 처음 등장

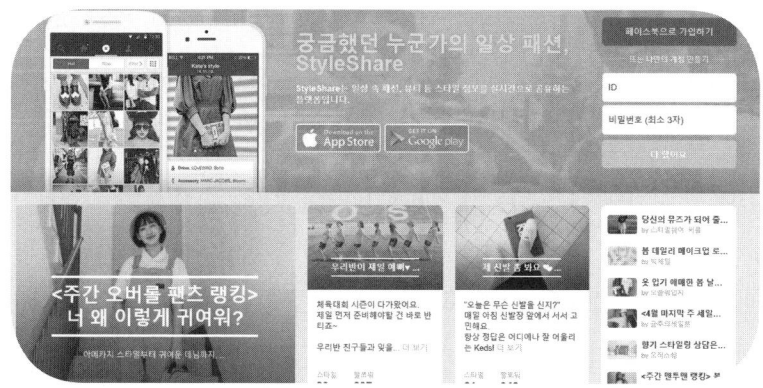

스타일쉐어의 스타일 피드. '궁금했던 누군가의 일생 패션'이라는 슬로건이 눈길을 끈다.

했다. 2017년 현재 투자사가 평가한 스타일쉐어의 기업 가치는 400억 원에 달한다. 창업 5년 만에 엄청난 성장을 한 셈이다.

그 비결에 대해 윤자영 대표는 '공유'와 '공감'을 꼽았다.

"전 세계 어디를 가든 방식과 매체가 다를 뿐 자신의 관심사를 사람들과 공유하고 정보를 나누는 1020세대가 눈에 띄게 늘고 있어요. 이들은 또래 문화에 민감하면서도 개성을 중시하는 세대지요. 스타일쉐어가 이들의 니즈에 맞아떨어진 게 비결이라면 비결이죠."

스타일쉐어의 가입자 수는 270만 명이고, 애플리케이션을 내려받은 숫자는 350만 건에 달한다. MAU(한 달 동안 서비스를 이용한 순수 이용자 수)는 60만 명으로, 국내 인구 분포와 사용자 연령층을 고려했을 때 10대 4명 중 1명은 스타일쉐어를 이용한다고 볼 수 있다. 국내 15~29세 여성 470만 명 중 절반 이상이 한 번 이상 스타일쉐어에 들어왔다는 통계도 갖고 있다.

2016년 4월에는 스토어도 선보였다. 정보 공유뿐만 아니라 사진 속

옷과 액세서리를 바로 구매할 수 있도록 한 것이다. 현재 스토어의 한 달 평균 거래액은 15억원 수준이다. 윤자영 대표는 올해 양적 성장이 이뤄질 것으로 기대하고 있다.

기획성 비즈니스 모델도 눈에 띈다. 스타일쉐어는 한정 상품 제작이나 공동 기획을 통해 기획 단계부터 10대의 반응을 살핀 후 제품을 만드는 방식으로 대기업과 협업하고 있다. 또한 '필요 없는 옷을 팔려고 하는데 어느 플리마켓이 좋냐'는 질문에 스타일쉐어가 직접 나서서 문을 연 '스타일쉐어 마켓페스트'는 지난해에만 이틀 동안 5만 명이 방문했을 정도로 인기를 끌었다.

"일반적인 패션 매체는 프로패셔널한 콘텐츠를 제안하지요. 슈퍼 모델에다 아이템도 값비싼 명품이고요. 보기는 좋지만 내가 구매하기는 어려울 수밖에 없어요. 저희는 일상 깊숙이 들어가 내가 혹은 내 친구가, 내 동생이 활용할 수 있는 패션 정보에 집중했습니다. 그런 접근법이 실리를 따지는 1020세대에게 어필한 것이지요. 저희 스토어도 이용자들이 공감할 수 있는 패션 콘텐츠를 올리고 자연스럽게 상품이 소개되는 방식입니다. 소셜네트워크서비스와 쇼핑이 자연스럽게 결합된 모습이지요."

2016년 스타일쉐어의 총 거래액은 50억원이다. 올해는 200억원까지 크게 성장할 것으로 예상하고 있다.

페인 포인트에 대한 나만의 답이 있는가?

　창업을 해야겠다고 마음을 굳혔다면 그 누구보다 애정을 갖고 잘할 수 있는 아이템을 선택하세요. 또 그 분야를 누구보다 잘 이해하고 있어야 합니다. 이해라는 것은, 방법에 대한 이해보다는 소비자에 대한 이해가 훨씬 중요합니다. 자신이 소비자로서 혹은 소비자를 지켜보다가 페인 포인트(Pain Point)를 발견하고 그 페인 포인트를 해결할 수 있는 방법을 제시할 수 있어야 합니다. 개발이나 마케팅 등 자신이 못하는 부분은 팀원을 잘 찾으면 됩니다. 가장 중요한 것은 창업자 자신이 페인 포인트에 대한 답을 가지고 있어야 한다는 점입니다.

김미희 튜터링 대표

영어회화 모바일 앱으로
소비자를 만나다.

    삼성전자를 박차고 나와 영어회화 모바일 앱 시장에 뛰어든 김미희 튜터링 대표. 그녀는 영어 사교육 시장에 새로운 바람을 일으키고 있다.
    김미희 대표는 대학 시절 '남다른 엉뚱함'을 유감없이 발휘하며 유명한 광고 공모전을 휩쓸었다. 졸업을 1년 앞둔 대학 3학년 때는 삼성전자 공채시험에 합격하며 능력을 인정받았다. 입사 후에는 갤럭시 시리즈의 사용자 경험 디자인을 맡아 숱한 시행착오를 겪으며 갤럭시와 함께 성장했다.
    그러던 어느 날 직장 생활 10년 동안 아무리 돈을 써도 늘지 않는 영어 실력에 해 이를 사업화하기로 마음먹는다. 영어 강사와 학생을 일대일로 실시간 연결해주는 모바일 서비스는 시작한 지 3개월 만에 유료 가입자 8,000여 명을 확보했다. 그리고 2017년 현재 매주 22퍼센트, 매월 300퍼센트씩 회원 수가 증가하는 등 높은 성장세를 보이며 잠재력을 인정받고 있다.

김미희(35) 대표는 지금도 튜터링의 비즈니스 모델을 발표했을 때 교수와 동기들이 보내준 뜨거운 반응을 잊지 못한다. 모두가 열광했고, 사업의 성공을 확신해주었다. 기존의 화상영어나 전화영어와는 뚜렷하게 차별화된 서비스였기에 가능한 일이었다.

당시 그녀는 삼성전자 갤럭시 S7 서비스 기획 업무를 맡고 있었는데, 자신이 좋아하는 일을 남겨두고 나가는 게 망설여졌지만 더 지체하면 사업을 영영 시작하지 못할 것 같아 퇴사를 결심했다. 그 과정에서 남편과 어머니의 적극적인 지지가 큰 힘이 됐다. 사업 파트너를 얻기 위해 삼고초려를 하는 등 어려움도 있었지만 결과는 대성공이었다. 서비스 가격은 낮추되 강의의 질은 높이고 시스템의 안정성을 갖춘 튜터링의 모바일 영어회화에 많은 소비자들이 환호를 보낸 것이다.

단칸방에서 맞은 인생의 터닝 포인트

김미희 대표는 건설업을 하는 아버지와 전업주부인 어머니 사이에서 태어나 언니와 남동생과 함께 지극히 평범한 어린 시절을 보냈다.

그녀는 초등학교 때 유달리 발명을 좋아해서 특별활동은 무조건 '발명반'을 선택했다. 과학상자 조립이나 수수깡으로 집 만들기 등 자신만의 스타일로 발명품 만드는 것을 가장 좋아했다.

"과학상자에는 설명서가 있는데 아예 쳐다보지도 않고 나만의 방식으로 만드는 것을 좋아했어요. 다소 어눌하고 겉보기에 형편없더라도 내가 원하는 방식으로 만드는 데서 작지만 짜릿한 희열을 느꼈던 거죠. 그런 독창성이 돋보였는지 발명대회만 나가면 상을 타곤 했지요."

그녀는 인생의 첫 번째 터닝 포인트로 중학교 2학년 시기를 꼽는다. 당시 그녀의 가족은 신림동 단독주택에 살았는데, 어느 날 학교에서 돌아오니 대문이 부서져 있고 집 안의 가전제품과 가구에 온통 빨간딱지가 붙어 있었다. IMF 외환위기의 영향으로 아버지 회사가 부도를 맞고 집까지 경매로 넘어간 것이었다. 그렇게 다섯 식구가 봉천동의 단칸방으로 이사를 갔다. 아버지, 남동생과 한방에서 자는 것도 불편했지만 혹여 친구들이 보면 어쩌나 하는 창피한 마음이 더 컸다.

그녀의 어린 마음을 더욱 아프게 한 것은 3남매만큼은 제대로 키워보겠다고 아버지와 함께 야채 장사에 나선 어머니였다. 평생 고생을 모르고 사모님으로 살아온 어머니가 노점에서 야채를 팔겠다고 새벽에 집을 나서는 모습을 보면서 마음이 너무 아팠다. 훗날 그녀는 삼성그룹에 지원서를 쓸 때 '가장 존경하는 인물이 누구냐'는 질문에 망설임 없이 어머니의 이름 세 글자를 써넣었다.

그녀가 고등학교에 진학할 때쯤 살림살이가 다소 나아지면서 단독주택으로 이사를 갔지만, 3남매에게 사교육을 시켜줄 만큼 넉넉한 형편은 되지 못했다. 다른 친구들처럼 학원에 다니고 싶었지만 어머니에게 학원비 부담을 주고 싶지 않아서 친구의 학원증을 빌리거나 그것도 여의치 않으면 도강(돈을 내지 않고 몰래 강의를 듣는 것)도 가끔 감행했다. 그렇게 악바리처럼 노력해서 어려운 형편에도 늘 상위권 성적을 유지했다.

대학 전공을 선택해야 하는 시점이 왔을 때, 담임선생님은 그녀의 엉뚱함이 차별화된 능력으로 발휘될 수 있는 곳에 갔으면 한다며 광고홍보학과를 권했다.

"뭔가 만드는 것을 좋아하니 아버지처럼 건축가가 되면 어떨까 생각했는데, 아버지가 혹 자신처럼 실패를 하면 어쩌나 싶으셨는지 엄청나게 반대하셨어요. 그래서 광고홍보학과를 선택하게 되었지요. 어릴 적부터 독서와 글쓰기를 워낙 좋아하기도 해서 그런 재능이 도움이 될 듯 싶었습니다."

김미희 대표는 한양대 광고홍보학과에 입학했다. 전공으로 광고마케팅을, 부전공으로는 시각디자인을 선택했다. 언니와 남동생까지 3남매가 다 대학에 다닐 때는 부모님의 등록금 부담을 덜어드리기 위해 돌아가면서 휴학을 했는데, 그녀는 휴학 기간 동안 국비 지원을 받아 6개월짜리 멀티미디어 전문가 과정을 수료했다. 포토샵, 일러스트, 플래시 등 당시 배운 멀티미디어 기술은 직장 생활과 이후 창업 과정에서 소중한 자산이 됐다.

'엉뚱함을 차별화된 능력으로' 승화시키기 위해 광고홍보학을 선택한 그녀의 의지가 통했는지, 대학 3학년 때부터는 제일기획 공모전 은상, 현대차 글로벌 마케팅 포럼 최우수상 등 광고업계의 이름난 공모전을 휩쓸면서 재능을 유감없이 발휘했다. 그러던 차에 삼성그룹에서 졸업이 1년 이상 남은 대학생들을 선별해 공채시험을 볼 수 있는 전형 자격을 주었는데, 그녀는 그 기회를 거머쥐었고 필기시험과 면접을 거쳐 최종 합격했다. 기뻤지만, 친구들과 선배들이 취업이 잘 안 돼서 힘들어할 때라 그녀는 삼성그룹에 합격한 사실을 아무한테도 말하지 않고 1년을 보냈다.

원래 김미희 대표가 가장 들어가고 싶었던 곳은 광고업계 부동의 1위인 제일기획이었고, 삼성전자는 2지망이었다. 자신의 전공을 살려 제일기획에서 능력을 발휘하고 싶었지만, 글로벌 업무 능력이 핵심이었던 제일기획에 들어가기엔 그녀의 부족한 영어 실력이 약점이 됐다. 그래서 2지망인 삼성전자에 다니게 됐다.

갤럭시 시리즈의 흥행 신화를 쓰다

2006년 2월 삼성전자에 입사한 김미희 대표는 본사가 있는 수원이 아닌 압구정동으로 출근했다. 미래전략TF(태스크포스)에 배치받았기 때문이다.

"지금 와서 얘기지만 몇 개월만 다니다가 광고대행사로 옮길 생각이었어요. 월급 200만원은 대졸 초임으로는 적지 않은 금액이었지만, 나의 끼를 발휘하기에는 맞지 않는 곳이라는 생각이 컸어요. 그런데 다니다보니까 일이 매력적이더라고요. 미래전략 솔루션을 기획하고 개발하는 일이 너무 재미있었던 거죠."

그렇게 재미있게 3년을 일하면서 모바일 시장의 성장성에 주목했다. 그동안 맡았던 업무는 영상 콘텐츠 솔루션 개발, B2B 마케팅 등으로 다양했지만 새롭게 뜨고 있는 시장에 그녀 자신도 들어가고 싶었다. 때마침 삼성전자 미디어솔루션센터에서 스마트폰에 들어가는 미디어 서비스의 기획자를 내부 채용했다. 2009년 5월이었다.

삼성전자 내부에는 '잡포스팅'이란 특이한 리쿠르팅 제도가 있는데, 해당 부서에서 리쿠르트 공고를 내면 다른 부서 직원들이 몰래 지원할 수 있는 시스템이다. 해당 부서장과의 면접도 주말에 이뤄져서 현업 부서에서는 절대 알 수 없다. 뽑히면 깔끔하게 원하는 부서로 이동할 수 있고, 혹시 옮기지 못하더라도 불이익을 당하지 않는 제도인 셈이다.

잡포스팅을 통해 원하던 부서로 옮긴 그녀는 사용자 경험(UX) 디자이너로 지원하여 모바일 디자인과 서비스 기획 업무를 맡았다. 갤럭시 S 시리즈 초창기인 2009년부터 사표를 낸 2015년까지 그녀는 그렇게 갤럭시의 흥행 신화에 참여할 수 있었다.

"수많은 서비스를 세상에 내놓았고, 또 그에 버금갈 정도로 많은 서비스를 종료시켰습니다. 스트레스도 많았지만 새로운 서비스를 만들고 디자인하는 일을 무척 좋아했기 때문에 일 자체를 즐길 수 있었죠. 하지만 될 법한 서비스가 갑자기 (정책적인 이유 등으로) 사라지는 것을 볼 때면 서비스 기획자로서 자괴감도 들었습니다."

누구나 부러워하는 꿈의 직장에 다니고 있었지만 자신의 창의성을 충분히 발휘할 수 없는 거대한 조직이 답답하고 버거울 때도 있었다. 조직이 만든 틀에서 벗어나는 기획안을 올려 핀잔을 듣기도 했고, 사내 공모전에 사업 아이템을 제안했다가 고배를 마시기도 했다. 그렇다고 대책 없이 회사를 그만둘 수도 없었다.

페인 포인트를 창업의 밑천으로!

샐러리맨으로 살아가던 김미희 대표에게 두 번째 터닝 포인트가 찾아왔다. 2014년 카이스트 MBA 과정을 밟을 기회가 생겼는데, 거기서 비즈니스 모델 전략을 수립하는 프로젝트를 진행했던 것이다. 그녀의 머릿속에 사내 공모에서 미끄러진 10가지 아이템 중 3가지가 떠올랐다.

하나는 돌잔치 관련 정보를 한곳에 모아놓는 사이트로 이름도 '돌써치'라고 지었다. 하지만 매년 태어나는 신생아가 40만 명 정도에 불과해 시장 자체가 작은 데다 글로벌 아이템이 될 수 없다는 생각에 접었다. 또 하나는 여행과 해외 SNS를 이어주는 '윙버디'라는 서비스로, 특정 날짜와 특정 장소를 남기면 SNS로 함께 여행할 친구를 매칭해주는 아이템이었다. 하지만 그녀 자신도 그 서비스에 대한 절실함이 없었기에 이것 역시 접었다. 마지막은 오프라인 일대일 과외를 모바일에 담아 콘텐츠 기반 온디맨드 러닝(On-demand learning) 서비스를 개발한다는 아이디어였다.

"다른 아이템들은 나 자신의 페인 포인트(Pain Point)와 관련이 없는 분야여서 절실함이 없었던 것 같아요. 나 스스로 불편함을 느끼고 그것을 개선해야 한다는 절박함이 있어야 하는데, 그렇지 못했던 거죠. 저는 학창 시절 내내 그리고 직장 생활을 하면서도 나에게 가장 큰 페인 포인트였던 영어회화에 주목했습니다. 내가 그 서비스의 절박함을 진심으로 이해해야만 사업적으로도 성공할 수 있다고 믿었기 때문이죠."

카이스트 MBA 과정을 밟으며 온디맨드 러닝의 비즈니스 모델을 충분히 분석했다. 수업 중에 시장조사 및 분석, 서비스 오픈 이후 발생할 수 있는 위험 요소 등을 전반적으로 문서화했던 것이다.

온디맨드 모바일 러닝 사업 모델을 발표했을 때 교수와 동기들의 반응은 매우 긍정적이었다. 1년간의 MBA 과정을 마치고 회사로 복귀한 그녀는 창업을 결심하고 2015년 9월 사표를 냈다.

김미희 대표가 창업을 결심한 데는 튜터링을 함께 꾸려갈 파트너를 찾았다는 점이 결정적인 역할을 했다. 창업을 하기로 결심이 서자 그녀는 100쪽이 넘는 사업기획안을 갖고 최경희 씨(지금의 튜터링 공동 대표)를 찾아갔다. 최경희 씨는 그녀의 한양대 선배로 교육 컨설팅 사업을 하던 사람이었다. 서비스 디자인은 물론 모바일 프로토타입(본격적인 상품화에 앞서 성능을 검증하고 개선하기 위해 핵심 기능만 넣어 제작한 기본 모델)까지 개발해놓았기 때문에 최경희 씨를 설득할 자신이 있었다. 하지만 쉽지 않았다. 창업이 얼마나 어려운 일인지 몸소 겪었던 최경희 씨는 대기업에서 나와 창업하겠다는 후배를 오히려 말렸다.

"글자 그대로 삼고초려를 했어요. 처음에는 절대 못하겠다고 거절했는데, 제가 끈질기게 설득하니까 조금씩 마음을 열어주셨어요. 선배가 거절한 이유는 자신이 오프라인 기반의 사업을 했기 때문에 온라인 기반의 사업은 자신이 없다는 것이어서, 그건 제가 잘할 수 있다고 설득했어요. 교육 전문가도 필요했고 B2B 세일즈도 중요했기 때문에 선배처럼 교육 콘텐츠 기획, 영업, 학습 설계 등 관련 분야에서 10년 이상 경험이 있는 사람이 꼭 필요했죠."

두 사람은 교육의 주도권을 강사가 아닌 학생이 갖는 시대가 올 것이라는 전망에 있어서 같은 생각을 가지고 있었다. 교육 민주주의가 실현되면 학생의 요구에 맞춰 수업 과정을 짜는 개인화된 교육 시장으로 바뀔 것이라는 확신도 있었다.

3개월에 걸친 끈질긴 설득에 최경희 씨는 합류하겠다는 최종 답변을 하고 아프리카로 여행을 다녀왔다.

사업 파트너를 확보한 만큼 이제 본격적으로 일을 시작해도 되겠다고 판단한 김미희 대표는 2016년 2월 25일 '튜터링'이란 사명으로 법인을 설립했다.

튜터링, 소비자의 니즈를 읽다

튜터링의 강점 중 하나는 구성원의 오너십이다. 13명의 직원 중에서 스타트업 창업자 출신이 5명으로, 이들이 창업한 횟수만 여덟 번이다. 튜터링은 그만큼 다양한 창업 경험을 바탕으로 이뤄진 회사다. 시장성

튜터링 사이트를 오픈하며 창업 멤버들과 기쁨을 함께한 김미희 대표(앞줄 왼쪽에서 세 번째).

도 밝다. 성인을 위한 영어 사교육 시장은 1조8,000억원이고, 1인이 평생 영어 교육에 쓰는 비용이 2억원이라는 통계도 있다.

전화영어나 화상영어 서비스는 소비자들이 만족할 만한 콘텐츠를 제공하지 못했다. 개인 강사를 고용하는 것은 효과적이지만 시간당 단가가 너무 높아서 지속적인 교육이 어렵다. 실제로 이러한 영어 교육 서비스를 모두 이용한 경험이 있는 김미희 대표는 기존 서비스의 약점을 보완하면서 소비자의 요구에 맞춘 서비스를 내놓기로 했다. 가장 중요한 포인트는 가격은 낮추되 강의의 질은 높이는 것이었다. 또한 모바일 교육 서비스인 만큼 시스템의 안정성이 전제가 되어야 했다.

전화영어 서비스는 해외에 현지 콜센터를 임대해 풀타임 영어 선생님과 한인 매니저를 채용해 운영하는 방식이 많다. 비교적 인건비가 저렴한 필리핀 강사를 주로 고용한다 해도 이러한 운영 방식은 유지 비용이 많이 들고, 이는 고스란히 소비자들의 몫으로 돌아간다. 그리고 화상영어 서비스는 스카이프, 위챗, 구글 행아웃 등 주로 인터넷전화 플랫폼을 활용해 이루어진다. 인프라를 운영하지 않아도 되기에 비교적 가격은 낮지만 이용하기는 매우 불편하다.

2016년 9월 본격적으로 선보인 '튜터링'은 P2P(개인 대 개인) 플랫폼을 자체 개발해서 강사와 학생 모두 모바일 앱만 설치하면 바로 서비스를 이용할 수 있다. 기존 중계 시스템 구조를 개선한 덕분에 서비스 단가는 낮아지고 강사료는 개선됐다. 실제로 필리핀 강사의 수업을 월 200분 듣는다고 하면 기존 화상영어 이용 비용이 10만~15만원 소요되는 것에 반해 튜터링은 4만원 정도면 이용할 수 있다. 영미권 강사의 수업도 시중 가격의 절반 이하인 7만원 미만에 들을 수 있다.

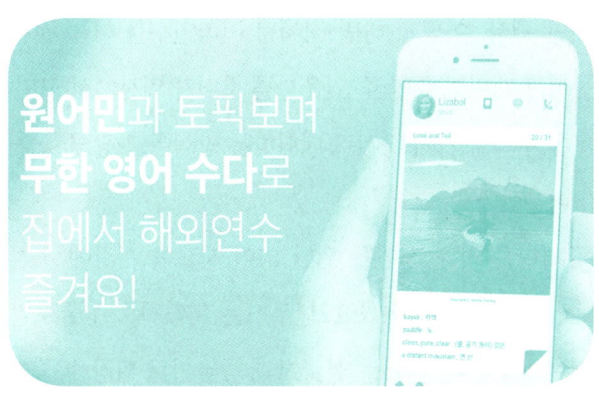

튜터링은 원어민과 영어 토픽 카드를 보면서 손쉽게 영어를 배울 수 있는 데다 기존 화상영어보다 이용 비용이 저렴해 성장세가 두드러지고 있다.

　튜터링은 소비자가는 50퍼센트 낮추고 강사에게 지급하는 강사료는 30퍼센트 높여 양측 모두가 만족할 만한 수익 구조를 만들었다. 그렇다보니 강사 경쟁률이 높아서 평균 10 대 1에 달하고, 강사의 국적도 필리핀 50퍼센트, 영미권 50퍼센트로 구성됐다.
　우버 택시 서비스처럼 강사가 항시 대기하고 있고, 강사의 프로필이나 소개 영상을 보고 학생이 선택하면 실시간 모바일 영어 교육이 이뤄지는 방식이다. 저속에서도 음질과 콘텐츠 스트리밍이 문제가 없도록 완성도를 높였다는 것도 강점이다. 튜터링이 직접 제작한 80개 카테고리와 3,000장의 토픽 카드 중에서 이용자 관심사와 용도에 따라 선택해 학습할 수 있다. 토픽은 스피킹 시험, 면접 같은 실용적 분야부터 커피, 쇼핑, 영화, 스포츠 등 가벼운 주제까지 다양하다. 20여 개의 콘텐츠 제공 파트너사도 확보하고 있다.
　김미희 대표는 전화영어로 10년을 공부했지만 원어민 앞에 서면 항상 긴장하곤 했다. 어떻게 하면 집에서 어학연수를 하는 것처럼 공부 효과도 높이고 재미있게 할 수 있을까를 소비자 입장에서 고민하자, 삶의 다채로운 주제를 가지고 서로 대화하는 방식이 가장 좋을 거라는 아이디어가 떠올랐다.

현재 튜터링은 국내 성인을 위한 영어 사교육 시장에 초점을 두고 서비스를 개발하고 있지만, 2017년부터는 본격적으로 글로벌 시장에 진출한다는 계획이다. 언어를 한국어와 중국어로 확장해 중화권에 한국어 튜터링 서비스를 제공하려 한다. 세계 외국어 교육 시장 규모가 120조원에 달하고, 이 가운데 90퍼센트가 아시아권인 만큼 충분히 승산이 있다는 판단이다. 튜터링 가입자는 매주 평균 20퍼센트 이상씩 증가하고 있고, 가입자 중에서 10퍼센트가 유료로 전환하고 있다. 이런 추세로 나아가다보면 높은 성장세를 유지하여 더욱 많은 이들이 새로운 교육 경험의 혜택을 누릴 수 있을 것으로 기대된다. 튜터링은 가격 거품 제거와 새로운 사용자 경험을 통해 대한민국, 더 나아가 글로벌 모바일 교육 시장에서 '제2의 우버 혁신'을 꿈꾸고 있다.

확신과 준비 없이 절대 창업하지 마라

준비가 안 되었다면 절대 창업하지 마세요. 준비가 됐다는 건 자신이 가진 아이디어를 포기하고 살면 후회할 것 같다는 판단이 섰을 때입니다. 우선 아이템에 대한 확신이 있어야 합니다. 내 역량을 결집해서 잘할 수 있는 아이템인지 냉정하게 살펴보아야 하지요.

창업은 엄청난 희생을 요한다는 사실을 잘 알았으면 해요. 내가 누리고 있는 안락함이나 편안함 등 모든 것을 포기할 수 있는지, 창업 후 밀려오는 극심한 스트레스를 이겨낼 정도로 뜨거운 열정이 있는지 스스로에게 끊임없이 물어보고 답을 얻어야 합니다. 그런 게 아니라면 창업을 선택하지 말라고, 말리고 싶습니다.

허문숙 아바마트 대표

아버지의 공장에
뷰티 놀이터를 만들다.

아버지의 공장을 물려받아 누구나 쉽게 예뻐지는 '뷰티 놀이터'를 만들어가는 허문숙 아바마트 대표. 그녀는 파독 광부 출신 아버지와 파독 간호사 출신 어머니 사이에서 태어났다. 돌이 지나 고국으로 돌아왔기에 독일에 대한 기억은 전혀 없다. 한국에서 아버지는 화장용 브러시 등을 제조해 독일로 수출하는 사업을 했다. 나중에는 인건비 때문에 중국으로 공장을 옮겼지만 사업 환경이 급변하면서 판로를 찾지 못해 애를 먹었다.

어렸을 때부터 당찼던 허문숙 대표에게 아버지는 브러시를 활용해 사업을 해보라 권했고, 그녀는 스물여덟 나이에 창업의 길로 들어섰다. 지금은 화장용 브러시를 비롯해 립스틱, 아이샤도 등 색조 화장품으로 품목을 넓히며 연 매출 10억원 규모의 뷰티 놀이터를 만들어가고 있다.

'아바마트' 법인 등록 후 적극적으로 사업을 해야겠다고 결심한 허문숙(33) 대표는 유명 뷰티 블로거들을 주목했다. 그들에게 아바마트의 브러시 제품을 보냈다. 제품에 자신감이 있기에 가능한 일이었다. 블로거들의 반응은 폭발적이었다. 가성비 높은 브러시라며 호평이 쏟아졌고, 1년 뒤에는 매출이 1억원으로 껑충 뛰었다. 그리고 지난 2016년에는 10억원의 매출을 달성했다.

이제 그녀는 제대로 된 '뷰티 놀이터'를 만들어가기 위해 한두 걸음을 내딛었을 뿐이다. 세 걸음, 네 걸음 그녀가 나아갈 길을 기대해보자.

독일에서 맺은 부부의 연

허문숙 대표의 부모님 이야기는 특별하다. 마치 영화 〈국제시장〉 속 한 장면 같다. 1970년대 초반 독일로 건너간 광부 아버지와 일찍부터 독일에서 간호사로 일했던 어머니는 한인들이 세운 독일어 교실에서 학생(아버지)과 선생님(어머니)으로 만나 사랑을 키웠다. 당시 독일어를 잘 몰랐던 광부들은 간호사들에게 독일어를 배우며 현지 생활에 적응해나갔다.

파독 광부 출신의 아버지와 파독 간호사 출신의 어머니는 독일에서 만나 부부의 연을 맺었다.

타향살이의 아픔을 서로 보듬어주면서 사랑을 키웠고 1980년 먼 이국땅에서 백년가약을 맺었다. 없는 살림에 결혼식은 엄두조차 내지 못하고 살림을 합쳤다. 그리고 이듬해 첫딸을 얻었다. 다시 3년 후 둘째 딸 허문숙 대표가 태어났을 즈음, 아버지는 오랜 광부 일로 건강에 문제가 생겨 한국과 독일을 오가며 할 수 있는 사업 아이템을 찾았다. 손톱깎이부터 플라스틱 장난감, 과자, 양말 등 당시 인건비가 저렴했던 한국에서 제조해 서독으로 수출할 수 있는 여러 아이템에 손을 댔다.

그러다 화장용 브러시를 제조하는 게 어떻겠냐는 독일인 사업가의 제안을 받고 합작회사를 세운 후 1985년 고국 땅을 밟았다. 마땅히 기거할 곳이 없었던 그녀의 가족은 서울 동작구 신대방동에 있는 친할머니 댁으로 들어갔다. 3형제 중 장남이란 이유로 고등학교를 졸업하자마자 돈 벌러 독일로 떠났던 큰아들에게 애틋할 법도 하건만, 할머니는 아버지보다는 대학 나와 번듯한 직장에 다니는 삼촌들을 더 귀하게 여기는 것처럼 보였다.

"아버지가 깊은 갱도에 들어가 목숨을 담보로 번 돈으로 삼촌들을 교육시킬 수 있었는데도, 어린 제 눈에는 할머니가 유달리 아버지한테 인색한 것처럼 보여서 무척 야속했어요. 게다가 아들을 낳은 숙모들과는 달리 딸만둘을 낳은 어머니에 대한 할머니의 구박도 대단했지요."

아버지의 화장용 브러시 공장

견디다 못한 아버지는 단칸방을 얻어 가족을 이끌고 나왔다. 아버지의 브러시 공장이 막 자리를 잡아가던 시기였다. 독일 현지법인은 '바바라호프만', 국내 제조공장은 '한서화장품기구'라는 법인명을 썼다. 아버지는 독일을 오가며 일했는데, 합작법인을 세운 호프만 씨와는 가족처럼 지냈다.

"제가 유치원을 다닐 때는, 수출하는 공장을 처음 본다며 동네 사람들이 몰려와 구경을 했었죠. 물건을 싣고 항구로 가는 컨테이너 차가 오면 모두들 신기한 눈으로 쳐다보곤 했어요."

사업이 제법 자리를 잡아가면서 그녀의 가족은 단독주택으로 이사했다. 하지만 온 가족이 공장 일에 매달려 지냈던 탓인지 그녀는 '우리 집이 잘산다' 혹은 '우리 아빠는 사장님이니까 우리 집은 부자다'라는 생각은 해본 적이 없었다.

88서울올림픽을 성공적으로 개최한 후 대한민국의 경제 규모가 커지자 인건비가 덩달아 올랐다. 해를 거듭할수록 인건비가 높아지자 고민을 거듭하던 아버지는 1990년대 후반에 한국 공장을 정리하고 중국 선전으로 건너갔다. 중국 공장에서 주력 제품인 화장용 브러시는 물론 장난감 등 다양한 품목을 제조했다.

그러던 어느 해 아버지의 독일 사업 파트너인 호프만 씨가 세상을 떴고 회사는 그 자녀들에게 넘어갔다. 그들과 아버지 사이에 분쟁이 생겨 독일 수출 라인에 위기가 발생했다. 설상가상으로 선전 공장의 동업자와도 문제가 생겼다. 그러자 아버지는 톈진에 공장을 세우고, 법인명을 '한서코스메틱기구'로 정한 다음 브러시 한 품목에 올인했다.

화장을 즐기고, 패션 감각을 키우고

허문숙 대표는 아주 어렸을 적부터 아버지의 공장 일을 도왔다. 중학생 때는 완제품 검사를 하거나 화장용 퍼프를 포장했고, 공장이 중국으로 이전한 후에는 용돈을 벌기 위해 패스트푸드점에서 아르바이트를 했다. 사고 싶은 게 있으면 부모에게 손을 벌리기보다 직접 돈을 벌어서 사야 한다는 경제관념이 일찌감치 몸에 뱄기 때문이다.

외모에 관심이 많아지던 중·고등학교 시절엔 아버지의 공장에서 생산한 화장용 브러시가 그녀에게 좀더 특별해졌다. 어릴 적부터 미술을 좋아해서인지 브러시를 이용해서 화장하는 게 너무 재미있었던 것이다. 집에 놀러오는 친구들도 아버지의 브러시로 화장을 하곤 했는데, 다들 화장이 너무 잘된다며 좋아했다.

자연스럽게 패션과 화장에 관심이 많아진 그녀는 2003년 한양여대 패션디자인과에 입학했다. 대학을 다니는 동안에는 압구정동 로데오

거리 편집숍에서 일했다. 당시에는 로데오 거리가 패션의 중심이었다.

"연예인들이 많이 찾는 데다 패션 트렌드의 중심이라는 이미지 때문에 옷 가게들이 잘됐지요. 제가 아르바이트를 하던 매장의 사장님이 편집숍 세 곳을 운영했는데, 대학을 졸업하니까 제 감각이 마음에 든다면서 직접 운영해보라고 한 곳을 맡기셨어요. 그게 저한테는 첫 번째 사회생활이었던 셈이죠."

그때가 2006년이었다. 일상은 단순했지만 육체적으로 몹시 힘들었다. 하루 종일 서서 고객을 응대했고, 일주일에 며칠은 밤 10시에 물건을 사러 동대문으로 갔다. APM, 디자이너클럽, 청평화시장 등의 단골 거래처를 돌면서 잘 팔릴 만한 제품을 골라 새벽까지 커다란 옷 꾸러미를 끌고 다녔다. 그렇게 2년을 다람쥐 쳇바퀴 돌 듯 정신없이 지냈다.

그러는 사이 몸이 많이 축난 그녀는 좀 쉬고 싶었다. 마침 친구가 미국으로 교환학생을 갔다 온 게 너무 부러워서 그녀도 해외에 보내달라고 부모님을 졸랐다. 무슨 생각이셨는지 아버지가 순순히 인도로 가는 건 어떻겠냐고 물으셨고, 그녀는 그러겠다고 대답했다. 아버지는 인도는 인구도 많고 시장도 곧 뜰 것 같으니 가서 시장조사도 할 겸 학교를 다녀보라고 권했다.

정들었던 압구정동과 작별하고 2008년 인도로 건너갔다. 뭄바이 인근 뿌네에 자리한 인터내셔널 스쿨의 랭귀지 과정에 들어갔는데, 한인 학생들은 대부분 그녀보다 어렸다. 자연스럽게 또래 외국인들과 친해졌고, 그들과 남인도 지역을 여행하면서 자유로운 시간을 보냈다. 8개월 정도 지나 귀국 시기가 다가왔다. 아버지는 한국에 들어가기 전 잠시 톈진 공장에 들르라고 당부했고, 그때 처음으로 중국 공장을 직접 봤다. 그녀는 공장에 들어섰던 순간을 아직도 잊지 못한다.

"제가 예상했던 것보다 훨씬 더 열악했어요. 거기서 힘든 시간을 보냈을 아버지를 생각하니 눈물이 핑 돌았어요. 아버지한테 그동안 너무 고생하셨다고, 이제는 고생을 덜 하셨으면 좋겠다고 하니까 아버지가 이렇게 말씀하시더군요. '나도 이제 너무 힘이 드니까 네가 브러시를 팔아서 사업을 꾸렸으면 좋겠구나'라고요. 너무 뜻밖이었죠. 저는 아버지 사업을 이어받을 생각은 한 번도 해본 적이 없었거든요. 게다가 그 무렵 바이어도 많이 끊겨서 사업 자체가 어떻게 될지 모르는 불확실한 상태였어요. 하지만 이내 아버지가 모든 것을 다 바친 공장을 그냥 저렇게 내버려둘 수는 없다는 생각이 들었어요. 가업 승계라는 거창한 의미보다는 좋은 제품이니까 '한번 제대로 팔아보자'는 고집이 발동되었던 것 같아요."

뷰티 놀이터 아바마트, 세상에 나오다

한국에 돌아오자마자 허문숙 대표는 사업자 등록부터 했다. 2008년 10월 '아바마트'가 탄생한 순간이었다. 아바마트라는 사명은 아버지가 지었다. 알파벳 A와 B를 조합한 것으로, 전 세계 사람들이 '아바(ABBA)'라는 이름을 읽기 쉽고 기억하기 쉬운 브랜드로 기억하길 희망했다.

바비브라운이나 맥 등 외국 브랜드가 이미 브러시 시장을 독점하고 있어서 사업이 쉬울 수는 없었다. 하지만 그녀는 고등학교 시절부터 화장을 했고 압구정동에서 편집숍을 운영하면서 패션 감각만큼은 남들

못지않다고 자부했기에 자신 있었다.

"저는 아버지가 브러시 제조 사업을 하니까 일상적으로 메이크업 도구를 다뤘지만, 친구들은 브러시 자체를 생소하게 여기고 사용법조차 모르는 경우가 태반이었어요. 저희 집에 놀러와서 처음으로 브러시를 만진 애들이 대부분이었으니까요. 또 외국 브랜드는 하나에 5만원을 호가하니 10~20대 젊은 여성들에게는 가격적인 부담이 컸지요. 아바마트 브러시가 가격 부담을 낮추고 쉽게 쓸 수 있는 메이크업 도구로 자리를 잡으면 충분히 승산이 있다고 생각했습니다."

가격대를 확 낮춘 만큼 로드숍이 아닌 온라인몰에서 승부를 걸어야 했다. 그녀는 포토샵 학원에 등록했다. 새벽에 학원을 다녀오자마자 컴퓨터 앞에 앉아 제품 사진을 등록했다. 처음에는 사진이 원하는 스타일로 나오지 않아 유명 스튜디오에 가서 눈동냥을 하며 기술을 익혔다.

이런 노력에도 불구하고 아바마트 초창기에는 하루에 주문이 한 건도 없을 때가 많았다. 출고되는 물건 개수가 1일 25개 이상이어야 택배사가 운송장에 주소지를 넣어 출력해주었기 때문에 밤마다 주문이 25개만 넘게 해달라고 기도하기도 했다. 25개 미만이면 그녀가 손으로 일일이 써야 했기 때문이다. 그래서였을까, 그녀는 주문이 들어오면 기분이 너무 좋아서 손 글씨로 감사하다고 편지를 써서 제품에 동봉해 보내기도 했다.

외국 브랜드에 비해 5분의 1 수준으로 가격이 저렴한 데다 품질까지 좋다보니 곧 입소문이 나기 시작했다. 1년쯤 지나자 매출이 상승 곡선을 그렸고 2년차에 이르렀을 때는 순이익으로 1,500만원 넘는 돈이 모였다. 그 정도면 작은 사무실 하나 빌리고, 직원 한 사람의 두세 달치 월급은 줄 수 있겠다 싶었다.

허문숙 대표는 2010년 10월 신대방 삼거리에 사무실을 얻고 법인을 등록한 후 더 적극적으로 사업에 나섰다. 브러시와 함께했을 때 시너지를 낼 수 있는 제품으로 색조 화장품을 선택해 사업 영역을 확장했다.

화장품 시장에 도전장을 내밀다

"화장품은 공장에 주문해야 하는 초기 물량이 일정 규모 이상은 돼야 하기 때문에 돈이 많이 들어요. 일단 화장품 주문자상표부착생산 기업과 협업을 통해 립스틱부터 시작해서 아이섀도 등 색조 화장품을 다양하게 갖춰나갔습니다. 이제까지 우리나라의 색조 화장품 시장은 핑크색 주류의 공주풍 제품들이 대부분이라 저희는 콘셉트를 '개성을 살

허문숙 대표가 고객에게 아바마트가 생산한 브러시 등 메이크업 도구 사용법을 시연하고 있다.

리는 아름다움'으로 잡고 이미지를 차별화했습니다. 저처럼 평범하지만 개성을 중시하는 여성들을 위한 색조 화장품으로 포지셔닝하고 싶었어요. 우리나라의 화장품은 대체로 품질이 좋은 편이라 콘셉트를 차별화하는 게 관건이라고 판단했던 거죠."

아바마트의 2016년 매출은 10억원에 달한다. 화장품의 비중이 55퍼센트에 달해 이미 브러시 비중을 넘어섰다. 이 밖에도 퍼프와 브러시 거치대 등 메이크업 도구가 매출의 20퍼센트 정도를 차지하고 있다.

허문숙 대표는 올해 글로벌 시장 진출에 박차를 가할 생각이다. 카페24를 통해 구축해놓은 영문 사이트에 각국 소비자들이 들어오는 만큼 해외 고객 비중을 늘려가는 것도 중·장기 목표다. 그 때문에 그녀는 올 연초부터 분주했다. 1월 중순 필리핀에서 K뷰티 기업들을 중심으로 열리는 뷰티 파티에 참여한 데 이어 2월에는 미국 대형 백화점 체인인 노스트롬에서 마련한 한국 화장품 뷰티전에 참가했다. 그런 그녀의 궁극적인 목표는 아바마트를 모든 여성들을 위한 뷰티 놀이터로 키우는 것이다.

"아바마트는 누구나 쉽게 예뻐지는 '뷰티 놀이터'를 지향하고 있어요. 10대 후반에서 20대 초반의 젊은 여성들이 화장을 쉽게 따라 하려면, 가격 진입 장벽이 낮고 화장하는 재미가 있어야 하거든요. 이를 위해 화장품 자체에 디자인적인 요소를 부여하는 것은 물론 젊은 세대에게 친숙한 인스타그램이나 페이스북을 통해 다양한 화장법을 제안하고 있어요. 또 아바마트의 주 고객층이 한 살, 두 살 연령대가 높아지는 데 맞춰서 프리미엄 브랜드도 고민하고 있습니다."

창업자에게는 긍정의 에너지가 꼭 필요해

창업을 하려면 일차적으로는 사업 아이템을 분명히 정하고 그에 맞는 핵심 고객층을 설정하는 게 중요해요. 하지만 그 모든 과정을 끌고 가는 힘은 바로 긍정의 에너지인 것 같습니다. 처음에 사업을 시작했을 때 '버티는 게 중요하다'는 말을 들었는데, 그게 무슨 말인지 솔직히 몰랐어요. 사업을 하다보면 지치고 힘들어서 그만두고 싶을 때가 반드시 생기는데, 그때마다 스스로에게 긍정의 에너지를 불어넣으며 그 순간순간을 버티고 견뎌내야 합니다.

그리고 사장으로서 자신의 결정과 판단에 자신감을 가져야 합니다. 사장은 다시 말해 최고경영자입니다. 최고경영자는 어떻게 해서든 정답을 주는 사람이어야 합니다. 혹여 그 선택이 틀릴 수도 있습니다만, 그렇다고 그 결과에 연연하면 결코 앞으로 나아갈 수 없어요. 항상 플랜 B와 플랜 C를 세워놓고 직원들과 끊임없이 소통하면서 그들을 격려하고 이끌어가야 합니다. 내가 이끄는 방향이나 방식이 재미있고 즐겁다면 직원들은 혹여 당장의 일이 힘들고 고통스러워도 함께 위기를 극복해나가려 할 것입니다.

원한별 자몽인터내셔널 대표

이메일 한 통과 영국 백만장자의 슈퍼잼.

해가 질 때까지 동네 친구들과 논두렁 사이를 뛰어다녔던 어린 시절을 떠올릴 때면 원한별 자몽인터내셔널 대표의 입가에 미소가 피어난다. 시어머니를 모시며 넷이나 되는 시동생과 어린 남매를 거둬 먹이느라 농사에 살림까지 도맡았던 어머니의 고된 노동이 행복한 기억 속 유일하게 슬픈 장면이다.

풍요로운 자연과 따뜻한 가족애를 한껏 누리며 나이를 먹었고, 대학에서 공예디자인을 전공한 후 중소기업 웹디자이너로 사회에 첫발을 디뎠다. 그리고 동료 2명과 50만원씩 내어 150만원으로 이베이 유통사업에 뛰어든 게 창업의 시작이었다. 서점에서 우연치 않게 프레이저 도허티의 슈퍼잼 이야기를 접하고 그에게 이메일을 보냈다. 기대하지도 않았던 도허티의 답장을 받으며 인연을 맺었고, 슈퍼잼의 한국 독점 판매권을 갖게 됐다. 100퍼센트 원재료로 만든 건강한 잼 '슈퍼잼'을 내세우며 먹거리 사업에 뛰어든 그녀는 이제 「LA 타임스」가 '새로운 10대 슈퍼푸드'로 선정한 타이거너츠로 새로운 도전에 나서고 있다.

"슈퍼잼에 대한 고객들의 반응이 정말 뜨거웠어요."

원한별(38) 자몽인터내셔널 대표는 신세계 강남점 식품관의 팝업스토어에서 슈퍼잼을 선보였던 때를 떠올리며 이렇게 말했다. 영국의 최연소 백만장자 프레이저 도허티에게 혹시나 하며 보냈던 이메일에서 시작된 슈퍼잼 사업은 매우 성공적으로 안착했다.

그리고 2014년 7월 국내 포럼 행사에 도허티가 연사로 초청되면서 그녀는 슈퍼잼을 대대적으로 홍보할 수 있는 또 한 번의 기회를 잡았다. 도허티와 의논해서 주요 매체 인터뷰를 진행했고, 결과는 대성공이었다. 한국 시장의 성장성을 확인한 도허티는 그해 말 슈퍼잼 독점 판매권을 그녀에게 줬다. 그러나 그녀의 도전은 이제 시작일 뿐이다.

대자연 속에서 성장하다

원한별 대표는 경기도 양주 출신이다. 지금은 대규모 아파트 단지가 들어서고 도로도 잘 뚫려 있어 서울에서 1시간이면 충분히 갈 수 있는 곳이지만, 그녀가 어렸을 때만 해도 산 좋고 물 좋은 시골이었다.

할아버지가 일찍 돌아가신 탓에 할머니는 혼자 7형제를 키우며 농사를 지었다. 그녀의 아버지는 셋째였다. 서울에서 대학을 나온 두 형을 대신해 아버지는 시골에서 모친을 모시고 밭농사를 지었고, 수확한 야채며 과일을 군부대에 납품하여 대가족의 생계를 꾸렸다. 4명의 삼촌들이 함께 지냈던 만큼, 어린 시절 그녀의 기억 속 집은 항상 북적대고 웃음꽃이 끊이지 않는 곳이었다. 그러나 한편으로 대가족의 살림을 도맡아 하느라 손에 물이 마를 새 없던 어머니를 지켜보며 가슴 아파하기도 했다.

"해가 질 때까지 친구들과 논두렁을 뛰어다녔던 기억, 겨울이면 꽁꽁 언 논밭 위에서 썰매를 탔던 기억, 집 앞 시냇물에서 미꾸라지를 잡으며 놀았던 기억 등등 그때를 생각하면 포근하고 행복한 장면이 많이 떠올라요. 주변에 미군 부대가 있어서 미군들이 트럭을 타고 이동할 때면

경기도 양주에서 보낸 어린 시절은 대자연의 풍요로움과 가족의 정을 한껏 누린 시기였다.

동네 친구들이랑 트럭을 따라가면서 '헬로! 짭짭'이라고 외쳤어요. 차에서 던져주는 초콜릿이나 과자를 받아먹은 기억도 있어요."

대자연의 풍요로움 속에서 사람의 정을 한껏 누리고 살았던 어린 시절은 평생 간직하고 싶은, 그녀의 가장 소중한 자산이다.

그녀가 초등학교에 입학한 해, 아버지는 가족을 이끌고 서울 수유리로 올라왔다. 당시 군납사업이 잘 안 되었던 탓에 새로운 사업 기회를 찾아 나섰던 것이다. 동네 슈퍼도 해보고 독서실도 해봤지만 생각만큼 잘되지 않았다. 아버지는 길게 갈 수 있는 직업을 찾아야겠다고 결심하고 주택관리사 자격증 공부를 시작하셨다. 그리고 그녀가 중학생이 됐을 때 자격증을 따서 주택관리소장으로 20년간 근무했다.

그녀가 중·고등학교 때 가장 좋아한 과목은 미술이었다. 공부에 그다지 취미가 없었던 만큼 자연스럽게 디자인학과 진학을 목표로 삼았다. 인테리어학과에 들어갔지만 적성에 맞지 않아 한 달 만에 그만두고 재수를 선택했다. 하지만 한 달에 200만원이 넘는 학원비를 내면서 미술학원에 계속 다닐 수는 없었다. 부모님이 그녀와 두 살 아래 남동생의 입시 뒷바라지를 함께 하기가 쉽지 않을 거라 생각했던 것이다. 뜻밖에도 운이 좋았는지 그녀가 다니던 미술학원 원장이 솔깃한 제안을 했다. 학생들을 봐주면서 학원 청소도 좀 도와주면 학원비를 면제해주겠다는 얘기였다.

"제 입장에서는 마다할 이유가 전혀 없었지요. 미술학원을 고교 2학년 때부터 다녀서 기본기를 충분히 다지지 못했기 때문에 학원을 더 다니는 게 좋을 것 같았거든요. 원장님과는 가족처럼 친해져서 대학 다니면서도 학원에서 계속 아르바이트를 했어요."

웹 기획부터 제품 디자인까지, 만능맨이 되다

원한별 대표는 원하던 대로 서울산업대 공업디자인과에 입학했다. 화장품 용기나 가전제품 외관, 자동차 외관을 디자인하는 분야라 재미는 있었지만 공대생 못지않게 실습 과정이 험했다. 래커 칠이며 사포질 작업이 많아서 하루 종일 먼지를 뒤집어쓰고 다니는 날이 부지기수였다. 공업디자인학과 학생에게 따라붙는 '공돌이', '공순이'라는 별명이 그녀에게도 따라붙었다. 그래도 공순이로 고생을 한 덕분에 창업 이후 제품 디자인을 직접 하고 있다.

"디자인을 공부하면서 가장 중요하게 배운 것은 소비자의 입장에서 생각하는 습관이에요. 제품 디자인 하나하나가 소비자의 눈길을 사로잡아야 하니까 소비자는 이 디자인을 보고 어떤 생각을 할지, 어떻게 느낄지, 선뜻 사고 싶을지 더욱 깊이 고민하지요."

대학을 졸업한 2003년 미니어처 제조업체인 아트파밀리아라는 중소기업에 들어갔다. 제품 기획과 디자인 업무를 하고 싶어 지원했는데, 기획실 소속이라 웹 기획부터 제품 디자인까지의 업무를 도맡아 했다. 입사하자마자 그녀가 맡은 첫 업무는 한 번도 해본 적 없는 홈페이지 디자인 구축이었다. 혼자 고심하던 그녀는 관련 책자를 구입해 독학으로 공부하며 일을 진행시켜나갔다.

그렇게 2년간 근무하다가 도어록 제조회사인 유니패스로 옮겼다. 아트파밀리아의 경영 상태가 월급도 나오지 않을 정도로 악화됐던 탓이다.

"전 직장에서 웬만한 웹 기획 업무를 도맡아 했던 터라 뭘 맡든 자신이 있었어요. 대기업같이 큰 조직에 들어가면 전문적인 일을 하고 동료나 선배도 많겠지요. 하지만 저는 사회생활을 처음 하는 후배들에게 중소기업에서 일해보라고 권하고 싶어요. 일당백으로 일을 하면 처음에는 힘이 좀 들지만 나중에는 많은 업무 역량을 쌓을 수 있거든요."

성심성의껏 직장 생활을 하던 그녀는 어느 날 회사 동료가 클레이 점토로 액세서리를 만드는 것을 보고 흥미를 느꼈다. 그녀도 취미 삼아 클레이 점토 주얼리를 만들기 시작했다. 회사 동료 중에 함께 취미 생활을 즐기는 이들도 생겨났다. 회사 경영 상태가 어려워지자, 그녀는 그들에게 클레이 점토 주얼리를 아이템으로 창업을 하자고 제안했다. 처음에는 다들 예쁘게 만들어 팔기만 하면 된다고 생각해서 쉽게 덤벼들었다. 회사가 역삼동 근처여서, 퇴근 후에 역삼동 LG타워 앞에 진열대를 하나 놓고 제품들을 팔았다. 그때가 2008년 1월 한겨울이라 추위가 만만치 않았다. 며칠 같이했던 동료들은 너무 고생스럽다며 하나둘 그만뒀다. 하지만 그녀는 중단하지 않았다.

"저는 다시 직장 생활을 하기보다는 주얼리 사업을 계속하고 싶었어요. 그래서 제품 사진을 예쁘게 찍어 지마켓 등 오픈 마켓에 올렸습니다. 제품들이 팔려나가고 고객의 상품평이 쌓이니까 월급만큼은 아니지만 수입도 괜찮더라고요."

스스로 꿈꾼다, 자몽인터내셔널

그러던 차에 원한별 대표는 해외 온라인 마켓 진출에 욕심이 났다. 서점에 가보니 『친절한 이베이 창업 운영 가이드』라는 책이 눈에 들어왔다. 한국 사람이 이베이에 제품을 올리고 판매하는 일이 거의 없던 때였다. 책의 저자인 권영설 씨가 창업교육센터를 운영한다는 것을 알고는 무작정 찾아갔다. 이베이 창업의 원리부터 운영 방식 등 전반적인 내용을 꼼꼼하게 듣고 실행에 옮겼다.

마음이 맞는 동료 두 사람과 50만원씩 모아 본격적으로 사업을 시작했다. 주력 상품인 클레이 점토 주얼리로 시작해서 한국에만 있는 디자인 제품과 해외에서 인기가 높은 로모카메라(특유의 색감으로 마니아층을 확보한 필름 카메라 브랜드) 등을 올렸다. 제품별로 다양하게 소싱하고 각 시장별로 트렌드를 조사하며 체계적으로 사업을 펼쳤다. 사업을 제대로 하려니 회사명이 필요했다. 동업자들과 그녀는 '스스로 꿈꾼다'는 의미를 담아 사명을 자몽인터내셔널이라고 지었다. 그때가 2011년이었다.

"3년간 시장조사와 제품 소싱을 병행하면서 이베이로 팔다보니 수출입 과정을 완벽하게 꿰뚫게 됐지요. 별다른 스트레스 없이, 많진 않지만 적당히 벌면서 즐겁게 일했던 시기로 기억합니다. 각 시장의 트렌드를 파악하고 있어야 했기 때문에 시간 여유가 있을 때는 책을 많이 찾아 읽었지요."

2013년 가을 어느 날, 서점에서 신간을 들춰보던 그녀의 눈에 책 하나가 들어왔다. 『나는 스무 살에 백만장자가 되었다』라는 책이었다. 'BBC, CNN이 주목했다! 단돈 2파운드로 백만장자가 된 청년의 성공 창업 이야기'라는 부제도 눈길을 사로잡았다. 순간 '어떻게 했기에 스무 살에 백만장자가 됐을까'라는 호기심이 생겼다.

주인공인 프레이저 도허티(Fraser Doherty)는 할머니의 잼 제조법으로 열네 살 때 '슈퍼잼(SUPERJAM)'이라는 회사를 차리고, 스물두 살에 영국에서 가장 성공한 젊은 사업가로 등극했다. 그는 무설탕, 과일 100퍼센트 잼을 개발해 잼 사업을 부흥시키며 지속가능하고도 안정적인 사업을 꾸렸다. 원한별 대표는 책의 첫 장을 펼친 순간부터 마지막 장을 덮을 때까지 한순간도 멈출 수 없었다. 뭔가에 홀린 듯 책 속으로 빨려 들어갔다.

도허티의 슈퍼잼과 인연을 맺다

『나는 스무 살에 백만장자가 되었다』의 서문에 우리나라에서도 곧 슈퍼잼을 출시할 예정이라고 쓰여 있었다. 이미 특정 유통업체와 계약을 맺었을 거라는 생각이 들었지만, 원한별 대표는 슈퍼잼을 자기 손으로 한국에 들여오고 싶었다.

"갑자기 어린 시절 동무들과 뛰어놀았던 뒷동산이며 집 앞 시냇가가 생각나더군요. 사시사철 어머니가 밭에서 따온 재료로 만든 음식들이 선사했던 건강한 기쁨과 감동도 떠올랐고요. 인위적인 첨가물 없이 자연 그대로의 재료로 만든 식품이 우리 몸을 얼마나 건강하고 행복하게 만들어주는지 저는 잘 알거든요."

PC를 켜고 슈퍼잼 사이트에 들어가 프레이저 도허티의 이메일 주소를 찾았다. 그리고 이메일을 보냈다. '당신의 책을 읽었고, 당신의 철학에 공감하며, 당신의 슈퍼잼을 들여오고 싶다'고 썼다. 내용은 간단했지만 그녀의 진심을 고스란히 담았다.

그녀의 진심이 통했는지 도허티에게서 답장이 왔다. 아직은 한국에

벤더업체가 없고 연락을 줘서 고맙다는 답변이었다. 생각지도 못한 답장에 이번에는 길게 편지를 써서 보냈다. 자신이 가진 철학, 이베이 유통사업 경력 등등 도허티의 마음을 사로잡기 위해 온힘을 다했다. 마지막에 한국의 독점 판매권을 달라는 요청도 붙였다.

도허티의 답변은 간단했다. '아직까지는 당신을 잘 모르니 서로 신뢰를 쌓으면서 하나하나 진행하자'는 것이었다. 첫 단추는 성공적으로 꿴 셈이었다.

원한별 대표는 정식으로 들여온 슈퍼잼을 갖고 2014년 5월 식품박람회에 자몽인터내셔널이라는 이름으로 참가했다. 자몽인터내셔널이라는 사명을 지을 때 농담처럼 "이러다가 과일을 파는 거 아니냐"고 했는데 정말 과일잼을 팔게 된 것이다. 식품박람회에서 신세계백화점과

2015년 4월 프레이저 도허티와 자몽인터내셔널 직원들이 함께했던 즐거운 저녁 시간.

자몽인터내셔널은 2015년에 슈퍼잼만으로 매출 10억원을 달성했다.

현대백화점 두 곳의 식품 MD가 같이 일해보자고 제안했고, 그녀는 슈퍼잼 스토리를 잘 이해하고 있던 신세계 MD와 손을 잡았다.

그리고 7월 신세계 강남점 식품관에서 슈퍼잼을 처음으로 선보였다. 그녀는 한국 소비자의 입맛에 맞게 선물 패키지를 구성했다. 디자인 전공자인 만큼 소비자의 눈길을 사로잡으면서도 건강한 잼이라는 이미지를 부각시키는 데 초점을 맞췄다. 이렇게 해서 2015년 자몽인터내셔널은 슈퍼잼으로만 매출 10억원을 달성했다.

10대 슈퍼푸드 타이거너츠를 만나다

슈퍼잼 독점 판매권을 갖게 됐지만 원한별 대표는 이것으로 만족하고 싶지 않았다. 단순한 수입이 아니라 좋은 재료를 갖고 건강한 먹거리 사업을 하고 싶다는 생각이 들었다. 하지만 누구나 다 알고 있는 재료로는 승산이 없었다. 특별한 뭔가가 필요했다.

2015년 9월 신문을 읽던 그녀의 눈에 기사 하나가 들어왔다. 미국

「LA 타임스」가 타이거너츠를 '새로운 10대 슈퍼푸드'로 선정했다는 내용이었다. 뭔가 특별한 느낌이 들었다. 그녀는 곧바로 타이거너츠에 대해 검색하기 시작했다.

옥스퍼드대학에서 진행한 연구에 따르면 타이거너츠는 240만~140만 년 전에 동아프리카에 살았던 인류의 조상인 너츠크래커인류의 주식이었다고 한다. 그만큼 오래된 식품이다. 기원전 3000년경에 조성된 이집트 파라오 무덤 속 항아리에서도 발견됐다. 식이섬유, 칼륨, 비타민 E, 불포화지방산, 단백질이 풍부한 채소로, 필수 미네랄인 마그네슘, 아미노산, 칼슘, 인, 아연 등도 함유한 고영양 식품이다.

또한 타이거너츠는 '죽기 전에 꼭 먹어야 할 세계 음식 재료 1001'로 선정된 바 있고, 스페인에서는 전통 음료인 오르차타를 비롯해 오일, 화장품, 시리얼 등의 재료로 널리 활용되고 있다.

관건은 고품질 타이거너츠를 생산하는 농가를 확보하는 일이었다. 그녀는 곧 타이거너츠를 가장 많이 재배하고 가장 많이 먹는 스페인 발렌시아를 찾아갔다. 그리고 발렌시아 지역에서 3대째 타이거너츠를 생산하는 '호세 마리아 보우' 사와 독점 계약을 맺었다.

"많은 농가가 있지만 보우 사처럼 대를 이어 전통 방식으로 타이거너츠를 재배하는 곳은 드물었습니다. 그곳에서는 밭에 들어가면 지렁이가 우글우글할 정도로 유기농 재배법을 고수하고 있어요. 더구나 3대로 내려오면서는 현대화된 시설을 마련해 대량 생산 및 가공을 진행하고 있어요. 사업을 함께할 파트너로 더할 나위 없는 조건이었죠."

원한별 대표는 여러 단계의 품질 검사와 식품 위생 검사를 거쳐 2016년 8월부터 타이거너츠를 분말 형태로 들여와 판매하고 있다. 또

한 타이거너츠의 효능을 알리기 위해 스페인 디저트 카페 '오르차테리아'를 가로수길에 선보였다. 르코르동블루 런던을 졸업하고 서울 파크 하얏트호텔 제과팀에서 경력을 쌓은 김수영 파티시에를 영입하여 제대로 된 스페인 디저트와 오르차타를 일반인에게 알리기 시작한 것이다. 덕분에 매출도 껑충 뛰어 자몽인터내셔널은 2015년 10억원에서 2016년에는 15억원을 달성했다. 그리고 올해는 20억원을 무난히 달성할 전망이다.

좋아하는 것부터
천천히 시작하세요

저는 관심 가는 일, 좋아하는 일 쪽으로 한 발, 한 발 내딛다보니, 어쩌다보니 창업을 하고 사장의 길을 걷게 됐어요.

돌이켜보면 모르고 달려든 셈이니, 무지해서 용감했던 것 같아요. 닥치는 대로 하다보니까 여기까지 왔고요. 그런데 곰곰이 생각하면 제 인생에서 중요한 줄기는 '책'과 '건강'이 아니었던가 싶어요. 책을 통해 이베이를 만나고, 도허티와 인연을 맺어 슈퍼잼을 들여왔지요. 타이거너츠도 신문 기사로 처음 접했고요. 어린 시절 자연 속에서 자라면서 건강한 먹거리를 접했던 것도 식품 사업을 하는 제게 중요한 철학으로 자리를 잡았지요.

만약 창업을 한다면 자신이 관심을 갖고 있는 것, 자신이 좋아하는 것부터 천천히 시작하라고 말하고 싶습니다. 자신이 좋아해야 더 자세히 알고 싶고, 잘 알아야 더 깊이 들어갈 수 있는 법이니까요.

이윤이 아닌
철학을 지켜라 。

04
Part

박한아 익선다다 대표

낡은 것과 새것이 교차하는 익선동 르네상스

대학생 때 호주로 워킹홀리데이를 떠나 셰어하우스를 처음 접했다. 다른 인종, 다른 환경에서 자란 사람들이 한 공간에서 생활한다는 게 신기했다. 아나운서 시험을 준비하면서 취업 전선에 나섰다. 자신과 비슷한 처지의 취업 준비생들이 지나치게 높은 월세로 마음고생을 하는 걸 보고 셰어하우스에 직접 도전했다. 자신이 월세로 살고 있는 공간을 나눠 또래 청년들에게 저렴한 가격으로 공급하고 자신도 수익을 낼 수 있는 윈윈 모델에서 매력을 느꼈다.

2013년 창업에 나섰을 땐 에어비앤비가 국내에 본격 소개되면서 공간 공유의 개념이 확산됐다. 게스트하우스와 셰어하우스를 접목한 콘셉트로 사업을 펼쳤고 나름 성공을 거뒀다. 그러다 우연히 종로구 익선동을 맞닥뜨렸다. 서울 시내 한복판에 낡은 것이 아직도 숨을 쉬고 있다는 데 경이를 느꼈고, 뜻이 맞는 창업자와 함께 법인 '익선다다'를 세웠다. 낡은 것과 새것이 교차하는 익선동에 새로운 바람을 불어넣자는 꿈을 담았다.

"2010년 제주도에 혼자 여행을 갔는데, 일탈과 낭만을 동시에 느낄 수 있는 게스트하우스의 매력에 흠뻑 빠져들었어요. 에어비앤비가 들어오기 막 시작한 때였어요. 여행에서 느꼈던 게스트하우스의 매력에다 비어 있는 공간을 활용하는 공유의 개념을 접목하면 사업성이 있을 거라 생각했죠."

박한아(33) 대표는 양재동에 정원이 있는 단독주택을 보증금 3,000만원에 월세 350만원으로 임대했다. 그리고 외국인을 대상으로 게스트하우스로 운영했다. 하지만 게스트하우스의 낭만은커녕 매일 집 지키고 청소하고 손님을 맞이하는 반복적인 일상에 피로감이 누적됐다.

친구와 이런 고민을 나누던 중 해답을 찾았다. 대기업에 다니고 있던 친구는 회사에서 분기에 한 번씩 팀 단위로 워크숍을 하는데 서울 도심에는 적당한 장소가 없다고 했다. 번쩍하고 번개가 치는 느낌이었다. "바로 이거다!" 싶었다.

그렇게 주택이라는 공간으로 시작된 박한아 대표의 창업은 이후 익선동을 만나면서 낡은 동네에 새로운 가치를 부여하는, 의미 있는 길을 모색하는 일로 확장되었다.

자연이 선물한 '근자감'

박한아 대표는 충청남도 공주에서 태어났다. 고등학교 교사인 아버지는 시골 출신이라 그런지 유달리 자연을 좋아했고, 집 근처 야산을 일궈 작은 수목원을 운영했다. 어렸을 때 수목원에 올라가면 아름답게 가지를 늘어뜨린 소나무, 느티나무, 이팝나무 등 각종 조경수가 보기 좋았고, 사슴과 토끼 등 귀여운 동물들을 만나는 즐거움도 컸다.

시골 면 소재지의 초등학교, 중학교를 다녔던 그녀의 일상에서 특별한 이벤트는 친구들과 함께 버스를 타고 공주 시내로 나가는 것이었다.

"초등학교 때 사촌오빠가 공주 시내에 있는 롯데리아에서 아르바이트를 했는데, 친구들과 놀러가면 감자튀김이나 아이스크림을 사주곤 했어요. 그때는 그게 얼마나 맛있었는지 몰라요."

집 근처 폐광산에는 작은 동굴이 여럿 있어서 동네 언니, 오빠 들과 함께 동굴 탐험을 하곤 했다. 손전등을 하나씩 들고 으스스한 동굴을 탐험할 때면 마치 마크 트웨인의 『톰 소여의 모험』에 나오는 주인공 톰이 된 듯 신이 났다. 그렇게 자연이 선사하는 추억을 하나하나 쌓아가며 나이를 먹었고, 언제부터인가 무슨 일이 닥쳐도 '할 수 없다'보다는 '할 수 있다'는, 근거 없는 자신감이 커졌다.

박한아 대표는 중학교를 졸업하고 시내에 있는 여고에 진학했다. 아버지가 교사였지만 공부에 대한 부담감 없이 컸던 터라 성적에는 크게 신경 쓰지 않았다. 친구들과 어울려 공주를 벗어나 대전까지 진출하며 자유를 만끽했다.

고교 3학년에 올라가 대학 입시가 눈앞에 닥치자 공부에 눈을 돌렸지만, 중·고등학교 내내 놀았던 시간을 되돌리기에는 역부족이었다. 원하는 대학에 진학하지 못하자 그녀는 망설임 없이 재수를 선택했다. 대전에 있는 재수 학원에 들어갈 때는 친구가 공부 잘하는 반에 들어가야 성적도 잘 나온다고 귀띔해주기에 상담을 하면서 수능 성적을 좀 속이기도 했다.

"한창 놀 때는 공부하는 애들을 보면서 '좋은 시절에 책이랑 씨름만 하다니' 하며 한심하게 여겼는데, 함께 재수 생활을 하면서 그 애들에게 정말 많이 배웠어요. '저 친구들은 자기 인생의 목표를 향해 열심히 준비하고 있는데 나는 지금까지 뭘 했나' 하는 생각에 많이 부끄러웠어요. 뭔가를 이루기 위해 얼마나 애를 써야 하는지 그리고 얼마나 많은 것을 포기해야 하는지를 알게 된 거죠. 재수 생활이 제 인생의 전환점이 되었던 것 같습니다."

꿈을 찾아 서울로! 호주로!

박한아 대표는 충남대 경영학부에 입학했다. 평범한 대학 생활이 싫어서 사이클 동아리에 들어갔는데, 충남대에서 충북대(청주)까지 100킬로미터 코스를 종주하는 등 나름 멋진 경험을 할 수 있었다.

학교 교지 기자로 활동하면서는 사회문제에도 눈을 떴다. 특히 용산 철거 참사는 기억에 오래 남은 사건이었다. 2009년 1월 20일 용산 재개발 보상 대책에 반발하던 철거민과 경찰이 대치하던 중 화재로 사상자가 발생했는데, 검찰은 사건이 발생하고 3주가 지나서야 철거민의 화염병 사용이 화재의 원인이고 경찰의 점거농성 해산작전은 정당한 공무 집행이었다고 수사 결과를 발표했다. 그러고는 경찰에게 과잉 진압의 책임은 묻지 않은 채 철거민 대책위원장과 용역업체 직원 등을 기소했다.

"제가 직접 접한 사실과 매체를 통해 전해지는 뉴스가 많이 다르다는 데 충격을 받았어요. 이해할 수 없는 현실에 많이 답답했는데, 우연히 니체의 책을 읽으며 묘한 해방감을 느꼈어요. '우리가 제일 자연스러운 순간이 가장 도덕적이다'라는 니체의 명언을 지금도 좋아합니다."

그렇게 현실 세계의 모순에 눈떠갈 즈음 그녀의 인생에 또 하나의 작은 사건이 발생했다. 대학 3학년 때 처음으로 남자 친구가 생겼는데, 엄격한 집안 분위기 탓에 동아리에서 MT를 간다고 하고 남자 친구와 여행을 갔다가 아버지에게 들킨 것이다. 아버지가 불같이 화를 내자 반발심에 A4 4장 분량의 편지를 써놓고 가출을 감행했다.

"지금까지의 사회제도나 규율이라는 게 결국 하나의 규정일 뿐 정답이 아니라는 생각이 강했어요. 남자 친구와 여행 가는 문제도 굳이 아버지가 화를 낼 일은 아니라고 생각했죠. 그동안 내 인생이 아버지에게 억압당했다는 느낌이 든다고, 아버지가 생각하듯이 내가 잘못된 길로 가는 것은 아니라고, 내 인생이니 독립성을 인정해달라고 눈물을 뚝뚝 흘리면서 편지를 썼어요."

하지만 야심차게 추진했던 가출은 삼일천하로 끝나고 말았다. 가뜩이나 마음 약한 어머니가 걱정됐고, 자신의 가출에도 아버지가 꿈쩍 않고 있다는 소식을 듣고 버틸 힘이 사라진 것이다. 집으로 돌아온 그녀가 조목조목 자신의 생각을 설명하자 아버지는 상당 부분 납득했고, 가출 사건은 그렇게 일단락됐다.

용산 철거 참사를 접하며 방송계에 진출하고 싶다는 열망을 품은 그녀는 4학년 1학기에 취업계를 내고 신촌으로 상경했다. 아나운서 아카데미에 등록한 후 신촌 근처에 고시원을 구했다. 이때 경험한 고시원 생활을 통해 그녀는 도시의 주거가 주는 외로움과 절박함을 느꼈다. 아카데미를 수료하고 언론사 스터디에 들어가 방송사 입사 준비를 하던 중 친구가 호주로 워킹홀리데이를 떠난다는 얘기를 들었다. 취업하고 나면 자유 시간은 영원히 없을 것 같다는 생각에 자신도 호주로 떠나야겠다고 마음먹었다. 그녀는 아버지의 허락을 받아 1년 동안 워킹홀리데이를 떠났다. 그때가 2008년 4월이었다.

호주 멜버른에서 박한아 대표는 처음으로 셰어하우스를 이용하게 됐다. 그녀를 포함해 중국인, 일본인, 미얀마인 등 6명이 한집에서 살았다. 서로 다른 인종, 서로 다른 환경에서 자란 사람들이 한 공간에서 살아간다는 게 신기했다. 다양한 인종, 다양한 국적의 사람들과 부딪히면서 자신 역시 그곳에서는 '다름 그 자체'라는 사실을 알게 되었다. 그동안 우물 안 개구리처럼 편협하게 살았다는 생각과 함께 다름을 인정하고 어울려 사는 것이 얼마나 의미 있는 일인지 깨달았다.

게스트하우스에서 찾은 창업의 길

2009년 2월 그녀는 한국으로 돌아왔다. 본격적으로 취업 준비를 하려니 고시원보다는 제대로 된 집에서 살고 싶었다. 서초동에서 보증금 1,000만원에 월세 90만원인 방 3개짜리 빌라를 구했는데, 혼자 살기에는 많이 컸다. 그래서 작은방 2개는 각각 월세를 주고, 자신이 사용하는 큰방은 룸메이트를 구해 방 값을 나눴다. 당시는 셰어하우스라는 개념이 익숙하지 않을 때여서 보증금이 낮은 월세 직거래 개념으로 접근했다.

"피터팬의 좋은 방 구하기라는 직거래 사이트에 작은 카테고리로 '같이 살아요'가 있었어요. 당시 강남 지역 부동산이 호황이어서 비싼 곳은 원룸 하나에 60만원이 넘었지요. 그보다 저렴한 가격으로 방을 내놓으니 금세 연락이 오더라고요. 수요가 공급보다 많았던 시절이니까요. 부동산이 뭔지 잘 몰랐을 때라 남는 방으로 용돈벌이가 되니까 마냥 좋았어요."

제법 돈이 모이자 그녀는 역삼동, 논현동에도 집을 구해 총 3개의 셰어하우스를 운영했다.

그즈음 박한아 대표는 공중파 방송국에 지원했다 연달아 낙방하고 대전시청 방송에서 기자 겸 아나운서로 활동했다. 하지만 공중파로 진출할 수 있는 가능성이 사라지면서 내 인생은 어떻게 될까 하는 걱정이 커져만 갔다. 그러다 문득 자신이 관심 있는 부동산 분야에서 길을 찾아야겠다는 생각이 들었다. 그녀는 강남 지역 전·월세를 중개하는 회사에 들어갔다. 물론 직장 생활은 녹록하지 않았다.

"태어나 처음으로 길거리에서 사람들에게 전단지를 나눠줬어요. 벽이나 전봇대에 홍보 전단지를 붙이는 일도 처음이었고요. 어떻게 보면 이 일이 제가 발로 뛴 첫 번째 일이었던 셈이지요. 힘은 들었지만 첫 달에 월세 계약 9건을 따내면서 나름 능력을 인정받았어요. 그곳에서 온몸으로 부딪히면서 8개월을 일했죠."

2012년 초 그녀는 법무법인 메리트로 이직했다. 부동산자산운용팀이 있었던 만큼 일을 제대로 배울 수 있을 것으로 확신했기 때문이다. 10개월간 일하면서 수백억원 단위의 돈이 어떻게 굴러가는지를 체계적으로 배울 수 있었다. 프로젝트 파이낸싱이나 부동산 거래에서 법이 어떻게 적용되는지도 배웠고, 큰손 투자자를 만나면서 부동산의 흐름도 익혔다. 적지 않은 소득이었다.

2013년 박한아 대표는 창업에 나섰다. 셰어하우스를 운영하면서 익힌 노하우와 부동산 관련 회사를 다니면서 배운 것들을 접목할 수 있는 일을 선택했다. 법인명은 H.A.P로 정하고 도심형 게스트하우스 시장에 뛰어들었다.

도심에서 워크숍을 할 수 있는 공간이란 콘셉트로 게스트하우스 '강남다방'을 시작한 것이다. 그녀의 예측은 적중했고 게스트하우스는 5곳으로 늘어났다. 하지만 얼마 지나지 않아 난관에 부딪쳤다. 혼자 사업을 확장하고 운영하다보니 제대로 된 파트너가 절실하게 필요했고, 인력 및 자금 관리의 실패를 맛봐야 했다.

묘한 매력의 익선동

"한옥 게스트하우스를 만들고 싶었어요. 한옥이라는 공간에서 자고 먹고 즐기는 경험을 사람들에게 알리고 싶었죠. 워크숍이 가능한 단체 공간이면서 동시에 외국인은 물론 가족, 연인 등 소수의 고객도 머물 수 있는 한옥 게스트하우스를 구상했죠. 하지만 북촌은 월세가 너무 비쌌어요. 그래서 싼 한옥을 열심히 찾기 시작했는데 익선동이라는 동네가 눈에 들어오더군요. 다른 곳의 4분의 1 정도 되는 가격에 한옥 매물이 많이 나와 있었고 임대료 역시 저렴했습니다."

익선동이 재개발 지구로 묶여 있을 때였다. 익선다다의 공동 창업자인 박지현 대표와 의기투합하게 된 것도 이때였다. 아트디렉터인 박지현 대표와는 일찍이 남산의 게스트하우스를 리모델링하면서 인연을 맺었는데, 한옥 게스트하우스를 하려면 리모델링과 유사한 정도의 건물 수리가 필수이다.

"박지현 대표에게 전화해서 익선동이라는 동네를 발견했는데, 너무 재미있다며 같이 해보자고 제안했어요. 2014년 7월 한여름에 둘이서 낙원상가 뒤를 돌아 이 동네로 들어왔는데, 묘한 매력이 있더라고요. 인간적인 정(情)을 느꼈던 것도, 어쩌면 도시인들이 낡은 것에서 어떤 위로를 받고 싶어하는 게 아닌가 싶어요."

낡은 한옥 한 채를 빌려 '익동다방'이란 카페를 만드는 일이 첫 번째 프로젝트였는데, 그녀의 뜻에 동참한 친구들이 초기 자본을 대주었다. 우선 필요한 보증금 1,000만원과 인테리어 비용 6,000만원 중 5,000만원을 친구들이 빌려준 것이다.

지속적으로 프로젝트를 하기 위해서는 법인도 필요했다. 익선동의 '익선'과 한자 성어 다다익선에서 '다다'를 가져와 '익선다다'라고 지었다. 예술적 다다이즘 정신을 바탕으로 선한 이로움을 지향한다는 의미를 담고 있다. 또한 익선동을 중심에 두겠다는 의지를 강하게 드러낸 이름이기도 하다.

"낡음 그 자체를 어떻게 활용하느냐에 따라 충분히 새로워질 수 있는데 낡았다는 이유로 '재개발'이라는 이름 아래 부숴야 한다는 게 안타까웠어요. 단순히 낡고 오래됐다는 이유로 정비해야 할 것으로 치부되

2016년 낡은 것과 새것이 교차하는 익선동 골목에서 익선다다 구성원들과 함께한 박한아 대표.

는 공간들을 보면서, 사실은 낡고 오래돼서 문제가 아니라 사람들이 그곳을 더는 찾아오지 않기 때문에 무가치한 것으로 낙인찍히는 게 문제가 아닐까 생각했지요. 낡은 동네에 재미있는 콘텐츠를 입히면 새로운 공간으로 재탄생하지 않을까 생각했어요. 재미있는 가게들을 여럿 만들어서 사람들이 찾아오게 하고, 그 사람들 덕택에 동네가 활기를 띠는 선순환 구조를 만들면 익선동도 북촌이나 서촌처럼 새로운 시대를 맞이할 수 있지 않을까 기대했던 거죠."

인테리어의 원칙은 명확했다. 담벼락이나 내부 골조를 그대로 유지하는 것이었다. 그래서 서까래와 보, 낡은 벽지를 그대로 두고 인테리어를 했다. 익선다다 프로젝트 1호인 익동다방(지금의 '틈')을 비롯해 퓨전 레스토랑 '열두달', 길거리 맥줏집 '거북이슈퍼', 20세기 경성의 풍경을 재현한 '1920경양식', 태국음식 전문점 '동남아' 등이 모두 이런 콘셉트로 탄생했다.

"익동다방은 첫 번째 프로젝트였어요. 저와 뜻을 같이하는 사람들이 돈을 모아 낡은 한옥을 빌렸고, 청년 예술가들의 작품을 소개하는 카페로 만든 거죠. 초기에는 하루 매출이 2만원도 안 된 날이 허다했지만, 누군가는 익동다방의 가치와 아름다움을 알아볼 거라는 믿음 하나로 버텼던 것 같아요."

그 뒤 많은 것들이 변했다. 익선동은 젊은 연인들의 데이트 장소가 되었고, 한옥의 아름다움과 가치를 재발견한 사람들이 많이 찾아오면서 활기를 띠었다. 익선동 재개발 계획이 해제되고 한옥마을로 지정될 수도 있다 한다. 한옥마을 지정 계획안에 따르면, 익선동 일대의 한옥들을 허무는 대신에 보존하는 방식으로 도시가 꾸며지고 패스트푸드점이나 브랜드 상점도 입점을 제한할 것이라고 한다. 익선동의 전통문화를 되도록 잘 보존하기 위한 목적이다.

낙원장 프로젝트

익선다다의 또 하나의 대표 프로젝트는 낙원장이다. 익선동의 정체성을 담은 숙박 공간을 만들고자 한 것이다.

매물로 나와 있는 5층짜리 모텔을 인수해 '낙원장'이라는 부티크 호텔로 새롭게 만들기로 했다. 그런데 건물을 매입하는 비용이 만만치 않았다. 익선동이 아무리 낡은 동네라 해도 건물 한 동의 매입 가격은 수십억원을 호가했기 때문이다.

박한아 대표는 크라우드펀딩을 시도하기로 했다. 다수로부터 소액 투자를 받아 매달 운영 수익을 배당으로 돌려주는 방식이면 직장인들에게도 먹힐 거라 판단했다.

"나중에 누군가가 이런 일이 바로 도시재생이라고 알려주더군요. 저희는 그런 거창한 생각까지는 안 했어요. 그저 익선동이라는 동네가 좋았고, 낡았지만 정감 넘치는 이 거리를 지키고 싶었어요."

박한아 대표는 익선동에서 소비가 이뤄지게 하기 위해 사람들이 찾아올 만한 음식점을 여러 개 만들었다. 그러자 저평가됐던 익선동의 땅값이 오르고 임대료도 올라서 젠트리피케이션(낙후됐던 구도심이 번성해 중산층 이상의 사람들이 몰리면서 임대료가 오르고 원주민이 내몰리는 현상)이 생겼다. 열심히 노력한 사업주는 아무런 소득이 없고 집주인만 덕을 보게 된 것이다.

"저희가 성공 모델을 잇달아 만든 덕에 익선동에 활기가 돈 것은 기

익선다다 프로젝트의 하나인 퓨전 레스토랑 열두달. 한옥의 아름다움을 살려 인테리어를 했다.

뺐지만, 덕분에 월세는 계속 올랐어요. 그 때문에 주변에서 원망도 많이 들었죠. 결국 이런 생각이 들더군요. '부동산 가격이 오르는 혜택을 집주인만 독식할 게 아니라 그 공간에서 피땀 흘리며 장사하는 분들, 소액이지만 공간 가치에 투자한 분들이 함께 누려야 하는 게 아닌가.' 낙원장 프로젝트를 시작할 때의 기본 개념이 '함께 누린다'는 것이었습니다. 저희가 지향하는 가치를 공유하는 분들과 같이 건물을 매입하고, 투자한 분들은 투자한 만큼 혜택을 보게 하고 싶다는 것이었죠."

낙원장 투자 설명회는 퓨전 레스토랑 열두달에서 열렸다. 주식회사 낙원장의 주주가 될 사람을 구한다는 슬로건을 내걸었다. 지인의 소개로 혹은 우연히 광고를 보고 많은 이들이 참석했다. 6주 동안 매주 토요일, 일요일에 투자 설명회를 진행했고 성공적으로 펀딩이 마무리됐다. 부동산 가격 상승분에다 호텔 운영 수익까지 배당으로 나눈다고 하니 기대했던 것보다 많은 이들이 동참했다. 60여 명의 투자자들이 최저 투자금인 500만원부터 1억원까지를 투자했다. 은행 대출 22억원, 리모델링 비용 13억3,000만원으로 총 35억원 정도가 소요됐지만 십시일반 펀딩 덕택에 순조롭게 닻을 올렸다.

"도시재생은 건물을 높게 올리는 효율성 중심의 개발이 아니라 지역에 맞는 스토리를 갖고 개발하는 것이 되어야 하지 싶어요. 집값 상승에 따른 혜택도 소액 투자한 다수의 사람들과 나누어 의미 있는 프로젝트로 자리를 잡았으면 합니다."

많은 사람들의 뜨거운 호응에 힘입어 지난 3월 문을 연 낙원장은 5개 층에 23개 객실을 두고 있다. 텔레비전은 없고 냉장고도 없다. 대신 투숙객이 원하는 LP판을 골라 들을 수 있도록 방마다 턴테이블을 설치

크라우드펀딩이라는 새로운 도전으로 탄생한 익선동 낙원장 앞에서 미소 짓고 있는 박한아 대표.

했고, 취향에 맞게 아로마를 선택할 수 있도록 했다. 객실 내 가구와 수건, 꽃 장식 등은 젊은 예술가들의 작품이며, 원하면 동일한 상품을 로비에서 구입할 수 있다.

박한아 대표의 도시재생 1호 프로젝트 '익선동'은 현재 절반의 성공을 거뒀고, 그녀는 벌써 2호, 3호 프로젝트를 고민 중이다.

"서울 시내에 재개발로 묶인 곳이 200개가 넘어요. 옛 흔적을 다 지우고 높은 건물을 올리는 재개발은 더 이상 지속가능하지 않다고 봅니다. 낙원장 객실에 일부러 남겨둔 낡은 타일을 보면서 낡은 것도 충분히 새로운 가치를 가질 수 있다고 확신했습니다. 낡은 타일 그 자체로 독특한 경험을 주니까요. 다른 지역에서도 그 지역에 맞는 스토리를 찾고 그 지역의 관점에서 도시재생을 풀어나갈 겁니다. 익선다다의 사명은 낡음 그 자체의 가치를 발견하는 것이니까요."

 # 현재를 즐기고
과정에 충실하라

　기업의 본질은 사회적 가치를 만들어내는 것에 있다고 생각해요. 보다 많은 사회 구성원을 만족시키는 가치를 창출할수록 성공 가능성 역시 크지요. 그런 점에서 사업은 사회적 가치를 발견하여 현실화시키는 과정이 아닐까 합니다. 창업은 그 첫걸음이고요.

　그런데 창업이라는 게 남이 시켜서는 절대로 못하는 일인 것 같습니다. 창업은 자기 확신이 중요하고 자기 자신이 가장 즐거워야 합니다. 그리고 무엇보다 사회적 가치에 공감할 수 있는 능력이 필요합니다. 창업은 그리 녹록하지 않습니다. 직장 생활을 한다는 정도의 마음가짐으로 임하면 견디기 힘들 거예요. 내가 시작했기에, 내가 좋아하는 것이기에 고통을 즐기면서 전진해야 한다고 생각합니다. 현재를 즐기고 과정에 충실하라고 말씀드리고 싶습니다.

김보용 재이 대표

해외 셀럽이 즐겨 찾는 역직구 쇼핑몰。

제이미 정, 켄달 제너, 올리비아 팔레르모, 니콜 리치 등 해외 셀럽들이 자신의 인스타그램에 착장샷을 올려 화제를 모은 역직구 쇼핑몰 '스토레츠'를 이끌고 있는 이는 김보용 재이 대표이다.

원래 그녀는 특별한 꿈이 없었다. 가족의 조언으로 대학 전공을 택했고, 아버지의 권유에 사법시험을 준비했다. 하지만 넘치는 끼는 억누를 수 없었다.

부모님 몰래 동대문에서 옷을 떼어다 팔던 말괄량이가 런던으로 건너가 패션사업을 접하더니, 한국에 돌아와선 역직구 쇼핑몰로 대박을 터뜨렸다.

스토레츠는 미국과 유럽에서 내로라하는 셀럽들에게 뜨거운 사랑을 받으며 글로벌 패션 브랜드로 거듭나고 있다. 미국 패션 매거진 「나일론(NYLON)」과 패션 정보 사이트 후왓웨어(WhoWhatWear) 등에 '미래에 ZARA, 포에버21, H&M과 경쟁할 브랜드'라고 소개될 만큼 글로벌 SPA 브랜드로서 높은 잠재력을 평가받고 있다.

이제 그녀는 스토레츠를 세계 최고의 패션 쇼핑몰로 키우겠다는 꿈에 한걸음 내딛었다.

김보용(38) 재이 대표가 만든 온라인 쇼핑몰 스토레츠의 1호 고객은 필리핀 사람이었다. 창업 3개월 만에 6만 원짜리 하이힐을 그에게 판 것인데, 너무 좋아서 동대문표 선물도 같이 동봉해서 보냈다.

"저희 제품을 사는 분들은 한국 브랜드란 사실을 알고 사는 게 아니에요. 물건을 받은 후에 메이드인코리아라는 것을 알고 한국에서 이렇게 멋진 제품을 만드냐는 반응을 보이더군요."

그녀는 단순히 가격이 싸다거나 한류 붐 때문에 한국 의류를 사는 거라는 인식을 바꾸고 싶다며, 제품과 디자인이 좋아서 스토레츠 제품을 샀는데 알고 보니 한국 브랜드란 인식을 세계에 심는 것이 목표라고 말한다.

끼 많은 옥션 파워셀러

김보용 대표는 어렸을 적에 검사였던 아버지를 따라 2년에 한 번씩 이사를 다녔다. 이사가 잦았던 만큼 정든 친구들과 헤어졌던 기억이 많다. 맏이인 오빠가 중학교에 입학하기 직전, 아버지가 변호사 사무실을 개업하면서 서울 잠실에 정착했다. 그때부터 그녀 역시 안정적인 학창 시절을 보냈다.

그녀는 부모님 말씀을 잘 듣는 착한 딸이었다. 하지만 본인이 납득하지 못하면 아무리 타일러도 꿈쩍도 않는 쇠고집으로 유명했다. 유치원에 다닐 때는 자기 맘에 들지 않는 옷을 입지 않으려고 고집을 피우다 어머니한테 종종 혼나기도 했다.

"과목마다 호불호가 분명했어요. 국어나 외국어는 꽤 좋아했는데 수학은 정말 싫어했지요. 외우는 것도 질색해서 암기 과목 성적도 좋진 않았어요. 음악이나 체육은 영 젬병이었고, 그나마 미술은 좀 나았어요. 돌아보면 학창 시절 저는 그냥 평범한 여학생이었던 것 같아요."

특별히 하고 싶은 일이나 꿈은 없었지만 고교 3학년이 되면서 대학에는 반드시 가야겠다고 결심했고, 수능시험에 전력투구한 결과 이화여대 정치외교학과에 입학했다. 그녀가 정외과를 선택한 건 오빠의 조언이 결정적이었다. 행정이나 경제를 폭넓게 공부할 수 있는 데다 사회적 이슈도 다루니 재미있을 거라 했던 것이다.

그렇게 대학생이 되었지만, 명확한 목표 없이 진학한 탓에 그녀의 대학 생활은 방황의 연속이었다. 안정적인 직업으로는 공무원이 최고라는 아버지의 조언에 서울대 법대 진학을 목표로 다시 수능시험을 봤지만 보기 좋게 떨어져 다시 이화여대로 돌아왔다.

마음을 잡지 못하니 학점은 자연히 나쁠 수밖에 없었고, 졸업할 때가 되어 친구들이 하나둘 직장을 찾아가는 동안 그녀는 사회로 나가는 게 두려워서 졸업을 한 해, 두 해 미루었다. 고시를 보는 게 어떠냐는 아버지의 조언에 사법고시를 몇 년 준비했지만 그 역시 뜻대로 되지 않았다.

하지만 그녀의 대학 생활이 무위로 끝난 건 아니었다. 패션에 관심이 많아 남다른 스타일링을 뽐냈던 그녀는 동대문에서 옷을 사 입고 나가면 친구들이 어디서 샀냐고 물어봤던 기억을 떠올렸다. 자신이 정말 좋아하고 남보다 잘할 수 있는 일을 해야겠다는 생각에 옥션에 여성 의류 제품을 올리기 시작했다. 제일평화시장 등 동대문에서 옷을 떼다 옥션에서 '밀크티'란 닉네임으로 팔았는데, 2004년 파워셀러로 등극할 만큼 남다른 감각을 자랑했다. 노점상 양말부터 실크 스카프, 찢어진 청바지, 스웨터 등 그녀의 까다로운 눈을 통과한 제품은 연일 대박을 터뜨렸고, 수입도 적지 않아 대학 등록금을 해결하는 것은 물론 여느 대학생보다 풍족한 생활을 할 수 있었다.

영국의 패션 비즈니스는 어떻게 이루어질까

한창 주문이 밀려들 때는 고객들에게 보낼 택배 상자가 방에 가득 쌓이곤 했는데, 하루는 아버지가 불같이 화를 내며 그 상자들을 모두 집 밖으로 내다버리셨다. 명문대를 다니는 딸내미가 옷이나 팔고 있는 것을 영 못마땅해하셨는데 마침내 폭발했던 것이다.

"그때 아버지에게 대들었죠. 제가 좋아서 하는 일이고 나쁜 일도 아닌데 왜 반대하냐고 따졌어요. 그러자 아버지는 취직을 하든 시집을 가든 아니면 유학을 가든, 셋 중 하나를 택하라고 말씀하셨어요. 그래서 유학을 가겠다고 답했죠."

2005년 김보용 대표는 7년 만에 졸업장을 받았다. 영락없는 늦깎이 졸업이었다. 하지만 영국 런던칼리지오브패션에 입학 허가증을 받아놓은 터라 마음은 여유로웠다. 옥션에서 파워셀러로 활동하면서 자신에게 패션 감각이 있다는 사실을 확인한 그녀는 패션 유통의 전반을 알기 위해서 패션 매니지먼트를 전공해야겠다고 결심했고, 이를 실행에 옮긴 것이다.

하지만 한가하게 공부에만 전념할 수는 없는 노릇이었다. 나이도 적지 않고 대학 전공을 살릴 수도 없는 만큼 런던에서 승부를 내야 했다. 운 좋게도 런던칼리지오브패션이 영국 패션계에선 꽤 알아주는 학교다보니 인턴 자리를 쉽게 구할 수 있었다. 그녀가 2년간 옥션 파워셀러에 올랐던 사실이 인턴 채용에 큰 도움이 됐다.

그녀는 영국의 명품 백화점인 하비스니콜 본사 바이어팀에서 7개월간 인턴 생활을 했다. 매장에서 옷을 판매하는 일을 하는 아시아인은 많았지만, 본사에서 바이어로 일한 아시아인은 그녀가 유일했다.

그녀가 평소에 입고 다니는 동대문표 옷들도 종종 히트를 쳤다. 끌로에나 마르니 등 명품 브랜드를 판매하는 바이어들이 그녀가 입고 있는 옷의 브랜드를 물었다가 동대문에서 샀다는 말을 듣고 놀라는 일도 적지 않았다. 메이드인코리아 동대문 상품이 브랜드 인지도에서는 밀리지만 디자인과 제품 경쟁력이 뛰어나다는 사실을 새삼 깨달았다.

영국에서 직업을 구할 작정이었던 그녀는 돌연 귀국을 결심했다.

"인턴으로 일하면서 학점이 인정되는 프로그램을 알아봤는데, 지도교수가 '너 같은 아시아 사람이 좋은 인턴 자리를 차지하면 정작 영국 아이들은 기회를 잃는다'고 하는 거예요. 너무 분해서 학장한테 이메일을 보냈는데, 학장조차 아무런 답신을 하지 않더군요. 과연 이런 사람들 속에서 일한 만큼 제대로 대우를 받을지 확신이 서지 않더군요. 이런 곳에서 경력을 쌓느니 한국에 돌아가 다른 일을 하는 게 낫겠다는 반발심도 생겼고요."

현장에서 창업의 자양분을 쌓다

김보용 대표는 2007년 한국으로 돌아왔다. 영국에서 패션 매니지먼트 공부까지 했던 터라 일자리는 어렵지 않게 구할 수 있었다. 의류 벤더업체 세신어패럴에 입사했다. 의류 유통의 기초 단계라고 할 수 있는 제조 과정을 직접 경험하고 싶어서였다.

처음엔 영업부에서 바이어와 딜 코디네이터 업무를 하다가 의류별로 색상을 선정하는 컬러리스트 업무를 했고, 이후에는 의류 샘플을 만드는 샘플러 업무도 맡았다. 하지만 일에 재미를 느끼지 못했다. 가장 큰 이유는 주문자상표부착생산 업체의 특성상 바이어가 원하는 대로 만들어야 하는 데서 오는 창의성의 한계였다. 컬러리스트나 샘플러 업무 역시 그것만 해서는 자신의 능력을 키울 수 없다는 생각에 매력을 느끼지 못했다.

그렇지만 세신에서 의류 제작 과정 전반을 직접 눈으로 보고 손으로 만질 수 있었던 것은 그녀에게 중요한 자산이 되었다.

"패션은 제조부터 유통까지 전반을 장악하는 게 매우 중요해요. 저는 직장 생활을 하면서 그 과정을 모두 경험했지요. 여러 부서를 전전했던 일도 지금 와서 보면 의류 제조 과정의 다양한 업무를 이해하는 데 큰 도움이 됐어요."

세신에서 얻은 것이 또 하나 있다. 바로 임대현 씨를 만나 백년가약을 맺은 것이다. 그는 현재 김보용 대표와 함께 재이의 성장을 위해 힘을 모으고 있다.

그녀는 세신을 나와 명품 수입 부띠크 회사에 들어갔다. 그곳에서 다양한 해외 컬렉션을 만났다. 당시는 글로벌 SPA 브랜드인 ZARA나 H&M이 국내에 공식 유통되기 전이라 해외에서 구매해 국내에 파는 일이 성황을 이뤘다. 그녀의 눈에는 동대문표 옷보다 나을 것이 없어 보였기에 그러한 분위기가 잘 이해되지 않았다.

유명 셀럽 바네사 허진스가 스토레즈의 블랙 코트를 입은 모습이 인스타그램에 올라가 있다.

"동대문 옷이 디자인도 멋스럽고 가격도 더 합리적인데, 소비자들이 그걸 모르는 게 이해가 되지 않았어요. 해외 SPA 브랜드가 인기를 얻을수록 역으로 우리 옷을 해외에 내다 팔고 싶다는 욕구가 강하게 일었던 거죠. '우리 옷이 어디가 어때서?' 하는 도전 의식도 생기고요."

카드 빚 500만원으로 창업에 뛰어들다

한번 꽂히면 거침없이 달려드는 성격인지라 회사를 그만두고 창업에 나섰다. 모아둔 돈이 없어서 카드 빚을 내 자본금 500만원을 마련했다. 그리고 곧장 컴퓨터 앞에 앉았다. 김보용 대표는 2011년 이베이 판매를 시작으로 2013년 스토레츠 사이트를 오픈했으며 2015년 벤처캐피탈 투자 유치를 통해 사업을 키워나갔다. 그러나 사업 초기에는 일이 생각만큼 잘 풀리지 않았다. 옥션에서 파워셀러로 활동했을 때와는 사업 환경이 확연히 달라졌던 것이다. 옥션이라는 거대 장터에서 장사를 하다가 낯선 브랜드로 사업을 하니 알아주는 사람이 하나도 없었다.

"사람들이 많이 오가는 시장에서 장사를 하다가 사람 구경 힘든 허허벌판에 가게 하나 차려놓고 기다리는 격이었죠. 막막했지만, 언젠가는 될 것이라는 믿음이 있었습니다."

브랜드 '스토레츠(storets)'는 전문가가 엄선해 큐레이팅한 느낌을 주기 위해 고심한 이름이다. 내 마음에 쏙 드는 제품이 모여 있는 나만의 가게(store), 개개인의 스토리(story)가 담겨 있다는 뜻으로, 'st'로 시작해 'ts'로 끝나는 작법을 통해 짧고 강하게 사람들의 혀에 감기는 이름이다. 또한 브랜드 이름에 정형화된 이미지나 의미를 의도적으로 없애 주력 고객인 20대에서 30대 중반 여성이 트렌디한 것을 추구하지만 남들과 똑같이 규정되는 것은 싫어하는, 뭔가에 얽매이기보다는 다양하게 자신을 표현하고자 하는 특성을 반영했다.

"스토레츠의 핵심 고객은 ZARA나 H&M보다 좋은 품질을 원하고, 명품도 갖고 있지만 합리적으로 소비하고 싶어하는 분들입니다. 좋은 소재로 만든 나만의 옷을 찾는 고객은 전 세계 어디에나 있으니까요."

하지만 한국 브랜드라는 사실 때문에 고객에게 외면받는 일도 적지 않았다. 그 대부분은 우리나라 고객들이었다. 해외 셀럽들이 입은 것을 보고 쇼핑몰에 들어와 주문했다가 한국 제품이란 사실을 알고는 반품하거나 결제 취소 요청을 했다. 해외 시장에선 날개 돋친 듯 팔려나가는데 국내 시장에선 한국 브랜드라는 이유로 외면당한 것이다. 그럴수록 김보용 대표는 스토레츠를 세계적인 브랜드로 만들어 우리나라 사람들이 자랑스럽게 입을 수 있게 만들겠다고 각오를 다졌다.

해외 셀럽이 사랑하는 브랜드로 우뚝 서다

현재 스토레츠의 고객은 미국 40퍼센트, 중동 15퍼센트, 유럽 20퍼센트, 아시아 10퍼센트로 구성되어 있다. 사업 초창기에는 중국 매출이 40퍼센트 이상이었다. 현재는 스토레츠의 시장을 다각화하여 중국 매출 비중이 줄었지만 김보용 대표가 중국 시장에 거는 기대는 여전히 크다. 정치적인 문제나 중국 문화의 특수성 때문에 호락호락한 시장은 아니지만, 조바심을 내기보다는 한 걸음씩 나아가다보면 길이 열린다는 믿음을 갖고 계속 중국 시장을 두드리고 있다.

몇 해 전부터 고객 주문이 급속하게 늘면서 생산 시스템은 3각 체제를 택하고 있다. 즉 본사에서 디자인 기획이 끝나면 동대문 시장에 주문 생산을 하거나 자체 공장에서 생산한다. 또 국내 공장에서 100퍼센트 소화히기 어려운 대량 주문은 중국에서 생산하고 있다.

스토레츠는 최근 젊은 층에서 가장 핫한 SNS 채널인 인스타그램을 적극 활용하면서 상승세를 타고 있다. 2015년에 공식 계정을 오픈했는데, 현재 팔로워가 25만 명에 육박한다. 이들 대부분이 외국인이다. 톱모델 켄달 제너, 패셔니스타 올리비아 팔레르모, 할리우드 스타 킴 카다시안 등 유명 셀럽들이 스토레츠 옷을 입고 다니는 모습이 파파라치

2013년 당시 김보용 대표와 딸 재이. 법인명 '재이'는 그녀의 딸 이름에서 따왔다.

의 카메라에 잡히거나 그들의 인스타그램에 올라오면서 스토레츠는 더욱 탄력을 받고 있다.

김보용 대표의 재이는 설립 이후 2015년 말까지 누적 매출이 35억원 수준이었는데, 2016년 총 매출이 이를 넘어섰다. 스토레츠의 주요 제품들이 날개 돋친 듯 팔리면서 분기별로 50퍼센트씩 성장하고 있는 덕분이다. 하지만 김보용 대표는 여기서 만족하지 않는다. 세계의 넘버원 패션그룹이 되는 게 그녀의 궁극적인 목표다. 스토레츠라는 브랜드가 재이의 중심에 있지만, 현재 연령별, 취향별, 지역별 핵심 고객을 분석하고 있는 만큼 시장의 니즈에 맞춰 다양한 브랜드를 만들어낼 생각이다.

김보용 대표는 '재이'라는 법인명에 무거운 책임감을 갖고 있다.

"재이는 딸아이의 이름이에요. 아이 이름까지 걸면서 사업을 시작했으면, 내 아이가 자랑스러워할 만한 회사로 키워야 한다고 생각해요. 어떤 분들은 혹시 딸한테 물려주려 하냐고 물으시는데, 그건 전혀 아니에요. 회사 규모가 커지면 전문 경영진이 들어올 수도 있다고 생각합니다. 중요한 건 우리 재이가 건강하고 행복한, 멋진 회사로 성장하는 거지요."

 ## 창업은 철저한 현실이다

창업을 꿈꾸는 것과 자신이 좋아하고 자신이 제대로 잘할 수 있는 일을 하는 것은 별개입니다. 창업을 하면 자신이 하고 싶은 일을 할 수 있다고 생각하는데, 그런 생각을 버려야 합니다. 창업에 성공하기 위해서는 굉장히 오랜 시간 자신이 즐거워하지 않는 일, 오히려 싫어하는 일을 감내할 수 있어야 해요. 그런 마음의 준비가 다 되었더라도, 한 번 더 진지하게 생각해볼 것을 권하고 싶어요.

그래도 해야겠다면, 이게 아니면 안 되고, 여기서 끝장을 본다는 마음가짐으로 창업에 나서세요.

이도연 TWW 대표

시간을 기적으로 만드는 천연 화장품

어머니가 만든 천연 비누와 샴푸를 사용하면서 피부와 탈모 고민에서 벗어난 이도연 TWW 대표. 그녀가 세운 회사 TWW는 세상의 많은 사람들이 자신과 같이 기적을 만나기를 바라는 마음에서 시작한 천연 화장품 회사이다.

이도연 대표는 산 좋고 물 좋은 강원도 산자락에서 자랐다. 계곡 옆에 자리한 아파트에서 살았던 어린 시절, 밤새 들려오는 계곡물 소리가 때론 웅장한 오케스트라 연주처럼, 때론 감미로운 피아노 선율처럼 느껴졌다.

고등학교 재학 중 갑자기 탈모와 여드름이 심해졌고 대학에 진학한 후에도 머리카락이 한 움큼씩 빠졌다. 그런 딸을 안타깝게 지켜보던 어머니가 직접 탈모 샴푸 제조에 나섰다. 25가지 한방 재료를 정성껏 달여 추출한 원액으로 천연 샴푸와 천연 비누를 만들었다.

어머니의 천연 샴푸로 거짓말처럼 탈모가 낫자 이도연 대표는 천연 비누 시장에 뛰어들었다. 그리고 이제 천연 화장품 분야까지 진출하여 당찬 창업 도전기를 써 가고 있다.

이도연(31) TWW 대표는 2012년 블로그에 '천연 화장품 만들기 원데이 클래스' 오픈 소식을 올렸다. 홍보 문안은 "명품 화장품 백화점에서 사지 말고 내가 만들기", "백화점 1층을 끊게 하는 화장품 클래스"로 정했다.

"저에게 그 홍보 문구는 매우 큰 의미를 갖고 있습니다. 어린 시절 명품 화장품을 접한 후 성인이 되고 나서는 거의 병적으로 백화점 1층

이도연 대표가 운영하는 공방에서 전문가 과정 강좌를 수강하는 학생들이 천연 제품을 만들고 있다.

에서 살았으니까요. 내가 화장품을 안 사고도 이렇게 살 수 있다는 사실에 스스로 놀랄 때가 종종 있어요. 그리고 그런 기적 같은 경험을 사람들과 공유하고 싶은 열망이 컸습니다."

처음에는 취미반처럼 원데이 클래스를 진행했고, 점차 입소문이 나면서 2013년에는 전문가 과정을 열었다. 전문가 과정 역시 높은 호응을 얻었고 강좌를 통해 얻은 수익도 적지 않았다. 이쯤 되자 그녀는 본격적으로 사업을 꾸려야겠다는 생각이 들었다. 그렇게 이도연 대표는 자연의 화장품을 만드는 회사 TWW를 시작했다.

자연에서 난 가장 좋은 것을 딸에게

아버지의 고향은 원주, 어머니의 고향은 부산이다. 타고난 사업가였던 아버지는 젊은 시절 여러 대의 버스를 두고 관광업을 했다. 1980년대 초반만 해도 강원도 단체 여행은 관광버스를 대절해야만 가능했기에 아버지의 사업은 날로 번창했다. 아버지는 고향인 원주에선 이름만 대면 누구나 알 만큼 유명인이었다.

외할아버지는 대저 딸기를 국내 최초로 내놓았을 정도로 과수원을 크게 했다. 4남 2녀 중 넷째였던 어머니는 부산이 한 은행에서 근무하다가 출장 온 아버지와 연이 닿아 백년가약을 맺었다. 과수원 집 딸이라 그런지 죽어가던 화분도 어머니 손만 거치면 거짓말처럼 예쁜 꽃을 피웠다.

아버지의 사업체가 있는 강원도 정선에서 자란 이도연 대표는 어린 시절을 돌아보면 거센 계곡물 소리가 가장 먼저 떠오른다. 아파트 바로 옆에 계곡이 있어서 여름철 장마에 물이 불어나면 세찬 물소리를 자장가 삼아 자곤 했다.

아버지가 운수업을 하는 동안 어머니는 운전기사 출퇴근 관리며 월급 지급 등 회사 살림을 도맡아 했다. 두 분 모두 관광버스가 들어오고 나가는 새벽에 일을 했기에 그녀는 어스름한 그 시간을 혼자 보냈다.

이렇듯 바쁜 와중에도 외동딸의 먹거리는 어머니의 최대 관심사여서 미원이나 설탕 등 조미료는 주방에서 구경조차 할 수 없었다. 어머니는 반찬에 단맛을 돌게 하기 위한 방법으로 꿀이나 매실액을 고수했고 농가에서 공수한 신선한 식자재로 음식을 만들었다.

그녀가 햄버거라는 걸 처음 접한 것도 초등학교 다닐 때였다. 학교 행사가 있어서 햄버거를 단체 주문해 학생들에게 나눠줬는데 그때 처음 먹은 것이다. 집에서는 제철 나물과 잡곡밥만 먹었고, 어머니는 된장찌개나 김치찌개도 나트륨이 많이 들어간다는 이유로 좀처럼 해주지 않았다.

"어머니는 자연에서 난 가장 좋은 것을 딸에게 먹여야 한다는 생각이 강했어요. 딸기 농사를 지었던 외할머니도 딸기를 따면 가장 좋은 것은 자식들에게 먹이고 그 아래 등급의 딸기를 팔았다고 들었어요. 보통은 가장 좋은 건 팔고 무르거나 상한 걸 자식들한테 먹이는데, 외갓집은 자식들 먹거리에 대한 생각이 남달랐던 것 같아요."

클래식을 벗 삼아 음악가를 꿈꾸다

이도연 대표가 초등학교 3학년 때 아버지는 무역업을 시작했다. 중국 칭다오 지역으로 중고차를 수출하는 일이었는데, 어머니가 사업을 같이했던 만큼 두 분이 함께 출장을 가면 보름씩 그녀 혼자 집을 지켰다.

"지금 생각해보면 상식적으로 있을 수 없는 일이지요. 당시 원주의 빌라에 살았는데, 초등학생 여자애를 혼자 두고 보름씩 집을 비운 셈이니까요. 학교 끝나고 집에 오면 혼자 밥 먹고 숙제를 했지요. 피아노 학원이 제 유일한 방과 후 일정이었어요. 집에 먹을 게 없으면 짜장면 시켜 먹고 외상으로 달아놓았으니 당연히 저희 집 근처에 사는 분들은 여자애 혼자 지낸다는 걸 알았겠죠. 그럼에도 별 사고 없이 컸던 걸 보면 정말 운이 좋았던 것 같기도 해요."

혼자 있는 딸이 걱정됐던 어머니는 그녀가 하교할 때쯤 한 번, 밤 9시 넘어서 한 번, 이렇게 하루에 두 번씩 전화를 걸었다. 당시만 해도 국제 전화비가 비싸서 한 달 전화비가 100만원을 넘긴 적도 많았다.

혼자 지낸 시간이 많아서인지 또래보다 성숙했던 그녀는 외로움을 음악으로 달랬다. 어렸을 적부터 어머니가 클래식 음악을 자주 틀어줬던 덕분에 음악과 함께하는 삶이 익숙했고, 피아노 학원에 다니기 시작한 일곱 살부터는 자연스럽게 '음악은 나의 삶'이라는 생각을 하였다.

피아노 앞에 앉으면 시간 가는 줄 몰랐다. 초등학교 6학년 때는 피아노 학원 선생님이 어머니한테 "도연이는 피아노에 재능이 있으니 예술중학교를 보내는 게 좋겠다"고 말하는 것을 듣고, 정말 내가 재능이 있구나 싶었다.

중학교 때 그녀와 가족들은 경기도 부천으로 둥지를 옮겼다. 아버지의 사업이 날로 번창하면서 공항 가까운 곳으로 집을 옮기고자 했었고, 그녀의 고등학교 진학을 위해서도 강원도보다는 경기도가 낫다는 판단에서였다.

그러던 어느 날 우연히 비올라 소리를 듣고 비올라의 매력에 푹 빠졌다. 피아노 전공으로 예술고등학교 진학을 목표로 삼았던 터라, 갑작스럽게 비올라로 전공을 바꾸겠다고 하니 어머니는 물론 음악 선생님도 펄쩍 뛰었다.

"비올라 음색을 들으니 도저히 그 매력에서 빠져나올 수가 없었어요. 보통 비올라를 사람의 목소리와 가장 비슷한, 따뜻한 음색의 악기라고 하는데 그 말을 100퍼센트 이해할 수 있었죠. 피아노만 하던 제가 현악기로 전공을 바꾼다고 하니 주변의 반대가 심했지요. 하지만 너무 하고 싶었어요. 제 고집을 잘 알고 있던 어머니는 급히 비올라 선생님을 구해주셨죠."

부모의 이혼, 음악의 힘으로 버티다

비올라의 매력에 푹 빠져 갑작스럽게 전공을 바꾸게 됐지만 그녀에게 잠재된 재능이 있었던 것일까. 그녀는 안양예술고등학교에 무난히 합격했다. 부모님은 그녀를 위해 안양예고 앞으로 이사를 했다. 하지만 그 무렵 그녀의 삶에 큰 시련이 닥쳐왔다.

이도연 대표가 중학교 3학년 때 아버지가 중국에서 교통사고를 당했다. 중국 병원에서는 살기 어려울 거라고 했지만, 어머니가 극진히 간호한 덕에 아버지는 기적처럼 살아났고 한국으로 돌아왔다. 하지만 교통사고 후유증 때문인지 아버지의 성격이 몹시 과격해졌고, 아내와 딸을 끊임없이 의심했다. 부모님은 크고 작은 다툼 끝에 그녀가 고등학교

2학년을 앞둔 겨울방학 때 결국 이혼했다.

"아버지가 사고 후 전혀 다른 사람이 됐기 때문에 제가 먼저 어머니한테 이혼하라고 말했어요. 그렇게 계속 살면 두 분 모두 불행해질 게 뻔했거든요. 아버지는 의심이 많아져서 어머니가 사업 자금을 빼돌린다고 험담을 하고 다니셨고, 결국 두 분 사이의 신뢰도 금이 가고 말았죠. 당시에 재산이 적지 않았는데, 아버지는 갖고 있던 땅이며 건물을 팔아 고모나 삼촌들한테 나눠주면서 정작 제 레슨비는 안 주겠다고 버티시더군요. 저 역시 아버지한테 정이 뚝 떨어졌어요. 그래도 어머니는 제가 최우선이었는지, 이혼 직전에 제 악기를 4,000만원짜리로 바꿔주셨어요. 하나라도 저를 위해 남겨주고 싶었던 거죠."

부모님의 이혼, 곧이어 닥친 경제적 어려움에도 불구하고 그녀는 상명대 음대에 진학했다. 물론 대학 진학 과정은 순탄치 않았다. 음대 진학을 위한 레슨비는 어머니가 모아둔 비상금으로 충당했다. 당장 가장이 된 어머니는 공인중개사 자격증을 따러 학원에 다녔고, 학원 등록 3개월 만에 공인중개사 2차 시험까지 붙었다.

"어머니가 비상금으로 모아둔 돈이 있었지만 음대 입시생 뒷바라지하기에 넉넉한 건 아니었어요. 지금도 어머니는 그 시절을 떠올릴 때면 농담 반 진담 반으로 '200만원을 찾아다 집에 두면 일주일 만에 없어지더라' 하고 말씀하셔요."

탈모로 고생하는 딸과 어머니의 천연 샴푸

부모의 이혼으로 인한 스트레스에 입시 스트레스까지 겹쳐서인지

고등학교 다니는 내내 그녀는 탈모와 여드름에 시달렸다. 효과가 좋다고 소문난 탈모 샴푸부터 각종 고급 화장품까지 그녀를 거치지 않은 게 없었지만 좀체 나아지지 않았다. 대학 입학 후에는 탈모와 여드름이 더 심해졌다.

"탈모가 생긴 건 중학교 3학년 말, 교통사고를 당한 아버지가 퇴원해서 집으로 돌아오신 다음 같아요. 원래 숱이 많아서 한 손에 다 안 잡힐 정도였는데, 그즈음부터 머리카락이 한 움큼씩 빠져서 화장실 바닥이 새까매질 정도였어요. 게다가 한창 피부에 예민할 나이에 여드름도 심했어요."

초등학교 시절부터 부모님이 해외 출장 다녀오면서 면세점에서 각종 명품 화장품을 사주었고 그걸 얼굴에 찍어 발랐는데, 생각해보면 그게 문제였던 것 같다. 화장독이 올라서 피부가 나빠졌던 것이다. 그녀는 명품 화장품에 꽂혀서 대학 다닐 때까지도 클렌징오일은 슈에무라, 미스트랑 색조는 샤넬, 메이크업은 겔랑, 기초는 클리니크를 써야 한다는 그녀만의 불문율을 철저히 지켰다.

어머니가 딸의 탈모를 심각하게 느낀 건 그녀가 대학 1학년 때였다. 학교에서 오케스트라 연주회가 있었는데 비올리스트 자리에 앉아 연주하는 딸의 정수리가 조명 아래 허옇게 보이는 것에 큰 충격을 받은 것이다. 때마침 적성에 맞지 않아 부동산 중개업을 그만둔 어머니는 주민센터에서 강좌를 찾아 듣고 인터넷과 책을 뒤지면서 탈모 샴푸를 만들었다.

"두피 전문 한의원에 가서 침도 맞고 약도 처방받아 먹었죠. 한 통에 수십만원짜리 탈모 샴푸도 써봤지만 다 부질없었어요. 어머니가 탈모 샴푸를 만들겠다고 팔을 걷어붙인 것도 시중에서 판매하는 제품으로는 도통 낫지를 않으니까 직접 만들어야겠다고 결심했던 거죠. 주민센터에서 배운 레시피에다 탈모에 좋다는 약재를 이것저것 넣어보면서 실험을 하셨어요."

구기자, 창포, 하수오, 6년근 홍삼, 감초, 당귀, 약쑥, 민들레, 뽕잎 등 탈모에 좋다는 약재 25가지를 따로따로 쪄서 그 추출물을 가지고 샴푸를 만들었다. 그때가 2006년으로 '공복숙 여사표' 탈모 샴푸가 탄생한 순간이었다. 어머니는 특히 원재료에 신경을 많이 썼는데 시장에는 중국산 한방 재료가 즐비했기 때문에 백화점에 가서 일일이 재료를 구매했다.

처음에 이도연 대표는 엄마표 탈모 샴푸에 손도 대지 않았다.

"용기도 촌스러운 데다 비린내도 나고 색도 탁해 거부감이 컸어요. 세련된 용기와 고급스러운 아로마에 익숙했던 제가 사용할 리 만무했

2015년 이도연 대표는 어머니와 함께 미국 시애틀로 여행을 가서 즐거운 시간을 보냈다.

죠. 어머니도 좋은 건 다 넣었지만 효능을 확인하지 못한 터라 제게 강요하지는 못하셨어요. 대신 집에 제 친구들이 오면 재료 자랑을 하면서 하나씩 나눠주곤 하셨어요. 나중에는 여드름 피부용 비누까지 직접 만드셨죠."

이도연 대표가 엄마표 제품을 사용하게 된 계기는 친구의 달라진 피부를 직접 확인하고부터다. 지루성 피부로 고민하던 대학 친구가 어머니의 비누를 한 달쯤 쓰고 나서 몰라보게 피부가 깨끗해진 것이다. 눈으로 효능을 확인했지만 왠지 그 사실을 인정하고 싶지 않았던 그녀는 어머니 몰래 샴푸와 비누를 사용하기 시작했다.

"값비싼 외국 브랜드를 사용해도 나아지지 않던 피부가 깨끗해지더라고요. 정말 깜짝 놀랐죠. 물론 기존 제품은 전혀 안 썼어요. 중간에 기존 제품을 몇 번이라도 쓰면 여드름이 다시 심해지더라고요. 피부가 깨끗해지니까 탈모 샴푸에도 신뢰가 생겨서 사용하기 시작했어요. 머리를 감을 때마다 한 움큼씩 빠지던 머리카락이 거짓말처럼 줄어들기 시작하더군요. 머리에 윤도 나고, 저녁 늦게까지 찰랑거리는 상태가 그대로 유지되고요. 나중에는 엄마표 비누와 샴푸만 사용하게 되었어요."

제품의 효과는 믿을 수 있었지만 그때까지만 해도 상업적으로 키울 생각은 하지 못했다. 음대 교수가 대부분 여성이라 명절이나 스승의 날에 선물하곤 했는데, 제품에 만족한 교수님들이 구매하고 싶다고 나서는 것을 보고서야 원가 계산을 했을 정도다. 원가를 계산한 그녀는 깜짝 놀랐다.

"제가 '일랑의 일상'이라는 블로그를 운영했는데, 거기에 엄마표 샴푸랑 비누를 올려서 지인들한테만 조금씩 팔았거든요. 한방 재료를 백화점이나 강원도 원산지에 가서 사왔는데, 재료 구입에 드는 비용이 적지 않았어요. 샴푸 한 통에 1만9,000원, 비누는 4,000원, 6,000원에 팔았는데, 원가를 꼼꼼히 계산해보니 팔면 팔수록 손해가 나는 가격이었어요. 그래서 가격을 적정 수준으로 올려 팔기 시작했죠."

비누가의 탄생과 사업가의 길

이도연 대표는 엄마표 샴푸와 비누를 알음알음으로 팔다가 2010년께 쇼핑몰을 열었다. 남자 친구(현재의 남편)가 회사를 그만두고 쇼핑몰을 열어 천연 화장품 재료를 팔기 시작했는데, 그때 어머니가 만든 제품도 함께 판 게 계기였다.

남자 친구의 주력 제품인 천연 화장품 재료는 안 팔리고 어머니가 만든 비누와 샴푸만 불티나게 팔렸다. 의논 끝에 천연 비누를 중심으로 쇼핑몰을 운영하기로 하고 어머니 공복숙 여사의 이름을 대표자로 등록했다. 쇼핑몰의 이름은 '비누가(비누의 집)'로 정했다. 그녀가 운영하던 블로그 '일랑의 일상'은 이름을 '비누가 도연의 일상'으로 바꾸고 천연 비누 콘텐츠를 집중적으로 올렸다.

사업이 골격을 갖춰가자 그녀의 고민은 깊어졌다. 음악가의 길을 가고 있었지만 이제는 천연 비누에 관심이 더 많아졌기 때문이다. 게다가 보다 체계적으로 사업을 하기 위해선 경영진이 아로마 테라피나 비누 제조 자격증을 취득할 필요가 있었다.

"어머니는 지식은 많았지만 자격증은 없었거든요. 제대로 사업을 하려면 공신력 있는 자격증을 갖고 있어야 하기에 제가 학원에 다니면서 자격증을 땄어요. 아로마 테라피, 비누 제조, 화장품 제조 등 각종 자격증을 땄지요. 그런 다음에는 집 근처에 작은 공방을 열었어요. 블로그에 '배우고 싶다'는 메시지를 남기는 분들도 많았고, 공방에서 제품을 만들면 되니까 일석이조라고 생각했죠."

공방 강좌는 천연 화장품 교육 과정으로만 운영했다. 비누나 샴푸는 일반인이 만들기 까다롭지만, 화장품은 몇 가지 원료를 배합만 하면 되기 때문에 강좌를 운영하기 용이하다고 판단했던 것이다.

강좌 규모가 커지고 수급해야 할 재료가 많아지면서 이도연 대표는 화장품 재료의 유통 과정을 적나라하게 들여다보게 됐다. 천연 화장품에 들어가는 주요 원료는 플로럴워터, 베이스오일, 아로마오일, 보습제(글리세린이나 히아루론산), 유화제 등인데, 여러 단계의 유통 채널을 거치다보니 구매 비용이 꽤 높았고 재료 관리도 허술했다. 현실을 알게되자 그녀는 안 좋은 재료로 천연 화장품을 만드는 게 무슨 소용인가

천연 화장품 회사 TWW의 대표 상품인 클린징 오일과 비누.

하는 회의감이 들었다. 그래서 직접 원재료를 공수하고 관리도 더 철저히 해야겠다고 결심했다.

원료 관리가 잘되는 공장에서 제대로 된 천연 화장품을 만들어야겠다고 결심한 그녀는 주문자상표부착생산 공장을 알아보기 시작했다. 당연히 쉬운 일은 아니었다. 보통 원액 오일을 2퍼센트 정도 넣고 페이셜오일을 만드는데, 그녀가 원액 오일 100퍼센트를 요구하니 대부분의 공장이 수지타산이 안 맞는다며 손사래를 친 것이다. 몇 개월을 물색한 끝에 마음에 맞는 공장을 찾아냈는데, 다행히 공방에서 가까운 곳에 자리하고 있었다.

시간으로 기적을 만드는 회사

2015년 9월 이도연 대표는 천연 화장품에 대한 자신의 철학을 담아 TWW를 설립했다. TWW(TIME WORKS WONDERS)는 '시간으로 기적을 만드는 회사'라는 의미를 담고 있다. 지금은 천연 비누 제조 회사인 비누가와 병행 운영하고 있다.

"이윤을 내기 위해 재료를 덜 넣고 시간을 덜 투입하는 회사가 아니라 '시간이 빚어낸 기적'을 구현할 수 있는 제품을 만들고 싶었습니다. 스킨, 로션, 미스트, 페이셜오일은 이미 출시됐고 조만간 썬크림, 바디크림 등 제형감 있는 스킨케어 제품을 내놓을 예정입니다. 여자들뿐만 아니라 남자, 아이 등 모든 사람이 안심하고 쓸 수 있는 천연 화장품 브랜드로 자리를 잡는 게 저의 목표입니다."

이도연 대표는 비누가와 TWW를 합해 2016년 4억원의 매출을 냈다. 2017년에는 TWW의 제품군이 늘어나는 만큼 매출이 2배 정도 늘어날 것으로 전망한다.

"공장을 늘려 대량 생산을 하면 매출이 늘어날 텐데 왜 그렇게 느릿느릿 가느냐고 타박하는 분들도 있어요. 하지만 욕심 안 내고 천천히 가려고요. 천천히 가면서 저희의 철학인 '시간이 빚는 기적'을 많은 분들과 공유하고 싶어요. 단골 고객 중에는 저희가 마케팅도 안 하고 대량 생산도 안 하니 브랜드가 없어지지 않을까 걱정하는 분들도 있어요. 절대로 없어지면 안 된다고, 계속 좋은 제품 만들어달라고 제 손을 잡고 부탁하시는 분들이에요. 그런 분들을 볼 때마다 제 철학을 지키고 살아야겠다고 결심하곤 합니다."

이도연 대표는 내년에 공방과 사무실을 경기도 여주로 옮길 계획이다. 약 400평 규모의 땅을 구매했는데, 이곳에 집을 짓고 밭농사를 지으면서 살고 싶다는 생각에서다. 2~3층 규모의 주택을 지어 1층은 제품 쇼룸과 공방을 겸하고 2층에 살림집과 사무실을 두기로 했다.

"천연 화장품을 표방하는 회사는 많지만 실제로 원재료를 들여다보면 그렇지 않은 곳들도 더러 있어요. 처음부터 끝까지 천연 화장품의 철학을 지키고 싶고, 그런 제 비전을 로하스의 삶 속에서 실천할 수 있을 것 같아요. 물론 자연 속에서 살면서 나중에 태어날 저의 아이와의 삶도 준비하고 싶고요."

빛과 그늘은 늘 함께 있다

공방에서 전문가 과정 강좌를 운영하면서 창업하는 분들을 많이 봤는데 어떤 분은 잘되고 어떤 분은 실패하더라고요. 원인을 살펴보면 창업을 아무 때나 출근해서 편하게 일하는 것 정도로 간주하는 분들은 10명이면 10명 모두 실패한 것 같습니다. 창업은 잠들기 전까지는 일이 끝나지 않고, 밤새 일하고도 돈 한 푼 못 받는 직장 같은 것입니다. 그런데 그런 각오를 하고 창업에 뛰어드는 사람은 적은 것 같아요. 성공한 후의 과실(果實)만 볼 게 아니라 그 과정에서 견뎌내야 할 고충도 끌어안아야 창업이 성공할 수 있다는 사실을 명심했으면 합니다.

최영 펀비즈 대표

퇴직금 400만원으로
시작한 천기저귀 사업.

퇴직금 400만원으로 천기저귀 시장에 뛰어들어 매출 30억을 이루어낸 최영 펀비즈 대표. 그녀의 최종 목표는 저출산, 고령화 시대에 맞춰 펀비즈를 출산·유아용품과 실버용품을 아우르는 '아시아 1등' 기업으로 키우는 것이다.

창업 전 그녀는 10년 남짓 회사에 다니면서 중국 관련 업무를 했다. 자연스레 중국의 무한한 가능성을 보게 되었다. 그리고 퇴직금 400만원으로 우리나라는 물론 중국과 일본, 싱가포르 등 아시아 시장을 겨냥한 친환경 천기저귀 시장에 뛰어들었다. 정보기술 산업에서 일하던 사람이 무슨 천기저귀냐며 주변에서 만류하는 사람도 많았지만, 직접 재봉을 배워 제조 과정을 장악할 정도로 독하게 일했고 결국 시장에 안착했다.

펀비즈는 현재 기저귀를 비롯해 유아 속옷, 배냇저고리뿐 아니라 실버용품 등으로 품목을 늘리며 사세를 확장하고 있다.

기회가 위기로 바뀌는 것은 순식간이었다. 2007년 2월 서울베이비엑스포에 천기저귀 제품을 선보인 후 출산·유아용품 브랜드 베이비앙(Babyan)의 매출은 급격하게 늘었다. 하지만 경쟁사에서 베이비앙 천기저귀가 중국산이라 아기들한테 좋지 않다고 비방하면서 위기를 맞았다. 결국 최영(40) 펀비즈 대표는 메이드인코리아 천기저귀를 만들기로 결심했다. 하지만 위기는 계속되었다. 국내에서 생산된 제품이 양과 질 모두 기대에 미치지 못했던 것이다. 문제 해결을 위해 그녀는 직접 의정부 재봉공장으로 출근했다.

"저녁에 회사로 돌아와서도 재봉틀 앞에 앉아 밤늦게까지 연습할 정도로 고군분투했지요. 어제의 땀이 오늘의 결실을 맺는 밑바탕이 됐다고 생각해요."

그 후 베이비앙은 '무형광 국민 천기저귀'라는 별칭과 함께 국내 천기저귀 시장 1위 자리를 차지하며 현재 승승장구하고 있다.

어머니에게서 배운 도전 정신

최영 대표는 부산에서 나고 자랐다. 초등학교 교사인 아버지와 전업

주부였던 어머니 사이에서 4자매 중 막내딸로 태어났지만 아들 못지않은 딸 노릇을 하며 성장했다. 3대 독자인 아버지 입장에선 아들이 없어 아쉬울 법도 했지만, 자매들에 대한 교육열은 남달랐다. 특히 마흔이 넘어 얻은 막내딸에 대한 사랑은 유별났다.

"열한 살 위의 첫째 언니가 샤프펜슬을 고장 내면 손모가지가 잘못되어서 그렇다며 타박하셨다는데, 제가 고장 내면 제조업체가 잘못 만들어서 그렇다며 제 실수를 감싸주셨어요. 교사였던 아버지가 평탄한 삶을 사셨던 것과 달리 어머니는 시부모 병수발에 3대 독자 며느리 역할까지 하면서 고생이 많으셨던 것으로 기억해요. 게다가 음식 솜씨가 유난히 좋아서 동네잔치를 할라치면 어머니가 꼭 나서야만 했지요."

조부모님이 세상을 떠나자 최영 대표의 어머니는 딸 넷을 이끌고 서울 신림동으로 이사했다. 부산에서 초등학교 교사로 일하는 아버지와 떨어져 지내야 했지만, 자식들의 교육과 미래를 위한 결정이라며 실행에 옮겼다. 동네에 작은 식당을 차린 어머니는 새벽부터 밤늦게까지 일했다.

"그 당시에 여자 혼자 가게를 한다는 게 쉽지 않았을 텐데, 어머니는 그걸 해내신 거지요."

그녀는 어머니의 억척스러운 생활력이 고맙기도 했지만 한창 예민한 사춘기에는 아무도 없는 집으로 돌아가는 게 무척 싫었다. 그래서 주말이면 동두천에 있는 이모 댁으로 놀러갔고, 방학 때는 아예 동두천에 눌러살았다.

"동갑인 이종사촌과 워낙 친했던 데다 식당 일이 바빠 대화할 시간이 없던 어머니와 달리 전업주부였던 이모와는 속 깊은 얘기도 많이 나누었어요. 이모는 저를 살뜰히 챙겨주시는 또 한 명의 어머니나 다름없었어요. 어쩌면 어머니한테 받고 싶던 정을 이모한테 받으며 정서적인 안정을 얻었던 것 같아요."

지금 돌이켜보면 과감하게 도전하는 어머니의 사업가적 자질과 한 번 약속하면 무슨 일이 있어도 지키는 이모의 철저한 자기 관리 스타일을 그녀가 그대로 물려받은 게 아닌가 싶다.

대륙의 무한한 가능성을 엿보다

이모 댁에서 살다시피 했던 그녀는 고등학교 때 동두천으로 전학을 갔다. 중국 선양을 오가며 무역업을 하던 이모부의 권유에 따라 중국 대학 진학을 염두에 둔 결정이었다. 특별한 장래 희망도 없었기에 안정적인 직업을 가질 수 있을 거라는 생각으로 선양위생학교 임상병리학과에 입학했다. 하지만 얼마 지나지 않아 자신의 적성과 맞지 않는다는 사실을 절감했다. 이해할 수 없는 용어를 무조건 외워야 하는 것, 그것도 중국어로 습득해야 한다는 점이 큰 부담이 됐다. 한곳에 머물러 있는 성격이 아니어서 병원에 계속 갇혀 있는 느낌을 받으며 환자들을 친절하게 대할 자신도 없었다. 그래서 경영학을 부전공으로 선택했는데, 자신에게 의사의 길이 아닌 다른 길이 있을 거라는 막연한 예감이 작용했던 것 같다.

중국에서 보낸 5년은 그녀의 인생을 바꾼 터닝 포인트였다. 또래 친구들을 사귀면서 중국인의 성향을 이해하게 됐고 대륙의 무한한 가능성도 확신할 수 있었다. 또한 끈끈한 중국 인맥을 구축할 수 있었다. 당시 같이 밥 먹고 술 마시며 어울렸던 친구들이 지금은 경찰서장이 돼 있거나, 변리사를 한다거나, 정치협회장(우리나라의 도의회 의장)으로 일하고 있어 외국인이 쉽게 얻을 수 없는 탄탄한 꽌시(關係)를 자연스럽게 확보한 것이다.

"사업을 하면서 그들을 처음 만나야 했다면 공식적으로 통로를 뚫는 것 자체가 어려울 뿐 아니라 융숭하게 접대를 해야 했을 겁니다. 그래도 결과는 보장되지 않았을 테고요. 하지만 저는 어린 나이에 그들을 만나 지금까지 관계를 이어온 만큼 서로 믿고 밀어주는 관계로 발전할 수 있었습니다. 중국에서는 이런 꽌시를 그 사람의 중요한 능력이자 자산으로 봅니다. 주변에 친구가 얼마나 많은지가 그 사람이 사업을 성공시킬 수 있는가를 판단하는 첫 번째 잣대이지요. '친구'의 의미도 단순히 사귄다는 개념을 넘어서 내 분수에 넘칠 정도로 대접하거나 챙겨주고, 또 나중에 나도 그만큼 돌려받는 관계로 인식하기 때문에 서로가 서로의 인적 자산인 셈입니다. 오늘 내가 친구한테 제공하는 모든 편의와 호의가 나중에 나에게 닥칠지 모를 어려움에 대비해서 저축하는 행위인 셈이죠. 이런 중국인 특유의 성향을 모르고서는 중국에서 절대 성공할 수 없습니다."

중국 시장에 열정을 쏟다

중국에서 대학을 졸업하고 한국으로 돌아왔지만 최영 대표를 기다리고 있는 것은 IMF 외환위기의 여파로 막막해진 취업 전선이었다. 처음에는 급한 마음에 지인 소개로 다단계 회사에 들어갔다가 어렵사리 빠져나오는 등 마음고생을 많이 했다. 그러던 중 중국에서 통역 아르바이트를 하다가 인연을 맺은 분이 지인의 회사를 소개해주면서 그녀의 첫 직장 생활이 시작됐다. 중국과 홍콩으로 산요(SANYO)의 전자부품을 수출하는 회사인데, 중국어를 잘하는 직원이 필요했던 것이다. 나중에 들어보니 그녀의 당찬 모습이 사장의 마음을 사로잡았다고 했다.

"제가 빨간 미니스커트를 입고 면접을 갔어요. 어떻게 보면 매우 건방져 보일 수도 있었지만, '이런 친구라면 모 아니면 도일 테니 한번 뽑아보자'고 생각했다고 하시더라고요."

그녀는 탁월한 중국어 실력과 경영학도라는 자신의 강점을 살려 해외사업부에서 열정을 불태웠다. 다양한 업무를 도맡아 하면서 직무 능력을 발전시켰고 시장의 변화도 직접 목격할 수 있었다. 하지만 중국에서 저렴한 모방 제품이 잇따라 나오면서 회사는 심각한 타격을 입었고, 결국 2001년 부도를 맞았다. 4개월 넘게 월급이 안 나왔음에도 그녀는 회사가 완전히 정리될 때까지 자리를 지켰다. 첫 직장이라는 애착도 있었지만, 3년 넘는 세월에 대한 의리도 적지 않게 작용한 것이다.

회사가 문을 닫자 사장은 그의 동생이 운영하는 정보기술 기업 옴니텔에 그녀를 소개했다. 모바일 방송 및 무선 인터넷 콘텐츠 사업을 펼쳤던 옴니텔은 나래이동통신 기술연구소 선임연구원 출신의 김경선 대표가 1998년에 설립한 회사다. 그녀가 합류했을 때 옴니텔은 중국시장 진출을 준비 중이었고, 자연스럽게 그녀는 중국사업팀장을 맡게 됐다.

"당시 중국은 부가 서비스 개념 없이 통화료에 매출을 전적으로 의존하는 수익 구조였어요. 반면에 한국의 통신사는 부가 서비스가 폭발적으로 성장하면서 글로벌 시장에서도 선도적 위치에 있었죠. 특히 기본 통화료보다 부가 서비스 매출이 높아서 차이나모바일과 유니콤 등이 우리의 통신 서비스를 벤치마킹했지요."

한국의 부가 서비스와 중국의 그것은 차이가 컸다. 우리나라는 대중가요 등 음악을 컬러링으로 선택하는 경향이 주류였는데, 중국은 성우가 1인 다역의 만담 형식으로 이야기를 들려주는 서비스에 대한 선호도가 훨씬 높았다. 중국사업팀장을 맡았던 6년간 그녀는 한 달에 20일을 중국에서 살 정도로 중국 시장 개척에 열정을 쏟았고, 중국 26개 성에 지사를 설립하는 등 가시적인 성과를 일궈냈다.

블루오션인 천기저귀 시장에 뛰어들다

10년 가까이 직장 생활을 하면서 '내 사업'에 대한 열망을 키웠던 최영 대표는 2006년 6월 퇴직금 400만원을 갖고 창업에 나섰다. 가산동에서 사업하던 지인이 갑작스럽게 부도를 맞아 비워둔 사무실과 사무집기를 당분간 빌려 쓰기로 했다.

그녀는 무턱대고 창업에 뛰어들지는 않았다. 우선 중국과 일본, 미국, 홍콩 등 세계 곳곳에 포진해 있는 친구들에게 사업 아이템을 추천 받았다. 단, 각 시장별로 뜨고 있는 아이템과 지속 성장이 가능한 시장이라는 전제 조건을 붙였다.

그러던 어느 날 구글 검색을 하면서 시장조사를 하고 있는데 유럽에서 판매되는 팬티형 천기저귀가 눈에 들어왔다. 직접 구입해서 살펴보았는데, 크기가 너무 커서 상품성이 떨어진다는 단점이 있었다.

최영 대표의 딸 규림이 베이비앙 제품을 입고 포즈를 취했다.

"그래! 일회용 팬티기저귀를 사용하는 영아들이 입을 수 있는 크기로 친환경 천기저귀를 만들면 승산이 있을 거야!"

직장 생활 중에 중국 진출 업무를 하면서 영유아 시장의 성장 가능성을 눈여겨봤던 만큼 프리미엄 제품으로 영유아 시장을 공략하면 성공할 수 있을 거라는 강한 확신이 들었다. 종국에는 '중국의 아가방이 되겠다'는 게 그녀의 창업 비전이었다.

퇴직금 400만원이 전 재산이었던 최영 대표는 원단을 구매할 돈도, 공장을 돌릴 돈도 없었다. 그녀는 자신의 가장 큰 자산 중 하나인 꽌시를 활용하기로 했다. 중국에서 커튼공장을 하는 친구에게 자신이 보내주는 디자인대로 천기저귀를 만들어달라고 요청하면서, 당장은 돈을 줄 수 없으나 나중에 제품이 팔리면 원단 값과 공임비를 주겠다고 했다. 그 친구는 두말하지 않고 최영 대표의 요청을 수락했고, 그렇게 베이비앙의 첫 기저귀가 탄생했다.

"엄마들은 디자인적인 요소도 매우 중요하게 여기거든요. 그래서 13가지 색상으로 팬티형 천기저귀를 만들었어요. 신세대 엄마들이 '내 아이에게 꼭 입히고 싶은 기저귀'로 기억하도록 만들고 싶었거든요."

물론 사업 초창기에는 베이비앙 브랜드가 전혀 알려지지 않은 데다 일회용 종이기저귀에 익숙한 엄마들에게 천기저귀로 어필하기가 쉽지 않았다. 첫 6개월 동안 총 매출이 1,000만원도 되지 않아서 폐업을 심각하게 고민하기도 했다. 그러다가 기회가 왔다.

2007년 2월 서울베이비엑스포에 천기저귀 제품을 출품했는데, 반응이 폭발적이었던 것이다. 그와 동시에 매출도 크게 늘었다. 하지만 경쟁사가 베이비앙의 천기저귀가 중국산이라 아기들한테 좋지 않다고 비방하면서 다시 위기를 맞았다.

재봉틀을 돌리며 회사를 장악하다

고심 끝에 최영 대표는 친환경성을 담보한 메이드인코리아로 방향을 틀었다. 특히 그동안 일회용 기저귀 시장에서 문제로 지적됐던 형광물질이 전혀 들어가지 않은 제품 생산을 목표로 삼았다. 이를 위해 사무실 한쪽에 재봉틀 2대를 들여놓고 아주머니 2명을 고용했지만, 기대만큼 생산 시스템이 돌아가지 않았다. 중국 공장을 이용할 때보다 생산량은 떨어졌고 재봉 상태까지 불량해서 고객 불만이 접수됐다. 재봉 담당 아주머니에게 문제를 지적하면 '사장이 잘 몰라서 그런다'는 답변이 돌아올 뿐이었다.

하지만 여기서 물러설 수는 없었다. 그녀는 의정부에 자리한 지인의 재봉공장으로 출근했다. 낮에는 공장에서 재봉을 배웠고 저녁에는 회사로 돌아와 밀린 업무를 처리했다. 그렇게 한 달을 보냈더니 제조 과정을 장악할 수 있다는 자신감이 생겼다. 문제를 빚었던 아주머니 2명을 내보내고 새로 사람을 구했다. 그 후 밤 9시까지 직원이 제품을 만들어놓으면 그녀가 새벽까지 꼼꼼히 점검하고 다림질과 포장 등 마무리 공정을 했다.

이런 노력 덕분인지 신세대 엄마들 사이에서 베이비앙은 '무형광 국민 천기저귀'라는 별칭을 얻으며, 재고가 없어 고객에게 배송 날짜 지연에 대해 양해를 구할 정도로 뜨거운 인기를 끌었다. 물론 무형광 소재로 만든 천기저귀이기 때문에 타사 제품보다 1.5~3배가량 비싸지만, 정직함과 성실함이 결실을 맺어 2016년에 총 매출 30억원을 달성했다.

일각에서는 최영 대표에게 천기저귀의 가격 경쟁력에 대해 우려를 표하기도 한다. 그럴 때마다 최영 대표는 이렇게 말한다.

"24개월 아기 기준으로 일회용 기저귀 소요 비용이 보통 300만원에 달하는데, 천기저귀는 개당 2만원, 총 25장으로 50만원 정도만 소요됩

최영 대표가 직접 재봉틀을 돌리며 제품 마무리를 하고 있다.

니다. 세탁을 위한 수도세와 전기세가 들긴 하겠지만, 아이의 피부와 환경을 생각하면 천기저귀만큼 내 아이에게 큰 선물은 없을 거예요. 게다가 베이비앙의 천기저귀 원단은 세탁을 하면 얼룩이 거의 남지 않도록 기저귀에 특화해서 개발한 원단이에요."

패셔너블한 출산·유아용품 브랜드를 지향하는 베이비앙은 천기저귀 외에도 배변훈련팬티, 속싸개, 수면조끼, 영유아 내의, 침구와 타월 등 제품을 다양하게 확장하고 있다. 또한 24개월 이하 영유아를 핵심 타깃으로 하고 있는데, 이는 최영 대표의 치밀한 시장 분석이 반영된 결과이다.

"처음에는 7~8세까지 넓힐 생각이었는데, 시장별 어린이 발육 정도를 조사해보니 전 세계적으로 24개월까지의 베이비 시장이 국적이나 인종과 상관없이 신체 치수가 거의 비슷하더군요. 토들러나 키즈 시장은 서양과 동양이 신체 치수 차이가 큽니다. 아시아로만 따져도 한국, 중국, 일본의 신체 치수가 다 차이가 나거든요. 만 24개월로 잡아야 글로벌 시장 진입에 장애가 되지 않을 것으로 판단했습니다."

저출산·고령화 시대를 겨냥하다

최영 대표는 베이비앙의 성공을 바탕으로 조만간 실버 세대를 겨냥한 브랜드를 론칭할 계획이다. 브랜드명은 '에코리아(환경을 생각하는 사람들)'로, 코리아에 에코가 있다는 의미를 담고 있다.

"저출산, 고령화 시대에 맞춰 베이비앙과 함께 에코리아를 두 축으로 가져갈 방침입니다. 현재 에코리아 브랜드로 실버 세대 전용 기저귀와 침구류 등 다양한 제품을 개발 중입니다."

펀비즈는 궁극적으로 '아시아 시장의 넘버원'이 되는 게 목표다. 최영 대표는 전 세계 인구 74억 명 가운데 45억 명이 아시아 사람인 만큼 미래 성장 가치는 아시아에 있다고 확신한다.

"아시아에 터를 잡고 앉아서 아시아 넘버원도 되지 못한 상태에서 유럽이나 미국 시장까지 가서 경쟁할 필요는 없다고 생각해요. 내 안방을 내주고 나가는 건 미련한 짓이죠. 안방부터 장악한 후에 도전해도 늦지 않다고 봅니다."

현재 베이비앙은 중국은 물론 대만, 싱가포르, 홍콩, 일본 등에 진출해 있으며 올해는 베트남, 몽골, 라오스 등으로 시장을 확대할 계획이다. 그리고 해외 시장 매출 비중을 20퍼센트로 끌어올려 올해 총 매출 50억원을 달성하는 것이 목표다. 나아가 실버 시장까지 본격 진출하여 명실공히 출산·유아용품과 실버용품을 아우르는 저출산, 고령화 전문 기업으로 발돋움한다는 게 최영 대표의 포부다.

내 힘으로 변화를 일구고 싶을 때 창업하라

단순히 취업이 안 돼서 혹은 할 일이 없어서, 지금 다니고 있는 직장이 마음에 들지 않아서 차선책으로 창업을 선택하진 않았으면 합니다. 그런 자세로 창업해서는 절대로 성공할 수 없어요. 자기 자신에게 이런 질문을 던져보세요.

'내 힘으로 돈을 벌어서 누군가의 봉급을 줄 수 있는 능력이 되는가?'

스스로 돈을 벌어보고, 그 무게감을 제대로 깨달은 후에 창업했으면 좋겠습니다. 베이징에 중관춘이란 곳이 있어요. 중국의 실리콘밸리이지요. 그곳에서 일하는 청년들 대부분이 중국에서 내로라하는 명문대 출신이에요. 그렇게 좋은 대학 나와서 왜 창업을 하느냐, 대기업이나 정부기관에 들어가는 게 낫지 않느냐고 물었어요. 그랬더니 이런 답이 돌아오더군요.

"내 인생을 내 힘으로 개척하면서 나에게 닥칠 위험이나 위기 역시 나의 힘으로 감당하는 게 더 좋다. 대기업에 들어가 남의 힘에 의지하는 게 아니라 내가 창업해서 그 위험이나 위기를 감당하는 게 더 의미 있는 일이다."

내 인생을 내 힘으로 개척하겠다는 청년들의 투지가 무척 부럽고 보기 좋았습니다. 우리나라에서도 최근 창업에 뛰어드는 청년들이 크게 늘었어요. 내 힘으로 변화를 일구겠다는 마음가짐으로 뛰어들었으면 하는 바람입니다.

강혜정 떼오로 대표

거절의 벽을 넘어
대박 쇼핑몰 만들기。

강혜정 떼오로 대표의 창업은 물 흐르듯 자연스럽게 이루어졌다. 일을 하면 할수록 욕심이 생기고 자신감이 생기면서 사업 또한 자연스레 확장되었다.

어린 시절 그녀는 운수사업을 하는 아버지 덕에 남부러울 것 없이 행복하게 살았다. 그러나 그 행복은 그리 오래가지 못했다. 그녀가 한창 공부하고 일하던 20대 초반에 아버지가 위암으로 투병하시다 돌아가셨고, 몇 해 지나지 않아 어머니마저 대장암으로 떠나보내야 했다.

어머니 병구완을 하던 중에 주얼리 제작과 판매에 눈을 뜬 강혜정 대표는 남다른 손재주와 패션 감각을 살려 주얼리 사업에 뛰어들었다. 주얼리를 납품하며 한 푼, 두 푼 모은 돈으로 창업에 나서 의류, 액세서리, 구두 등 패션 제품은 물론 화장품까지 영역을 넓히고 있다. 사업이 확장되면서 회사도 성장했고 쇼핑몰 떼오로는 2016년 20억원의 매출을 달성했다.

"제가 아이템을 고르는 기준이요? 기본에 충실하면서도 패션 트렌드가 살아 있는 상품이라고 할까요."

강혜정(39) 떼오로 대표는 눈에 띄는 패션·뷰티 아이템이면 인터넷 검색을 비롯해 동원할 수 있는 모든 인맥을 활용해서 확보한다. 해외 출장이나 여행을 갔다가 우연히 발견한 아이템은 일단 사가지고 와서 제조사를 알아보기도 한다. 때로는 제조사를 찾아내는 데 애를 먹을 때도 있지만 시간이 얼마가 걸리든 무조건 찾아낸다. 그녀의 근성을 엿볼 수 있는 대목이다.

선택에 따르는 책임의 중요성

운수 회사를 운영하던 아버지, 온화한 어머니, 티격태격했지만 그래도 오랜 시간 함께해주어서 고마운 세 살 터울의 언니. 강혜정 대표는 어릴 적 기억을 떠올릴 때면 살포시 피어오르는 미소를 감추지 못한다. 아버지 회사가 잘 돌아가서 그 덕에 온 가족이 먹고 싶은 것 마음껏 먹고 입고 싶은 옷 실컷 입으며 여유롭게 살았다.

어렸을 때부터 그녀는 유독 옷 욕심이 많았다. 언니 옷을 물려 입을 법도 했지만 다소 통통한 언니와 달리 빼빼 말라서, 어머니는 그녀가 원하는 새 옷을 사주셨다.

"부모님은 우리들이 원하는 것은 무엇이든 들어주는 편이셔서 갖고 싶은 것, 먹고 싶은 것은 원 없이 누렸던 것 같아요. 어렸을 때부터 옷 욕심도 많고 예쁘게 꾸미는 것을 좋아해서 반 친구가 새 옷을 입고 오면, 다음 날 반드시 그 옷보다 더 예쁜 새 옷을 입어야 직성이 풀렸어요. 김민제아동복, 뉴골든아동복 등 그 당시 유명했던 브랜드 옷들만 입었지요."

강혜정 대표가 중학교 1학년이 되던 해, 아버지는 소중한 두 딸의 장래를 위해 가족을 데리고 호주로 이민을 떠났다. 하지만 6개월 만에 돌아왔다. 친구도, 친척도 없고 말도 잘 통하지 않는 타향살이를 어머니가 견디지 못했기 때문이다. 그 덕분에 그녀는 중학교를 1년 더 다녀야 했다.

그러나 아버지는 딸들의 미래와 교육을 위해 외국으로 나가야 한다는 생각을 포기하지 않았고, 그녀가 고등학교 2학년이 되던 해 가족을 이끌고 미국으로 떠났다. 이번에는 순전히 둘째 딸인 강혜정 대표를 위해서였다.

호주로 이민 가서 가족들과 오붓한 시간을 보내던 어린 날의 강혜정 대표(뒤쪽 왼편).

미국 서부의 시애틀에 이모가 살고 계셨다. 그녀의 가족은 시내에 아파트를 하나 얻어 지냈는데 6개월 만에 아버지와 어머니, 언니는 다시 한국으로 돌아갔다. 이후 강혜정 대표는 홀로 시애틀에서 고등학교를 다니고 커뮤니티칼리지에 입학했다. 선택 과목 중에 '주얼리 이론과 실습'이 있었는데, 평소 보석류에 관심이 많았던 그녀는 이 수업을 들었고 학교에서 보석을 세공하는 방법을 배웠다. 보석 세공 실습은 기대 이상으로 흥미로웠다. 돌아보면 그게 '떼오로'와 인연을 맺게 된 시발점이 아닌가 싶다.

하지만 그녀는 대학 입학 후 1년쯤 지나서 밀려드는 지독한 외로움을 견디지 못하고 결국 한국행 비행기에 올랐다. 귀국을 결심한 데는 코스튬 주얼리(모조 보석, 플라스틱, 비즈 등 다양한 소재를 사용해 디자인되는 패션 주얼리)에 대한 자신감도 한몫했다. 손재주가 좋아서 웬만한 주얼리는 혼자서도 능수능란하게 제작할 수 있었고, 이 일을 할 거면 학업을 마치지 않더라도 도매시장, 소매시장이 발달한 한국에서 얼마든지 시작할 수 있으리라 생각했기 때문이다.

물론 큰돈 들여 미국까지 보내준 부모님을 생각하면 학교를 제대로 마치지 못한 것이 많이 죄송스러웠다. 돌아온 그녀에게 아버지는 담담히 말씀하셨다.

"너는 얼마든지 자유롭게 선택할 수 있다. 다만 선택에 대한 책임도 네 몫이다."

선택에 대한 책임을 위해 그녀는 일단 모델 에이전시에 입사했다.

"모델 에이전시에서 모델을 캐스팅하고 관리하는 업무를 3년간 했어요. 돌아보면 힘든 일도 많았고, 재미있고 놀라운 경험도 많이 했어요. 그러면서 핫한 패션 아이템들을 접하고 나름 패션 감각도 키웠던 것 같아요."

새벽잠을 포기하고 주얼리를 만들다

그녀가 한창 직장 생활에 열을 올리고 있던 2002년, 위암을 앓던 아버지가 세상을 떠났다. 아버지가 위암을 앓은 지 벌써 몇 년째였기에, 나름 이별을 준비해왔음에도 불구하고 아버지의 죽음은 갑작스러웠다. 강혜정 대표는 깊은 슬픔과 충격에 빠져들었다.

아버지의 장례를 치르고 나서 그녀는 어머니를 설득해 함께 미국으로 갔다. 3년간의 한국 생활에 지쳐 있던 터라 '기회의 땅' 미국에 정착해 살고 싶었던 것이다. 미국에서 선택한 직업은 안경사였다. 안경사가 되면 전문직 종사자로 인정도 받고, 수입도 꽤 좋은 편이었다. 안경점에서 인턴으로 일하며 차분히 일을 배워 나갔다.

하지만 그녀는 다시 한국으로 돌아와야 했다. 건강한 줄로만 알았던 어머니가 대장암 3기 진단을 받은 것이다. 청천벽력 같은 소식이었다. 하염없이 눈물을 흘리며 다시 고국 땅을 밟았.

그즈음 언니는 중국에서 사업하는 남편을 따라 해외에 가 있었기 때문에 그녀 혼자서 어머니를 보살펴야 했다.

"어머니는 3년 정도 암 투병 생활을 하셨어요. 분당에 살던 때라 가까운 삼성의료원에서 치료를 받았습니다. 암 환자를 위한 식단에 맞춰 식사를 챙겨드리고 병원에도 수시로 모시고 가야 해서 24시간 어머니와 함께 있었어요. 돌아보니, 살면서 그때처럼 어머니와 얘기를 많이 한 적이 없는 것 같네요."

그렇게 집과 병원을 오가며 어머니를 돌보던 어느 날, 친구가 선물이라며 자신의 동생이 직접 만든 주얼리를 건넸다. 친구는 동생의 주얼리 사업에 대해 이런저런 이야기를 들려주었다. 그중에 강혜정 대표의 귀가 솔깃해진 부분은 '주문을 받아서 집에서 주얼리를 제작해 판매할 수도 있다'는 이야기였다. 시애틀에서 공부할 때 다양한 주얼리 작업을 했던 터라 주얼리라면 뭐든 자신이 있었다. 게다가 집에서 할 수 있다면, 어머니를 돌봐드리면서도 주얼리를 만들 수 있겠구나 싶었다.

강혜정 대표는 바로 주얼리 부자재를 사러 동대문 종합상가로 향했다. 2004년의 일이었다. 집에서 어머니와 도란도란 얘기를 나누며 주얼리를 만들었다. 완제품 사진을 찍어 싸이월드에 올렸더니 주문이 쇄도했다.

"전혀 모르는 분들이 싸이월드를 보고는 구매할 수 있냐고 물으시더라고요. 제가 소화할 수 있는 만큼만 주문을 받았기 때문에 어머니를 챙기면서 일하기에 괜찮았어요."

입소문이 나자 온라인 쇼핑몰에서 대량 주문이 들어오기 시작했다. 주문량이 늘자 그녀는 새벽잠을 포기했다. 낮에는 어머니를 돌봐드려야 했기 때문에 밤에 일을 시작해 다음 날 새벽에 부자재 구매와 주얼리 제작, 배송 준비까지 끝내야 했다. 월평균 200만~300만원 정도의 수입이 생겼는데, 용돈으로 얼마간 쓰고 어머니 좋아하시는 음식을 사드리기에는 충분한 금액이었다.

어머니는 3년에 걸쳐 암 투병을 하시다 2007년에 돌아가셨다. 옆에서 어머니를 지키며 마음의 준비를 해왔지만, 아버지에 이어 어머니까지 떠나보낸 마음은 이루 말할 수 없이 힘들었다. 그리고 외로웠다. 다른 생각에 빠지지 않고 삶의 중심을 잡게 도와줄 뭔가가 필요했다. 그것이 그녀에게는 일이었다.

"마침 친하게 지내는 언니가 일본 모델 에이전시를 운영하고 있었는데, 사무실이 하나 남는다며 함께 일하자고 하더군요. 제가 영어도 곧잘 하고 모델 에이전시 근무 경력도 있는 걸 알고는 외국 모델 관리를 맡겨줬어요. 일이 그리 많지 않아서, 틈틈이 주얼리를 만들면서 회사를 다녔습니다."

'금처럼 빛나는' 떼오로를 만나다

강혜정 대표는 2007년 주얼리 온라인몰 사업에 뛰어들었다. 주얼리 사업에 본격적으로 나서자 홈페이지와 브랜드가 필요했다. 브랜드명은 '떼오로(theoro)'로 결정했다. 접두사 the와 금을 뜻하는 oro를 결합한 단어다. '금처럼 빛나는 주얼리'가 모토였지만, 2013년에 쇼핑몰 떼오로를 선보이고 패션 의류와 화장품으로 영역을 넓히면서부터는 '당신을 금처럼 빛나게 해주는 곳'이란 의미로 쓰이게 되었다.

개인사업자 등록을 한 후에는 주문도 밀려들었다. 백화점 입점 매장과 인지도 있는 온라인 쇼핑몰에 납품을 하면서 떼오로는 조금씩 유명세를 타게 되었다. 오프라인 편집숍인 에이랜드(ALAND) 명동점에 입점하면서부터는 매출도 크게 올랐다. 매출이 잘 나올 때는 월 1,700만 원에 달했다.

"편집숍 안에 자체 매장을 운영했는데 주얼리는 물론 다양한 패션 의류와 리빙 제품, 액세서리를 취급했습니다. 제가 쌓은 경험과 경력이 패션 제품과 리빙 제품을 고르는 안목을 높이는 데 큰 도움이 됐던 것 같아요. 무엇보다 제가 좋아하는 제품을 다른 분들도 좋아해줘서 제게 패션 감각이 있다고 확신할 수 있었지요."

그런데 2013년 경기 불황 직격탄을 맞으며 오프라인 매장의 매출이 급격하게 떨어졌다. 주얼리 온라인몰 매출은 큰 변화 없이 꾸준했음에도 그간 매출 기여도가 높았던 오프라인 매출이 떨어지자 떼오로는 그야말로 휘청거리게 되었다. 사업을 시작하고 나서 처음으로 위기를 맞은 것이다. 강혜정 대표는 사업을 축소할까, 방향을 틀까 심각하게 고민하다가 결국 패션 의류에 좀 더 힘을 쏟아야겠다고 마음먹었다. 주얼리와 달리 패션 의류는 사이즈도 다양하고 개인의 취향이나 유행을 많이 타는, 한마디로 손이 많이 가는 품목이어서 가까운 사람들은 하나같이 고생길이 뻔하다며 만류했다. 하지만 그녀는 '한 살이라도 젊을 때 도전하지 않으면 언제 할 수 있으랴' 하며 마음을 다졌다.

"매일 동대문에 나가 팔릴 만한 제품을 골라왔어요. 바로바로 사진 촬영을 해서 떼오로 홈페이지에 올렸지요. 그게 다가 아니에요. 옷은 주문이 들어오면 검품해서 다림질까지 깔끔하게 한 후 택배로 보내야 하는 등 후반 작업도 만만치 않아요. 에이랜드 매장에서 저와 호흡을 맞추었던 이지현 실장과 함께 역할을 나눠 일하면서 떼오로를 회사답게 키워갔지요."

거절, 거절, 그래도 한 번 더 시도하라

주얼리를 구매하려고 떼오로 사이트에 들어온 고객들이 하나둘 옷을 구매하면서 패션 의류 영역도 6개월 만에 성장 곡선을 그리기 시작했다. 동대문표 의류를 중심으로 떼오로를 운영하던 강혜정 대표는 차츰 다양한 제품군으로 눈을 돌렸다. 휴대폰 케이스며 가방, 신발 등 패션 아이템은 물론이고 수분크림, 마스크팩 등 뷰티 아이템까지 그 영역을 확장했다.

2015년에는 이엘인터내셔널의 화장품을 떼오로 사이트에서 판매 대행하다가 2016년부터는 이엘인터내셔널의 기술력에 그녀의 아이디어를 더해 자체 브랜드인 시스타 다시마 마스크팩을 출시해 성공을 거두었다. 올해는 시스타 크림 등 다양한 기초 화장품 제작과 출시를 앞두고 있다.

강혜정 대표는 떼오로의 히트 상품으로 '시스타 다시마 마스크팩'을 꼽는다. 지난해 매출액 20억원 가운데 절반을 차지한 대박 상품이다.

"3년 전에 피부가 너무 건조해서 피부과에 갔는데 병원에서 크림과 팩을 몇 개 주었어요. 집에서 사용해보니 기적처럼 피부가 촉촉해지더라고요. 그 후에 크림 10개를 더 주문해서 썼는데, 알고 보니까 피부과에서 제작한 상품이 아니라 수출 전문 화장품 회사가 생산한 것이더라고요."

강혜정 대표는 피부과 실장을 졸라 그 크림을 만든 화장품 회사 이엘인터내셔널 대표를 소개받았다. 몇 번이나 만나자고 했지만 처음에는 대꾸도 하지 않았다. 하지만 포기하지 않았다. 귀찮을 정도로 졸라대니 나중에는 어떤 사람인지 궁금하다며 만나자고 연락이 왔다. 그래서 국내 판권을 갖고 제품을 팔겠다고 제안했는데 역시나 단번에 거절했다. 하지만 포기하지 않고 계속 부탁하자 결국 허락해주었다.

떼오로에서는 2015년 3월 이엘인터내셔널의 '엘라라 여신 크림'을 처음 선보였다. 순식간에 2,000여 개가 날개 돋친 듯 팔리며 히트를 쳤다. 이후 강혜정 대표는 이엘인터내셔널의 특허기술을 바탕으로 향과 제형 등을 한 단계 끌어올려 생산한 떼오로 자체 브랜드 시스타 다시마 마스크팩을 선보였다. 2016년 11월 말까지 5만 장이 판매된 이 제품은 두타 면세점에 입점하기까지 했다. 올해는 시스타 다시마 크림 출시와 함께 화장품 사업에 더욱 박차를 가할 예정이다.

자신을 돌아보고 반성하는 사장의 길

떼오로는 호스팅업체인 카페24를 통해 한국어와 영어로 사이트를 운영하고 있는데, 올해부터는 중문 사이트도 선보일 예정이다. 갈수록 늘어나는 외국인 고객에 대응하기 위해서다. 또 인스타그램과 블로그 홍보 활동도 활발히 하고 있는데, 특히 인스타그램은 오픈 2년 만에 팔로워 수가 6만 명에 육박하고 있다.

떼오로의 성장과 함께 강혜정 대표도 온라인 쇼핑을 즐기는 젊은 여성들 사이에서 유명인사가 되었다. 외연의 화려함보다는 '다시 살폈을 때 각인되는 느낌'을 강조하며 소개한 패션 아이템과 스타일 코디가 그들의 취향에 딱 맞았기 때문이다. 남다른 패션 감각을 뽐내는 그녀는 떼오로에서 대표이사 외에 2가지 역할을 더 하고 있다.

하나는 전속 모델. 지금까지 떼오로 사이트에 올린 모델 컷의 주인공은 거의 대부분 강혜정 대표이다. 떼오로 스타일을 제대로 소화할 수 있는 모델을 찾지 못한 것이 그 이유다. 다행히 최근에 직업 모델 한 사람을 섭외해서 함께 일하고 있다.

또 하나는 MD. 동대문을 돌아다니며 제품을 선정하는 것은 물론 해외 출장이나 여행을 갈 때마다 눈에 띄는 제품을 들여온다. 지난 10년간 떼오로를 통해 소개한 해외 아이템이 100개가 넘을 정도다. 2016년 여름에는 콜롬비아로 여행을 갔다가 핸드메이드 제품인 칠리백을 들여와 대박을 쳤고, 일본에 출장을 갔다가 붓기를 빼주는 기능성 양말(일명 부종양말)을 보고 한눈에 반해서 가을부터 수입해 판매하고 있다. 부종양말은 2016년 떼오로의 대표적인 히트 상품이 되었다.

강혜정 대표는 패션 트렌드를 익히려 자주 해외로 나간다. 물론 해외 출장 중에도 패셔너블한 옷차림은 필수다.

이렇게 다방면으로 출중한 그녀에게도 고민은 있다. 떼오로가 성장하면서 강혜정 대표와 함께 일하는 사람들도 늘었고, 자연스레 그녀는 '소통'에 대해 다시 한 번 생각하게 되었다.

"회사 규모가 아주 작았을 때는 제 한 몸 힘들면 됐는데, 회사가 커지고 직원이 늘어나면서는 소통을 원활하게 하는 게 가장 중요하면서도 힘든 일인 것 같아요. 서로 믿고 의지해야 회사라는 한 울타리 안에서 즐겁게 일하며 함께 지낼 수 있을 텐데, 혹여 오해가 쌓이지 않을까,

내 진심이 직원들에게 제대로 전달되지 못한 게 아닐까 많이 생각하게 돼요."

비단 회사 내부에서만의 문제가 아니다. 거래처들과 오래도록 발전적인 관계를 유지하기 위해서도 소통은 필수다. 그들이 나와 우리 회사를 어떻게 생각할지, 나는 그들을 어떻게 대하고 있는지, 또 관계를 더 좋게 하려면 어떻게 해야 할지…. 강혜정 대표는 바쁜 가운데서도 시간을 내어 자신을 돌아본다. 그렇게 생각하고 반성하면서 다시 한 걸음 나아간다.

 내실을 기하며 천천히 나아가라

거창하게 시작하기보다는 찬찬히 올라가세요. 욕심을 너무 많이 내서 거창한 목표를 세우기보다는 내실을 기하면서 천천히 나아가세요. 그러면서 꾸준히 실력을 키우다보면 기회가 찾아오고 그 기회를 잡으면 성장의 발판이 마련됩니다.

주변을 돌아보면 감각도 있고 무슨 일이든 잘 해내는 사람이 있는가 하면, 능력은 있지만 의욕만 앞서서 중요한 것을 놓치는 사람도 있어요. 사업은 업종이나 아이템이 무엇이든 상관없이 매우 힘든 일입니다. 그러니 앞만 보고 달리지 말고, 옆도 둘러보고 뒤도 돌아보면서 중요한 것을 놓치지 않기를 바랍니다.